# 스포츠마케팅

박주희

도서출판 대학서림

# 머리말

우리나라의 스포츠 산업은 프로스포츠의 출범을 계기로 눈부신 성장을 하고 있다. 최근 대한 축구협회의 수십억원의 스폰서 계약의 발표, 한 카드회사의 세계적 테니스 선수에 대한 단독후원 등의 스포츠 마케팅과 함께 스포츠 산업이 눈부신 성장을 하고 있다.

스포츠 산업의 눈부신 성장과 함께 스포츠 마케팅의 중요성과 필요성이 더욱 강조되고 있다. 스포츠 산업의 규모가 확대됨에 따라 보다 체계적이고 과학적인 스포츠 마케팅의 도입이 필요하게 되었다. 스포츠 조직의 스포츠 상품이 경쟁에서 살아남고 우위를 점하기 위해서는 어느 때보다도 스포츠 마케팅이 필요하게 되었다.

비영리의 스포츠 조직은 물론 영리성의 스포츠 조직도 이제는 행정이 아닌 경영을 해야 하고 소비자의 욕구를 만족시켜주어야 한다. 소비자의 만족이 없이는 어떠한 스포츠 조직도 생존하기 어렵게 되었다. 오늘날 스포츠 조직은 고객의 욕구를 충족시켜 줄 수 있는 스포츠 상품의 개발과 마케팅 믹스가 요구된다.

이처럼 스포츠 산업의 성장으로 스포츠 마케팅의 필요성이 크게 요구되고 있는 상황에서 보다 체계저인 스포츠 마케팅의 교육이 필요하게 되었다. 대학의 스포츠 관련학과에서는 스포츠 마케팅이라는 과목이 개설되었으며, 경영학과에서도 전공영역으로 개설하고 있는 실정이다.

이러한 상황에서 스포츠에 관심을 가지고 있거나 전문적으로 배우고 싶어 하는 사람들에게 스포츠 마케팅을 체계적으로 학습할 수 있는 교재가 요구되고 있다. 그동안 소수의 스포츠 마케팅 교재가 출판되기는 하였지만, 스포츠 마케팅을 체계적으로 이해하고 학습하기에는 부족한 실정이다.

스포츠 마케팅의 체계적인 이해와 학습 · 학문적 체계의 수립을 위해 본서를 출판하게 되었다. 전문서비스를 오랜 기간 동안 연구해온 저자가 독자의 욕구를 충족시켜 줄 수 있는 내용들을 중심으로 본서를 엮었다. 스포츠 마케팅의 새로운 기준이 그날을 위해 저자는 새로운 도전을 한다.

어려운 사정 속에서도 본서의 출판을 맡아준 대학서림에게 감사를 드린다. 본서의 출판이 대학서림에게는 스포츠 전문서적의 대표적 출판사로 우뚝 서는 계기가 되기 바라며, 독자들은 스포츠 마케팅에 관심을 가지며 학습할 수 있는 기회가 되기를 바란다. 대학서림의 윤진영 회장님 이하 직원 여러분, 특히 편집부 직원들께 심심한 감사를 드리는 바이다.

새로운 도전이 새로운 기준이 되는 그날을 위해<br>저자 識

# 차 례

Contents

# 차 례

# Contents

# 차 례

Contents

# 차 례

# Contents

# 01

# 스포츠 마케팅의 이해

# 제 1 절 스포츠 마케팅의 개념

## 1. 스포츠 마케팅의 정의

스포츠 마케팅은 스포츠 경영학의 한 분야로서 기능적인 영역이다. 스포츠 마케팅은 어떠한 기능을 하는 것일까? 우리는 흔히 스포츠 마케팅을 광고의 촉진수단으로 사용하고 있다. TV 광고를 보면, 맥주나 자동차 등 모든 상품을 판매하기 위하여 스포츠의 이미지나 특성을 이용하고 있음을 볼 수 있다. 이것은 스포츠 마케팅의 의미를 극히 제한적으로 보고 있다. 그 이유는 스포츠 상품과 서비스 등 스포츠 마케팅의 상당한 부분을 간과하고 있기 때문이다.

일반적으로 스포츠 마케팅에는 2요소가 있다. 하나는 스포츠의 마케팅이고, 다른 하나는 스포츠를 통한 마케팅이다. 스포츠의 마케팅(marketing of sports)은 스포츠 상품과 서비스를 최종소비자에게 직접 판매하는 것으로, 스포츠를 관람하는 관중과 스포츠 활동에 직접 참여하는 참여자가 여기에 해당된다. 프로 팀이나 라켓클럽 등은 스포츠의 마케팅의 좋은 예이다.

반면에 스포츠를 통한 마케팅(marketing through sports)은 기업이 소비자에게 접근하기 위하여 관람스포츠나 관객이 동원되는 스포츠와 제휴하는 것을 말한다. 여기에서 제휴는 광고, 스폰서십, 선수보증광고, 비즈니스를 위한 고급좌석의 판매 등이 여기에 해당된다. 맥주나 자동차의 판매는 스포츠를 통한 마케팅의 좋은 예이다.

이상의 스포츠 마케팅의 2요소를 함께 나타낼 수 있기 위해서는 스포츠 마케팅을 소비자와의 교환과정으로 보아야 한다. 소비를 통한 이익의 기대라는 교환과정을 통하여 가치 있는 상품과 서비스를 통한 소비자들의 스포츠 욕구를 만족시킬 수 있다. 즉 이러한 교환과정을 통하여 스포츠 마케팅의 목표인 소비자를 위한 가치를 창조할 수 있다.

스포츠 마케팅을 교환과정으로 정의하면 다음과 같다. 스포츠 마케팅이란 일련의 교환과정을 통하여 스포츠 소비자의 필요와 욕구를 충족시켜 주기 위해 고안된 모든 활동이다. 스포츠 마케팅은 크게 2분야로 구분되는데, 하나는 스포츠의 상품과 서비스를 직접 스포츠 소비자에게 판매하는 것이고, 다른 하나는 상품과 서비스를 서비스 판촉을 통하여 소비자들에게 판매하는 것이다.

이러한 정의에서 볼 때, 스포츠 마케팅은 스포츠를 관람하는 관중과 스포츠 활동에 직접 참여하는 참여자들의 2 시장으로 구분할 수 있다. 스포츠 경기의 관중은 행사를 보기 위해 입장한 관중과 TV 시청자, 라디오 청취자, 신문 구독자 등이며, 스포츠 참여자는 스포츠 활동에 직접 참여하는 사람을 의미한다. 즉 스포츠 소비자는 놀이나 행사의 집행, 관람, 청취, 독서, 정보수집 등을 포괄하는 것이다. 관중과 참여자의 시장은 교환과정에서 유효하게 서로 다른 유통시스템으로 관중과 참여자의 욕구를 만족시켜 나간다.

## 2. 스포츠 마케팅의 교환과정

스포츠 마케팅의 교환과정은 〈그림 1-1〉과 같이 나타낼 수 있다. 그림에서 과정(process)은 마케팅의 기본적인 활동을 나타내는 것으로, 이는 스포츠 마케팅의 담당자가 직면하는 도전과 기회에서 가장 중요한 부분이다.

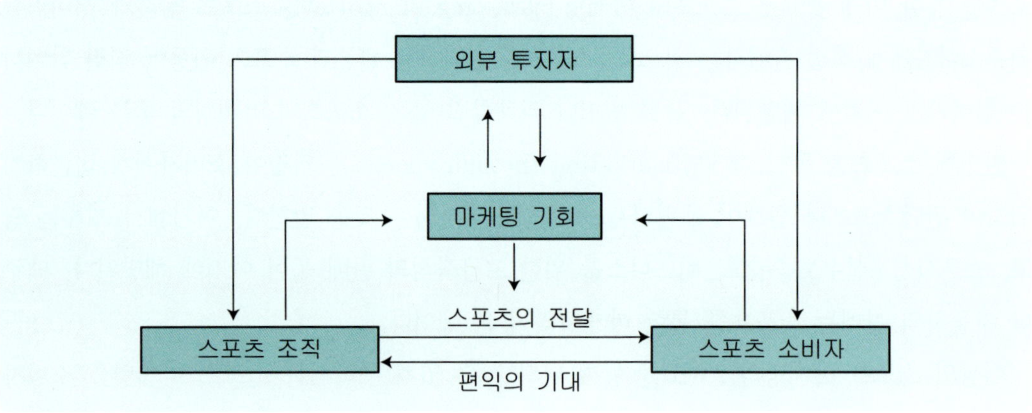


<그림 1-1> 스포츠의 교환과정

그림에는 소비자와 스포츠 마케팅 담당자간의 교환과정이 표시되어 있다. 소비자들은 스포츠의 관중이나 참여자로서 어떠한 편익을 얻기 위하여 스포츠를 소비한다. 스포츠 조직이 소비자들의 욕구충족을 위해 스포츠를 전달하는 유통시스템을 개발하면, 소비자는 자신의 구매동기와 스포츠 조직에 대한 기대에 의해 자신의 기대 편익을 결정한다.

스포츠 조직은 스포츠 관련 상품(장비 또는 의류)을 제외하고는 경기의 결과라는 스포츠 상품을 소비자에게 판매한다. 즉 스포츠 조직은 열성적인 팬들에게 열정적인 동기유발과 함께 스포츠 상품을 유통시켜주어야 하고, 지역사회의 동질성을 촉진하기 위한 노력을 해야 한다.

이러한 교환과정은 스포츠 조직에게 마케팅의 기회를 부여해준다. 인터넷과 데이터베이스(DB)는 마케팅 담당자로 하여금 팬의 동질성 인식, 다양한 소비자층의 구분, 서비스 질의 관리 등과 관련된 정보를 정리하도록 하는 것이다. 이러한 마케팅 기회는 외부투자자들(스포츠를 마케팅의 수단으로 이용하는 기업들)에게 영향을 주고, 외부투자자들은 스포츠 조직과 소비자 간의 교환과정에 많은 영향을 미치게 된다.

## 3. 스포츠 마케팅의 필요성

오늘날 스포츠는 많은 사람들의 사랑과 관심을 받고 있다. 많은 기업들이 그들의 광고에 스포츠를 이용하거나, 스포츠 활동을 직접 · 간접으로 후원하고 있다. 미국에서 스포츠 흥행, 비즈니스로서 스포츠가 성공한 이유는 무엇일까? 그것은 대중이 영웅과 악당이 싸우는 것과 같은 그러한 스포츠 게임을 원한다는 것을 알고 있기 때문일 것이다(Mullin, Hardy and Sutton, 1995).

스포츠가 흥행에서 성공하기 위해서는, 경기를 선전하고 재미있게 만들어야 한다. 고대로부터 스포츠 경기에는 선수, 후원자, 관중, 해설자 등의 역할이 서로 구분되어 있었는데, 최근 스포츠의 관람자와 참여자가 증가함에 따라 후원자와 해설자, 기업가들의 역할이 중요하게 되었다.

한 조사에 의하면, 미국인들의 96.3%가 한 달에 한번이상 팬으로서 스포츠를 관람하거나, 스포츠 활동에 직접 참여하며, 70%의 미국인들은 TV에서 스포츠 중계 또는 뉴스를 보거나 신문 잡지 등을 통해 스포츠 내용을 읽고 친구들과 함께 이야기한다고 한다.

이처럼 대중이 스포츠에 몰입하는 이유는 무엇일까? 그 이유들 중의 하나는 TV에서 스포츠 중계가 증가한 것이고, 다른 하나는 일간지에서 스포츠가 차지하는 비중이 증가하였기 때문이다. 그것은 편집자들이 그들의 독자들이 일반기사보다는 더 많은 스포츠와 만화, 흥밋거리가 되는 내용들을 원한다는 것을 알기 때문이다.

스포츠에 대한 대중의 관심증가와 매체노출로 스포츠 마케팅이 활발해진 것은 사실이지만, 관중동원에서는 많은 어려움을 겪었다. 우리나라도 프로경기의 출범으로 첫 해를 제외하고는 관중동원에 어려움을 겪었다. 미국의 경우는 경쟁리그 수의 증가와 경기시즌의 확대로 많은 관중의 동원이 어려웠었다.

그러다가 LA올림픽이 재정적으로 성공을 거두면서 스포츠 마케팅의 중요성과 필요성을 인식하게 되었다. 당시 올림픽 위원장인 Peter Ueberroth는 기업들로부터 지원을 성공적으로 이끌어내었으며, LA 시민을 부채로부터 벗어나게 하는데 큰 공헌을 하였다. 결과적으로 마케팅 전문가들을 필요로 하게 되었던 것이다.

테니스 클럽과 테니스 코트, 헬스클럽 등과 같은 스포츠 시설의 건립이 증가하였고, 이들 간의 경쟁은 심화되었다. 특히 레크리에이션에 참여하는 사람의 비중이 상대적으로 증가하였다. 미국 상무성의 조사에 의하면, 상업적 참여오락에 지출한 비용은 스포츠 관람에 지출한 비용보다 오히려 증가하였다고 한다. 이는 스포츠 소비자들이 인구통계학적으로 다양해졌음을 의미한다.

스포츠 소비자들의 인구통계학적 구성은 그들의 욕구가 복잡해지고, 스포츠 관중과 참여자들의 유치에 대한 경쟁이 심화됨에 따라, 전문적인 스포츠 마케팅의 수요가 증가해오고 있는 것이다. 이제 스포츠 조직은 매체에 의존하여 자산의 촉진목표를 달성하려 해서는 안 된다. 앞으로의 스포츠 마케팅은 관중이나 참여자를 앉아서 기다리기보다는 그들을 적극적으로 찾아서 끌어들이지 않으면 안 된다.

## 4. 스포츠 상품과 시장

스포츠 마케팅을 하기 위해서는 스포츠 시장이 존재하여야 한다. 스포츠 시장을 구성하는 요소로서 상품, 공급자, 수요자 등의 3가지가 있다.

### (1) 스포츠 상품

원래 스포츠는 그 자체가 오락의 대상으로서 그 이상의 의미를 갖지는 않았다. 하지만 1964년의 동경올림픽을 계기로 스포츠가 하나의 상품으로 인식되었다. 동경올림픽이 성공한 이후부터 스포츠 중계의 해외 TV 방영권 획득과 광고매체로서의 스포츠에 대한 관심이 고조되기 시작하였다.

그 후 멕시코 올림픽을 거치면서 스폰서 협찬에 의한 각종 스포츠 이벤트가 본격적으로 개최되기 시작하였다. 1975년의 세계 피겨스케이팅 선수권대회의 일본개최, 1977년 ANB의 모스코바 올림픽의 방송권 독점계약 등을 거치면서 스포츠가 하나의 상품으로 인식되고 시장 또한 생성되었다.

이러한 면에서 스포츠 마케팅은 미디어에 의해 지탱되는 상품, 즉 미디어 스포츠를 전제로 하고 있다. 미디어 상품으로서의 스포츠를 구성하는 기본 요소는 다음에서 보는 것처럼 경기, 팀, 선수 등의 3가지를 들 수 있다.

- 경기 : 흥행권(방송권 포함)
- 팀 : 초상권
- 선수 : 초상권

### (2) 스포츠 공급자

스포츠 산업의 영역을 보면, 스포츠의 공급자인 비즈니스 주체를 정보 관련의 범주에 포함시키고 있다(〈그림 1-2〉 참조). 이는 스포츠가 미디어라는 소프트를 취급하기 때문이다. 이 비즈니스의 주체는 다음의 6가지를 들 수 있다.

- 경기단체
- 팀
- 선수
- 에이전트(매니저, 프로모터 등)
- 프로듀서(광고대행사 포함)
- 매체(TV 국, 라디오 국, 잡지사 등)

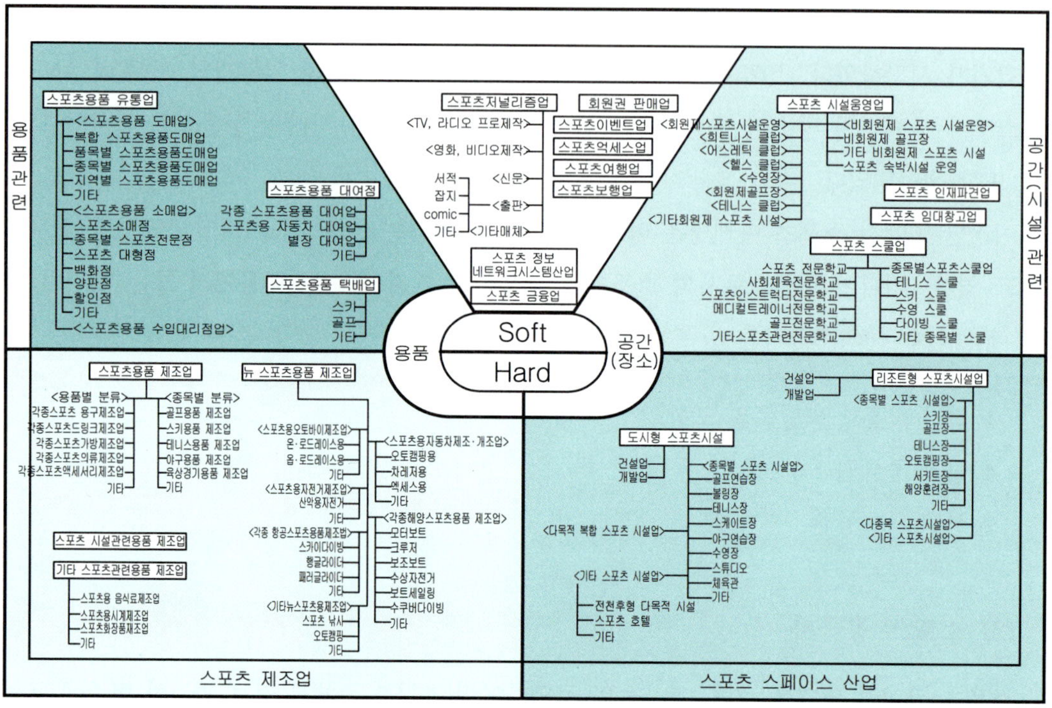


자료 : 히로세 이치로(1994), p.75.

<그림 1-2> 스포츠 산업의 영영확대

### (3) 스포츠의 수요자

스포츠를 구입하고 그 대가를 지불하는 고객은 스포츠팬과 스폰서의 형태로 존재한다. 스포츠팬은 직접적인 대가의 형태로 입장권을 구매하며, 스폰서는 대가의 형태인 스폰서료를 지불한다. 이 외에도 간접적으로는 신문 잡지의 구독료, TV의 시청료, 머천다이징의 구입비 등의 형태로 대가를 지불하고 있다.

## 제 2 절 스포츠 경영과의 차이

스포츠 마케팅은 스포츠 경영과 어떠한 차이가 있을까? 스포츠 비즈니스의 세계에서 이 둘은 자주 혼동하고 있는 것이 사실이다. 스포츠 비즈니스에서 스포츠 마케팅과 스포츠 경영의 관계를 그림으로 나타내면 〈그림 1-3〉와 같다.

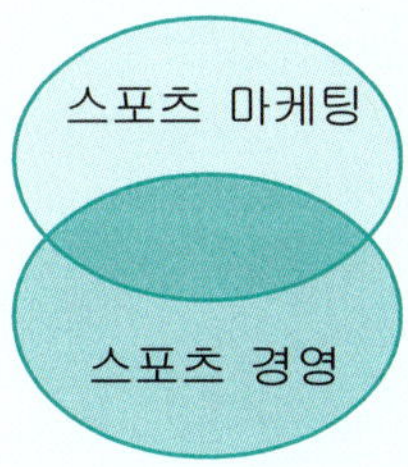


자료 : 히로세 이치로(1994), p.82.

<그림 1-3> 스포츠 마케팅과 스포츠 경영의 관계

스포츠 경영은 글자 그대로 스포츠와 관련된 경영 내지 관리를 말한다. 스포츠 경영의 주안점은 좋은 팀을 만들거나 좋은 선수를 육성하는 것이다. 즉 팀의 경영이나 선수의 관리가 스포츠 경영의 주된 목표이다. 팀의 경영을 잘하고 좋은 선수를 육성하면, 팀은 자연스럽게 입장료와 스폰서 수입을 많이 받을 수 있게 된다.

스포츠 경영의 목적은 어디까지나 스포츠 자체의 향상이며, 그 결과 입장료와 스폰서 수입이 오르게 되는 것이다. 하지만 스포츠 마케팅은 이와는 반대이다. 스포츠 마케팅은 높은 입장료와 스폰서 수입에 그 목적이 있으며, 그 결과 스포츠가 향상된다는 입장이다. 다시 말하면, 스포츠 마케팅은 스포츠의 비즈니스 기회를 먼저 찾는 활동인 것이다.

그래서 스포츠를 제공하는 측과 사용하는 측의 상호이해를 높여가면서 시장창조와 판촉활동을 통해 스포츠의 판매를 지원하는 활동 내지 기술을 스포츠 마케팅이라 한다. 스포츠를 제공하는 자와 스포츠를 사용하는 자의 상호이해를 높여가면서 시장을 창조하고 그 시장에서 상품으로서 스포츠의 부가가치를 높이는 기술이 스포츠 마케팅인 것이다.

스포츠팬의 이해를 촉진시켜서 팬의 유치(확보)를 도모한다는 점에서는 스포츠 경영과 스포츠 마케팅이 동일하지만, 비즈니스 발상의 펙터에서는 양자의 입장이 서로 다르다. 스포츠 경영이 스포츠 자체를 향상시키는 것이라면, 스포츠 마케팅은 스포츠를 미디어로 파악하고 시장을 창조하는 것이라 할 수 있다.

## 제 3 절 스포츠 분야의 마케팅 근시안

스포츠 마케팅의 스포츠 소비자의 필요와 욕구를 충족시키기 위한 활동인 점에서 볼 때, 스포츠 산업은 마케팅 근시안을 가지고 있다고 할 수 있다. 스포츠 조직들은 그들의 소비자와 시장의 욕구를 충족시키기보다는 상품과 서비스의 판매에 열중해오고 있다. 이러한 상황은 스포츠 조직들이 전문적으로 교육된 스포츠 마케팅 관리자들을 고용하지 않은 결과라고 할 수 있다.

스포츠 산업에서 중요한 것은 고객을 끌어들이는 것이 아니라 그들을 만족시켜 오래도록 유지시키는 것이다. 지금 까지는 스포츠 상품이나 서비스를 판매하려고만 하였지, 고객들이 만족할 수 있는 상품이나 서비스를 개발하려고 하지 않았다. 아직까지도 판매촉진 지향적인 사고방식이 만연하고 있다고 할 수 있다. 스포츠 산업이 당면한 중요한 문제는 회원의 유지로서, 이를 위해 잠재고객들에게 그들이 원하는 편익(benefit)을 제공하는데 노력하지 않으면 안 된다.

### 1. 마케팅 관리자

스포츠 산업이 발달함에 따라 스포츠 마케팅 분야의 전문가의 중요성이 대두되었다. 스포츠 분야의 전문성이 요구됨에도 불구하고, 마케팅 부서를 가지지 못한 스포츠 조직들이 많이 있다. 미국의 한 조사에 의하면, 좋은 성적을 올리는 팀들은 그들의 마케팅 부서를 확장하는 것에 부정적인 반응을 보이는 것으로 나타났다.

그리고 이것과 상반되는 조사도 있었다. 좋은 성적을 올리지 못하는 팀들이 좋은 성적을 올리는 팀들보다 마케팅부서, 마케팅 관리자를 더 많이 보유하며, 더 많은 양의 자료를 수집하는 것으로 나타났다.

이러한 조사결과는 경기에서 승리하는 것이 제일이며 그렇게 되면 모든 문제는 해결된다는 사고가 있음을 보여준다. 다행히도 성적이 좋지 못한 팀들이 마케팅의 부서와 관리자의 확보에 더 많은 관심을 보이는 것은 고무적이다. 마케팅 관리자의 중요한 기능 중의 하나가 시장조사를 할 수 있는 능력인데, 이런 능력을 가진 마케팅 전문가를 고용하고 스포츠 조직의 비율이 높지 않은 실정이다.

스포츠 조직을 운영하는 사람은 비즈니스맨이 되어야 한다. 고객이 무료 서비스를 원한다고 하여, 욕먹지 않을 만큼의 적당한 서비스를 제공하여서는 안 된다. 그들에 대한 서비스는 유료 서비스의 고객들에게 대한 서비스처럼 최선의 최고의 서비스를 제공할 수 있어야 한다.

## 2. 시장조사

마케팅 관리자의 주요 기능은 시장조사인데, 이를 위해서는 자료의 수집이 이루어져야 한다. 그런데 스포츠 마케팅의 분야에서 문제는 자료수집이 제대로 이루어지지 못하고 있다는 사실이다. 예를 들어, 입장권을 구매하는 사람들의 이름이나 주소 등에 관한 자료를 수집하지 않거나, 결승전 입장권을 신청하였지만 불행히도 그것을 구입하지 못한 사람들의 인적사항을 기재하지 않는 경우이다.

이들 자료는 스포츠 비즈니스의 정상적 기능의 한 부분으로 인식되는 가치 있는 정보들이다. 마케팅 관리자들은 이들 정보를 마케팅 정보시스템을 이용하여 수집하기 어려우면, 적어도 직접우편 등과 같은 방법을 사용하여 효율적인 마케팅을 수행할 수 있어야 한다.

시장조사에서 더욱 중요한 것은 스포츠 소비자의 필요와 요구에 대한 조사이다. 스포츠 소비자들은 어떠한 사람들이며 그들은 무엇을 요구하고 있는가 등에 대한 이해는 소비자들을 이해하는데 많은 도움을 준다. 스포츠 마케팅 관리자는 다른 사람에게 이상하게 보이는 것이라도, 팀이나 조직을 위하여 무엇인가를 시도할 수 있어야 한다. 그 다음에 무엇이 팀이나 조직에게 도움이 되는지 살펴보아야 할 것이다.

## 3. 판매기법

스포츠 마케팅, 특히 참여스포츠의 마케팅에서 문제는 판매기법이다. 스포츠 상품과 서비스는 고객을 직접 대면한 상황에서 생산되고 판매된다. 그럼에도 불구하고, 마케팅 전문가가 아닌 파트타이머를 고용하고 있다. 많은 헬스클럽이나 라켓볼 등에서의 파트타이머들은 통제실 직원이나 판매원으로 겸업시키는 이유는 무엇일까? 이것은 스포츠 시설에 대한 소유권이 없거나 부분적으로 훈련되지 않은 관리자들이 전임코치 등으로 고용되어 있기 때문일 것이다. 소수의 클럽 등에서만 전문가들이 전화응대, 프론트, 주요 고객응대 등을 담당하고 있다.

02

chapter

# 스포츠 마케팅의 특수성

## 제 1 절 스포츠 마케팅의 업무영역

스포츠 경영과 스포츠 마케팅의 차이에서 보았듯이, 스포츠 마케팅은 스포츠 경영과는 달리 스포츠 자체의 향상보다는 스포츠의 시장을 창조하는데 주목적이 있다. 이를 위한 스포츠

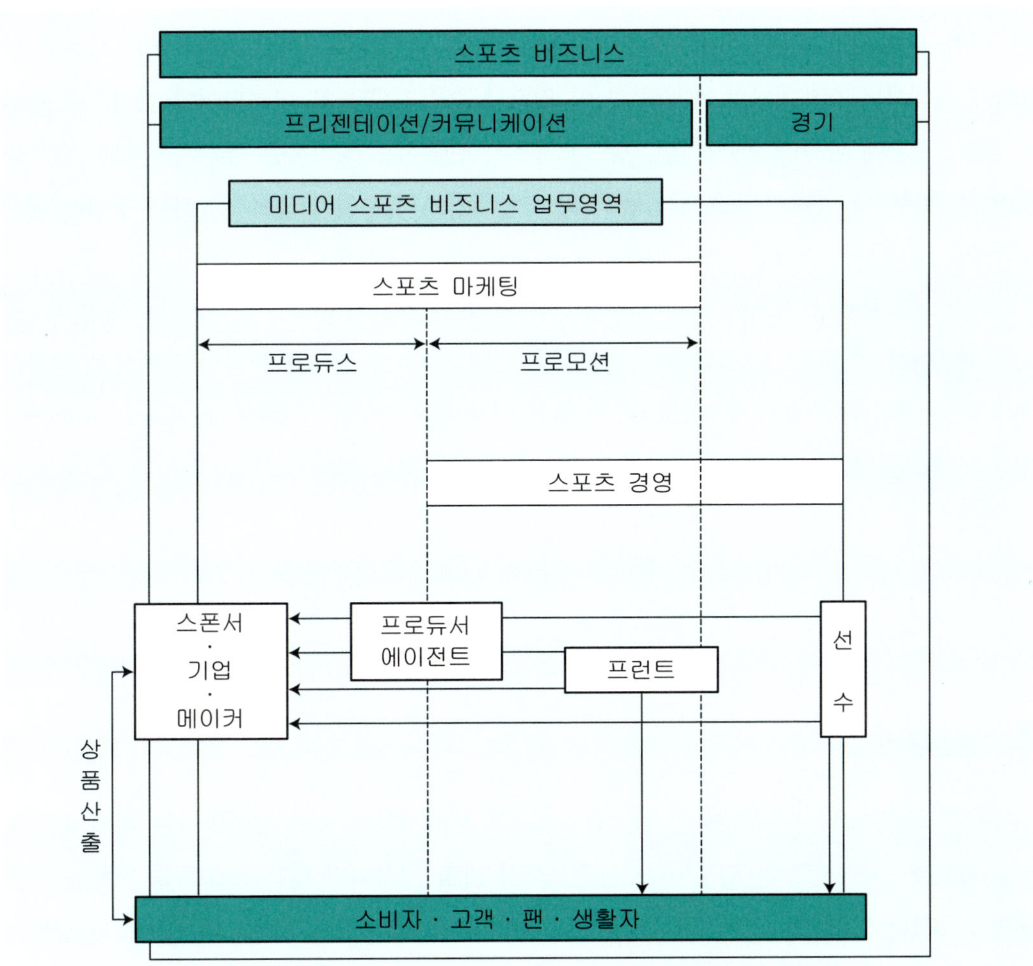


자료 : 히로세 이치로(1994), p.85.

<그림 2-1> 스포츠 비지니스의 업무영역

마케팅의 업무는 크게 프로듀스와 프로모션의 2가지로 나눌 수 있다. 그리고 스포츠 경영은 이들 활동을 통해서 스포츠 자체를 향상시키는 것이다(〈그림 2-1〉 참조).

## 1. 프로모션

프로모션(promotion, 촉진)은 특정 경기종목, 팀, 선수의 인지도를 높이고 이해를 촉진시켜 스포츠팬을 확보하기 위한 행위이다. 일반적으로 프로모션의 주체는 경기단체, 팀 또는 선수의 관리회사 등이다. 경기단체나 팀이 프로모션을 행할 경우에는 에이전트의 도움을 받기도 한다.

이러한 프로모션 자체가 바로 비즈니스로 연결되지는 않는다. 프로모션이 비즈니스로 연결되기 위해서는 스포츠팬의 개척(확보)이 입장료 수입의 확보로 연결되어야 한다. 이 경우는 관람스포츠에 한한다. 왜냐하면, 참여스포츠는 관중석을 정비하는 등의 관중서비스가 필요 없기 때문이다. 관람스포츠에서 팬의 확보가 입장료의 수입확보로 이어지는 경우는 매우 예외적일 수 있다.

따라서 프로모션이 비즈니스로 성립되기 위해서는 프로듀서(producer)를 필요로 한다. 스포츠 마케팅이 비즈니스로 성립되기 위해서는 프로모션과 프로듀스가 하나의 맥으로 연결되어야 하는 것이다. 스포츠가 비즈니스가 되기 위해서는 그것을 상품화(merchandise)하여야 한다. 스포츠를 상품화하는 것을 매체화 또는 미디어화라고 한다.

신상품의 개발 = 상품화 = 매체화(미디어화)

## 2. 프로듀스

이처럼, 스포츠의 대상물(경기, 팀, 선수 등)의 부가가치를 높여 상품화하는 것이 프로듀서(producer, 에이전트)의 업무이다. 상품으로서 아직 생산되지 않는 스포츠를 매체를 사용하여 상품화를 도모하는 것이 프로듀서이다. 실제 행해지고 있는 스포츠 비즈니스의 중요한 항목들은 다음과 같다.

### (1) 공식후원자

이는 특정 스포츠, 팀의 스폰서를 말한다. 스폰서의 경우는 후원의 대가가 화폐로 지불되지만, 공식후원자는 상품을 후원의 대가로 제공하는 경우가 많다. 볼보는 유럽 PGA의 경기스폰서로서, 코카콜라는 일본 J리그의 팀 스폰서로, 파나소닉은 바로셀로나 올림픽의 공식스폰서로 참여하였다.

### (2) TV방송권

이는 TV방송국이 스포츠 경기를 중계방송 할 수 있는 권리를 말한다. TV방송권의 구매는 수급의 원칙에 의해 결정된다. 수급관계의 변화에 따라 방송권료가 올라갈 수도 있고 내려갈 수도 있다. 미국의 LA올림픽 이후 방송권료가 급등을 하였다. 최근에는 기술의 발달에 따라 TV방송권 자체 및 그 억세스권(access rights)이 세분화되었다. 영국 오픈 선수권의 경우, TV 방영권(지상파, 위성방송, CATV, 하이비전 등)과 비디오화권 · 영화화권 · 비디오디스크화권으로 구분되었다.

### (3) 머천다이징

이는 특정 스포츠, 팀, 선수의 캐릭처, 로고, 마크 등의 상품화를 말한다. 지금까지의 스포츠 마케팅에서는 선수의 이름을 운동기구의 상품명으로 하여 상품화하였다. 왜냐하면, 운동선수의 이름이 상품의 특성이나 품질을 보증하는 성격이 강하였기 때문이다. 그러나 최근에는 에니메이션이나 유명가수 등의 캐릭처를 사용하여 머천다이징을 하는 것이 보편화되었다.

### (4) 출판권

스포츠에서 출판권의 대상으로는 공식 프로그램, 연감, 전기, 데이터 북 등이 있다. 공식 프로그램은 특정 대회의 공식 프로그램을 제작 · 출판하여, 광고 면은 스폰서에 판매하고 완성품은 경기장 등에서 판매하여 수입을 확보하는 권리를 말한다. 연감은 특정 경기나 팀의 연간활동 내용을 관계자에게 전하거나 팬에게 소개하기 위한 출판물이다. 연감의 명칭은 Official Book 또는 Year Book 등이 사용된다. 이외에 팀이나 특정 선수에 초점을 맞춘 사진집이나 전기도 있으며, 경기나 대회의 공식기록을 수록한 Data Book도 있다.

### (5) 선수관리

이는 특정선수의 광고출연, TV 라디오 출연, 강연회, 사인회, 사진집 증 보수의 지불이 발생하는 비즈니스를 관리하는 것을 말한다. 주로 골프나 테니스 등의 개인경기에서 많이 이루어진다. 아놀드 파머를 관리한 LMG의 매키맥 회장은 대표적인 경우이다.

### (6) 이벤트

이벤트는 흥행으로서, 유럽의 어떤 팀을 초청하여 한국 대표팀과 경기를 계획하는 경우가 이에 해당한다. 이 이벤트가 성립되기 위해서는 첫째, 행사종목인 자료(축구경기)가 있어야 하고, 둘째는 장소(잠실 축구경기장)가, 셋째는 경기의 추진을 위한 준비금(자본)이 있어야 한다. 이들 3요소를 유기적으로 결합하고 관리하여 이벤트를 만들어내는 사람을 이벤트 프로듀서(event producer)라 한다.

이러한 이벤트의 실행을 위해서는 예산확보를 위한 스폰서의 유치가 필요하다. 스폰서를 유치하는 작업을 이벤트 프로모션 활동이라 한다. 이때 고려할 사항은 이벤트라는 상품이 어떤 스폰서에게 필요하며, 스폰서에게 협찬을 받으려면 어떤 이벤트 상품이 필요한가 등이다. 이벤트가 스폰서에게 주는 이점은 크게 홍보(이미지의 향상), 판촉(매출의 증대), 내부홍보(구성원의 아이덴티티의 강화) 등 3가지가 있다.

품이다. 스포츠의 요소(장비 등)들은 스포츠 활동을 벗어나는 순간에 그 의미를 상실하며, 소비자 각각에 따라 스포츠를 보는 것은 매우 주관적이다.

둘째, 스포츠 상품은 생산과 소비가 거의 동시에 이루어진다. 스포츠는 무형의 상품이기 때문에 형태가 없으며 재고 또한 어렵다. 스포츠 소비자는 경기나 대회를 만들어내는 스포츠 상품의 생산자이면서도 그것을 소비하는 소비자이다. 비디오테이프나 신문기사가 스포츠 상품의 수명을 다른 형태로 연장시켜주기는 하지만, 기초적인 상품(좌석, 입장권 등)은 순간적으로 사라지고 만다.

셋째, 스포츠 상품은 대중적으로 소비되며, 사회적 촉진에 의해 소비자만족이 이루어진다. 스포츠는 일인에 의해 소비될 수 없으며, 집단의 즐거움과 만족도에 따라 소비자만족이 이루어진다. 개인이 혼자서 즐길 수 있는 스포츠는 소수이며, 혼자서 스포츠를 관람하는 사람도 전체 관중의 극소수(약 2% 정도)이다. 따라서 스포츠 마케팅 관리자는 집단의 만족과 즐거움을 최대화할 수 있도록 사회적 촉진을 수행하여야 한다.

넷째, 스포츠 상품은 품질이 일관적이지 못하고 그 결과 또한 예측이 어렵다. 스포츠는 사람들이 생산한다. 경기를 시작할 때 날씨. 선수의 컨디션, 관중의 반응, 팀의 성적 등에 따라 경기의 상황은 다양하며, 경기의 결과를 예측하기 어렵다. 스포츠팬이 경험하는 흥분과 즐거움이 경기의 진행에 영향을 준다. 참여스포츠도 이와 유사하다.

다섯째, 스포츠 마케팅은 핵심 상품보다는 부가상품을 더 강조하여야 한다. 스포츠 경기는 팀의 성적이나 선수의 구성도 중요하지만, 그 날의 날씨나 선수의 컨디션 등에 따라서도 경기의 결과가 달라질 수 있다. 팀의 성적이 우수하다고 하여 경기에서 반드시 이기는 것은 아니다. 소비자가 스테이크를 먹고 싶은 욕구를 느끼기 위해서는 핵심상품인 스테이크 자체도 중요하지만 그것을 먹는 분위기나 점포의 스타일 등의 부가상품이 더 중요하다. 스포츠의 경우도 이와 마찬가지이다.

여섯째, 스포츠 상품은 소비재이면서 산업재이다. 소비재는 최종소비자가 소비하는 상품이고, 산업재는 생산자가 사용하는 상품이다. 관람스포츠와 참여스포츠의 상품은 모두가 소비자에게 의해 소비되는 소비재이다. 그리고 기업들은 그들에게 접근하기 위한 수단으로 스포츠 대회나 광고를 후원하거나 상품을 대표하는 보증·촉진하는데 운동선수를 동원하는 등 생산자가 사용하는 산업재이다.

일곱째, 스포츠는 보편적인 소구력을 지니며 일상생활을 파고든다. 스포츠는 모든 나라가 즐기고 있으며, 인구통계학적 변수(성별, 학력, 연령 등)에 따라 소구력이 다르며, 여가와 레크리에이션 활동의 모든 요소와 관련되어 있다. 이외에 스포츠는 일상생활의 많은 부분과도 관련되어 다음과 같이 생활의 일부가 되고 있다.

- 기분전환과 오락(스포츠를 놀이로서 스트레스를 풀어준다)
- 운동(스포츠는 참여자의 운동을 도와준다)
- 식사(관중이나 참여자는 관람 중이나 운동 후에 식사를 한다)
- 음주(스포츠 관람과 알코올의 소비는 관련성이 높다)
- 섹스(남녀의 스포츠 의류에서 성적 매력을 느낀다)
- 도박(스포츠는 불법이던 합법이던 도박과 관련이 있다)
- 약물(선수의 경기 성적향상을 위해 약물이 사용되기도 한다)
- 사회적 정체성(사회계층이나 특정집단의 정체성과 관련된다)
- 대리만족(관중은 자신이 응원하는 팀의 승리에서 영광을 느낀다)

## 3. 스포츠의 가격

스포츠의 가격 면에서 보는 스포츠 마케팅의 특이성은 다음의 2가지를 들 수 있다. 하나는 전통적인 비용 산출의 방법으로는 개별 스포츠의 가격을 산정하기 어렵다. 즉 입장권이나 회원권에 스포츠 시설의 고정비용과 운영비용을 할당하는 것은 불가능하다.

다른 하나는 스포츠의 가격 그 자체는 소비자가 그것의 구매를 위해 지불하는 총비용에 비하면 상대적으로 적은 규모이다. 스포츠 관람객이 경기를 보는데 지출한 총비용에서 스포츠 조직에 들어가는 비율(부분)보다 교통비나 오락비등 기타 비용에 들어가는 비용이 더 크다는 것이다.

## 4. 스포츠의 촉진활동

스포츠는 눈으로 보여주는 가시성을 지닌 상품이어서 많은 기업들이 촉진활동으로 스포츠를 이용한다. 스포츠는 많은 매체에 노출되어 있다. 관객(노출)이 대규모인 스포츠는 관객의 특성을 비교적 정확하게 예측할 수 있어, 기업의 훌륭한 촉진도구가 된다. 게다가 관객의 질(인구통계)도 우수하여, 각각의 스포츠는 다양한 고객을 끌어 모을 수 있다.

# 제 3 절 스포츠의 생산자와 소비자

스포츠는 생산자와 소비자가 함께 한 자리에서 생산되고 소비된다. 스포츠의 생산자와 소비자는 스포츠 상품과 함께 스포츠 산업을 구성하는 요소들이다.

## 1. 스포츠 소비자

스포츠 산업에서 소비자들은 관중, 참여자, 후원자 등 3가지가 있다. 스포츠 마케팅 관리자는 이들 소비자의 욕구를 충족시켜줄 수 있는 상품을 개발하여야 한다. 먼저 관중은 전형적인 소비자이다. 관중이 없는 경기는 존재할 수 없듯이, 관중이 없는 스포츠 산업 또한 존재할 수 없다. 관중은 스포츠 경기 또는 스포츠 행사 등을 관람하는 사람으로서, 이들 관중은 스포츠 경기(행사)가 제공하는 편익을 기대하고 그것을 관람하는 것이다.

관중은 스포츠의 경기장이나 행사장에 직접 참석한 사람은 물론 그것을 방송매체로 시청하는 사람 모두를 포함한다. 최근에는 방송매체의 힘이 강해짐에 따라 시청자가 중요한 스포츠 소비자로 등장하고 있다.

이러한 관중은 개인관중과 기업관중으로 구분할 수 있다. 개인으로서 경기장이나 행사장을 찾으면 개인관중이고, 기업이 단체로 구매한 입장권으로 그곳을 찾으면 기업관중이 된다. 외국에는 기업관중이 흔하지만, 우리나라는 생소한 편이다. 기업관중은 경기장의 특별석에서 경기를 관람하면서 사업을 상담하는 기업 활동의 일부이다.

다음은 참여자로서의 소비자이다. 참여자는 스포츠 활동에 직접 참여하는 사람들로서, 이들은 다양한 종류의 스포츠에 참여하고 있다. 여가선용의 증대에 따라 스포츠에 대한 참여자의 수는 증가추세에 있다. 스포츠 참여자는 비조직화 된 스포츠의 참여자와 조직화된 스포츠의 참여자로 나눌 수 있다.

비조직화 된 스포츠의 참여자는 운동을 하면서 감독(심판)을 받거나 공인기관의 통제를 받지 않는 사람들이다. 헬스클럽이나 운동장에서 조깅이나 피트니스를 하는 것이 여기에 해당

된다. 이러한 비조직화 된 스포츠의 시장은 매우 큰 관계로, 이들 스포츠에 참여하는 사람들이 수를 정확히 파악하기는 어려운 실정이다.

한편 조직화 된 스포츠의 참여자는 운동을 하면서 협회 또는 리그 등에 의해 감독이나 통제를 받는 사람들이다. 여기에 참여하는 사람들은 아마추어와 프로의 경기에 참여하는 사람들이다.

끝으로 후원자로서의 소비자이다. 스포츠 경기를 후원하는 기업, 스폰서기업이 소비자이다. 스폰서는 후원할 경기, 스포츠의 수준, 후원할 행사 · 팀 · 선수 등에 따라 그 내용이 복잡해진다. 최근에는 여러 가지 이유로 스폰서에 참여하는 기업들이 증가하고 있다.

## 2. 스포츠의 생산자

스포츠의 생산자는 스포츠 상품을 생산하고 유통하는 개인 또는 조직을 말한다. 팀의 소유자, 경기단체, 에이전트, 스폰서, 매체 그리고 스포츠 용품의 제조업자 등이 스포츠의 생산자이다.

먼저, 팀의 소유자는 스포츠 팀을 가지고 있는 기업들이다. 기업은 스포츠 팀을 운영함으로서 기업을 소비자에게 알릴 수 있으며 친밀감을 심어줄 수도 있다. 팀이 우승하면 매출이 증가하거나 기업 인지도가 증대되는 효과를 얻을 수 있다. 이처럼 기업들은 스포츠와 관련성을 갖고 싶어 한다.

경기단체는 경기의 규칙과 규정을 제정하고 스포츠 이벤트의 개최시기와 장소를 결정하며, 선수들에게 필요한 절차를 설명하는 기관을 말한다. IOC와 KOC 등이 대표적인 예이다. 이들 단체는 스포츠의 제반 규정을 제정하는 등 강력한 힘을 가진다.

스폰서는 스포츠의 경기나 행사에 현금이나 물품을 후원하는 기업으로, 스폰서 기업이라고도 한다. 스포츠 이벤트, 청중, 스폰서 기업 등의 삼자는 독립적 또는 상호 의존적으로 상대로부터 편익을 얻고자 한다. 스폰서 기업은 스포츠 이벤트를 후원하여 청중들로 하여금 이를 관람하게 하면서 이벤트를 촉진하고 청중참여를 달성하도록 한다.

매체(미디어)는 스포츠 산업에서 강력한 힘을 가진 생산자의 하나이다. 스포츠 조직은 스포츠 이벤트의 노출이 없이는 생존할 수 없으므로 매체를 이용하지 않으면 안 된다. 스포츠 프로그램에 대한 소비자의 욕구증대로 매체는 스포츠를 필요로 하고 있다. 매체를 노출한 방송사는 스폰서, 청중 등과 밀접한 관련이 있다.

에이전트는 운동선수를 소비자에게 소개하는 중개업자로서 스포츠의 생산자이다. 이들은 운동선수들의 연봉협상, 가치결정, 법적 구제 등 다양한 업무를 수행한다.

스포츠 용품의 제조업자는 대표적인 스포츠 생산자이다. 이들은 스포츠에 참여하는 사람들이 사용하는 장비의 생산과 마케팅을 담당하는 사람들로서, 스폰서십에서 중요한 역할을 수행한다. 이들은 스포츠와 밀접한 관련성을 가지고 있다는 이유만으로 스폰서 기업이 될 수 있다.

03

chapter

# 마케팅 정보시스템

# 제 1 절 마케팅 정보시스템의 개념과 대안

## 1. 마케팅 정보시스템의 개념

개인이나 조직이 어떤 행위를 하기 위해서는 의사결정의 과정을 거치게 된다. 중요하면 중요한대로, 중요하지 않으면 중요하지 않은 대로 의사결정의 과정을 거치게 된다. 개인이나 조직은 반드시 그 나름대로의 의사결정의 과정을 거쳐서 어떤 행위를 하게 되는 것이다.

의사결정에는 정보가 필요하고, 필요한 정보를 가지고 있어야 스포츠 조직은 합리적인 의사결정을 내릴 수 있다. 합리적인 의사결정을 위해서는 필요한 정보를 필요한 시기에 필요한 량만큼 언제든지 이용할 수 있어야 한다. 스포츠 조직의 합리적인 의사결정은 개인의 경우보다 더 중요하다.

이를 위하여, 스포츠 조직의 내 · 외부에서 발생하는 수많은 정보들을 수집 · 분류 · 저장하였다가 필요한 시기에 그것을 이용할 수 있어야 한다. 이렇게 할 때, 스포츠 조직은 합리적인 의사결정을 내릴 수 있다.

이것을 가능하게 해주는 것이 마케팅 정보시스템(Marketing Information System)이다. 다시 말하면, "마케팅 관리자가 합리적인 의사결정을 하는데 필요한 정보를 스포츠 조직의 내 · 외부로부터 수집 · 분류 · 보관하였다가 적시에 그것을 검색 · 이용할 수 있도록 설계된 지속적이며 상호작용을 하는 사람 · 설비 · 절차의 복합체"를 말한다.

이처럼, 마케팅 정보시스템은 마케팅관리자와 시장을 연결하는 마케팅 활동의 핵심이다. 스포츠마케팅의 성공여부는 소비자 및 잠재소비자에 대한 정확한 정보를 수집 · 이용 · 분석하여 표적시장의 욕구에 맞는 마케팅 계획을 수립하는 것이다. 즉 효과적인 마케팅의 의사결정을 위해 필요한 것이 마케팅 정보시스템이다.

## 2. 마케팅 정보시스템의 대안

어떤 조직이들 간에 효과적인 마케팅 의사결정을 위한 기초자료는 매우 중요하다. 스포츠 조직에서 이러한 자료가 특히 중요한 이유는 팬들이나 참여하는 사람들의 추세가 매우 빠르게 변하기 때문이다. 스포츠 상품을 마케팅 하는 경우에는 정보를 체계적이고 지속적으로 수집할 필요성이 있다.

마케팅 정보시스템의 규모와 수준은 조직마다 다르다. 마케팅 정보시스템은 색인카드를 모아 둔 것처럼 단순할 수도 있으며, 통합된 데이터베이스와 같이 복잡할 수도 있다. 스포츠 조직에 필요한 마케팅 정보시스템의 대안은 다음의 요소들에 의해 결정된다.

- 상품 및 서비스에 대한 시장의 규모와 지리적 분포 - 시장의 규모가 크고 지리적으로 분산되어 있을수록 마케팅 정보시스템은 보다 복잡해진다.
- 소비자 및 잠재적 소비자에 대한 정보의 접근가능성 - 많은 정보수집이 가능할수록 마케팅 정보시스템의 규모는 커진다.
- 마케팅 정보시스템의 개발을 위한 예산의 배정 - 예산이 많으면 많을수록 마케팅 정보시스템은 보다 세련된 형태를 지닌다.

## 제 2 절 마케팅 정보시스템의 특성 및 정보

마케팅 정보시스템은 다음과 같은 특성을 가지고 있어야, 마케팅 정보시스템이 제 기능을 발휘할 수 있다.

- 필요한 모든 정보가 한 곳으로 집중되어야 한다.
- 모든 정보는 다양한 출처의 자료들과 비교 · 합산될 수 있어야 한다.
- 마케팅 관리자는 의사결정에 사용할 수 있는 자료를 받을 수 있어야 한다.

마케팅 정보시스템의 특성이 갖추어야 할 이상의 3조건과 필요한 정보의 파악은 마케팅 의사결정에서 매우 중요하다. 마케팅의 의사결정에 어떤 자료가 어떻게 사용되는지에 대한

<표 3-1> 스포츠 마케팅과 관련된 핵심질문

| | |
|---|---|
| 누가<br>(Who) | 자사 상품을 소비하는가?<br>구매의사결정을 하는가?<br>경쟁사의 상품을 소비하는가?<br>특정 세분시장에 있는가?<br>누구와 함께 관람을 하는가? |
| 무엇을<br>(What) | 자사와 경쟁하는 상품인가?<br>고객이 바라는 편익을 주는가(레저, 건강)?<br>수요를 결정하는 요인(가격, 이동거리)인가?<br>중요한 구매기준인가?<br>소비자가 인식하는 위험인가? |
| 어디서<br>(Where) | 구매의사결정이 이루어지는가?<br>상품정리를 찾는가?<br>상품을 구매하는가? |
| 언제(When) | 고객이 구매를 하는가(경기 당일)? |
| 왜<br>(Why) | 고객이 자사상품을 구매하는가(선물, 사업상)?<br>특정한 고객집단이 존재하는가(배우자, 친구)? |
| 어떻게<br>(How) | 고객들이 자사상품을 사용하는가?<br>많이, 자주 구매하는가? |

합의가 있어야 한다. 〈표 3-1〉은 스포츠 조직이 시장조사에서 파악하여야 할 정보가 무엇인지 알려준다. 이 질문을 통하여 마케팅 의사결정에 필요한 자료에 대한 합의를 이끌어낼 수 있다. 이런 질문을 통해서 볼 때, 마케팅 정보시스템에 필요한 정보는 다음의 3가지로 구성된다.

## 1. 일반시장의 자료

모든 조직은 시장에서 거래반경을 가진다. 소비자들이 우리 조직을 중심으로 몇 미터의 반경 내에 또는 몇 시간의 거리에 있는가? 이것이 스포츠 조직이 가지는 핵심적인 거래반경이다. 핵심적 거래지역의 규모는 스포츠 산업의 구분에 따라 달라진다. 라켓스포츠와 헬스클럽은 대부분의 고객의 거주지 또는 직장과 가까운 거리에 있으며, 근린지역의 스포츠 용품점은 헬스클럽과 유사한 거래지역을 갖고 있다.

스포츠 조직까지의 이동거리는 절대적인 거리의 개념보다도 소비자의 구매 의사결정을 보다 정확하게 반영해주므로, 잠재적 수요의 보다 정직한 자료가 될 수 있다. 시장으로서 갖추어야 할 핵심적인 자료는 다음과 같다.

- 시장규모 – 상품에 대한 적정한 규모의 시장
- 핵심적 거래지역에 존재하는 소비자들의 인구통계학적 특성 – 표적시장에서의 연령, 성별, 소득, 인종 등에 따른 특성 내지 전체적 윤곽
- 고객의 구매행태 또는 소비패턴 – 인구통계학적 자료에 한계가 있을 때, 잠재적 시장 수요를 측정하기 위해 사용하는 심리분석학적 방법이다. 이는 AIO(Attitude, Interest, Opinion)을 통해서 본 생활방식이다.
- 특정스포츠의 참여 · 관람 수준 – 이를 통해 어떤 스포츠의 각각의 표적시장에 알맞은 촉진전략을 설계할 수 있다.
- 미래 추세에 대한 자료 – 미래를 고려하지 않고서는 어떤 조직도 존재할 수 없듯이, 스포츠 산업에서 미래 추세의 분석은 매우 중요하다. 여러 번 유행이 오고가는 스포츠는 변화가 많은 시장이므로, 그 변화의 흐름을 읽는 것은 마케팅에서 매우 중요하다.

## 2. 개별 고객의 자료

모든 스포츠 조직은 저마다 개별적으로 고객을 가지고 있다. 마케팅 관리자들은 고객의 이름, 주소, 전화번호 등을 준비하고 있어, 그들에게 직접적 연락을 취할 수 있다. 이러한 작업은 소규모의 스포츠클럽에서는 비교적 쉽게 이루어진다. 하지만 많은 수의 고객을 확보한 스포츠클럽에서는 전산화된 회원 데이터베이스를 보유하지 않으면 전체 회원에 대한 대략적인 측정만 할 수 있다.

모든 스포츠 조직은 포괄적인 고객정보를 정규적으로 수집할 수 있어야 한다. 플레이오프에 진출한 프로야구 구단은 입장권의 구입신청서에 이름과 주소 등의 난을 모두 메우게 한 뒤 입장권을 판매하여야 할 것이다. 마케팅 의사결정에 핵심적 역할을 하는 기존고객에 대한 정보는 다음과 같다.

- 고객들의 이름, 주소, 전화번호 – 전화 및 직접우편에 활용된다.
- 구매빈도 및 상품종류와 사용량, 조달시간 – 기존고객들을 고가격 상품을 사용하도록 하는 유도의 경우에 활용된다.
- 구매의 유도를 위한 매체 및 광고 – 촉진활동의 효과분석에 활용된다.
- 소비패턴 – 혼자 소비하는지 아니면 친지들과 함께 소비하는가, 스포츠의 소비를 하기 전 · 중 · 후에 무엇을 하는가 등에 대한 정보

## 3. 경쟁자의 정보

마케팅 정보시스템은 경쟁자의 가격, 상품, 촉진전략 등의 정보를 포괄적으로 다루어야 한다. 여기에서 경쟁자는 유사한 상품 및 서비스를 제공하는 스포츠 조직으로서, 자신과 핵심적 거래반경에서 25% 이상이 중복되는 경우이며, 30분의 이동거리에 있음을 말한다. 일부의 스포츠 조직은 경쟁관계의 스포츠 시설을 방문하여 경쟁자의 강점과 약점을 평가한다.

## 제 3 절 마케팅 정보시스템의 자료원

마케팅 정보시스템에 필요한 자료를 어디에서 얻을 것인가? 효과적인 마케팅 의사결정에 필요한 자료를 알아낼 수 있는 출처(source)를 고려하여야 한다. 자료의 출처를 크게 2 가지 – 내부출처와 외부출처 – 로 구분된다. 모든 정보는 조직의 외부 · 내부 출처를 통해 들어오

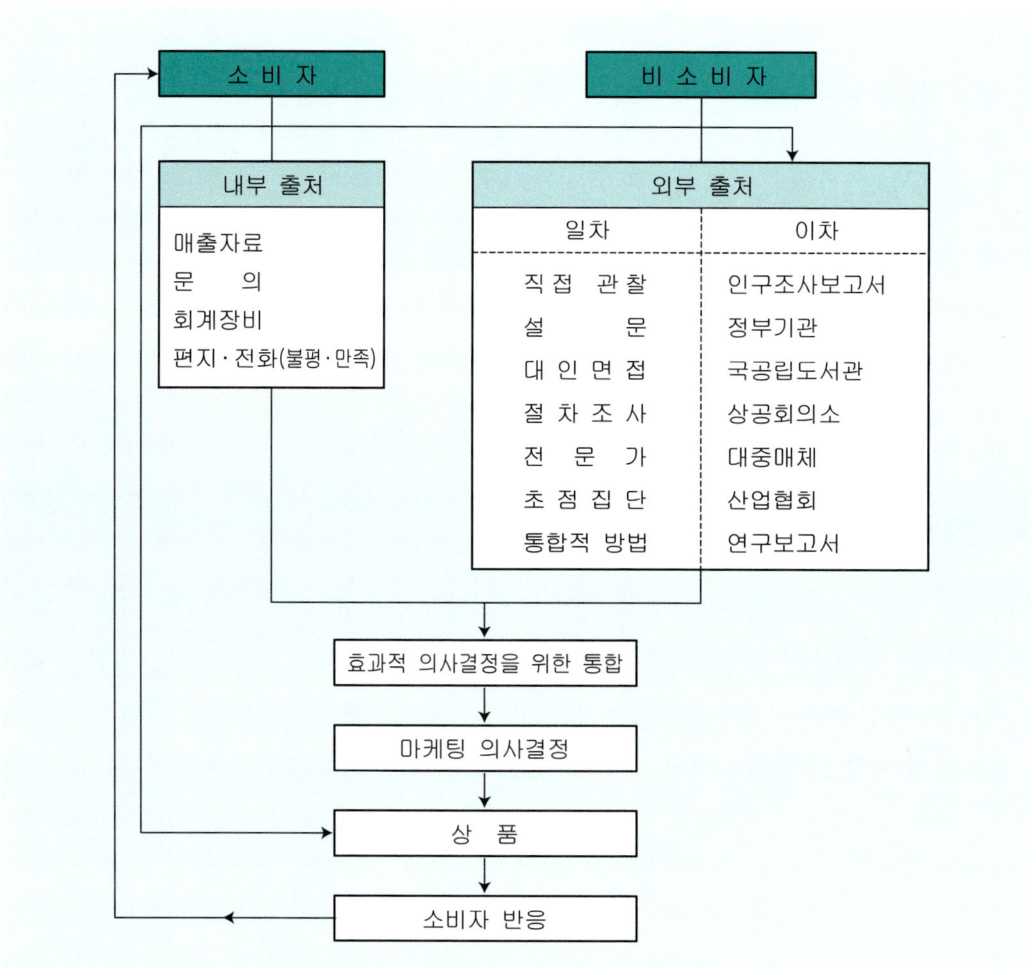


<그림 3-1> 마케팅 정보시스템을 위한 기본설계

며, 모든 조직은 이들 정보를 효과적으로 활용하여야 한다. 〈그림 3-1〉은 효과적인 마케팅 정보시스템에서 중요한 자료의 출처를 보여준다.

## 1. 내부자료의 출처

내부자료는 조직의 내부에 있는 자료로서, 대부분의 조직들은 내부자료를 마케팅 자료로 활용한다. 하지만 불행하게도 이런 내부 자료를 간과하고 잘 활용하지 못하는 경우가 많다. 스포츠 조직이 다음과 같은 내부 자료들을 잘 통합한다면, 내부자료의 시스템을 구성할 수 있다. 이들 내부자료를 회수하기 위해서는 전산화가 필요하다.

### (1) 매출액 기록

고객의 대금지불이 신용카드 또는 수표로 거래가 이루어진다면, 그것으로서 고객의 이름과 주소까지도 알 수 있다. 이 경우 정보는 현금처리가 되기 전에 기록해 주어야한다. 조직의 영업부서는 매출의 성격을 코드로 지정하면, 그것을 유용하게 사용할 수 있다.

### (2) 문의

전화문의는 잠재고객을 파악할 수 있는 좋은 기회가 된다. 마케팅 관리자는 상품권 대회를 개최하여 상품에 대한 고객의 관심을 유발할 수 있다. 이를 통해 고객명단을 입수할 수도 있고, 팬의 요청을 마케팅 DB에 기록할 수도 있다.

### (3) 회계 장부

판촉활용에  직접적으로 사용할 수 있는 명단을 회계장에서 얻을 수 있다. 어른 입장권의 소유자나 후원기업의 명단을 회계장부를 통해서 얻을 수 있다.

### (4) 고객의 편지

스포츠 조직은 고객으로 하여금 칭찬이나 불만의 사항에 대한 편지를 작성하도록 시스템을 만들어, 그들의 인적사항을 DB에 기록하고 칭찬과 불만의 목록을 작성할 수 있다.

## 2. 외부자료의 출처

외부자료는 조직의 통제에 있지 않은 자료로서, 조직의 외부에서 얻은 자료들이다. 이들 자료는 일차자료와 이차자료로 분류할 수 있다. 먼저 일차자료는 고객이나 경쟁자들, 기타 조직들과 관련된 직접적 연구나 설문조사를 말한다. 산업협회와 같은 조직들이 제공하는 정보가 잘 발달되어 있는 산업이 아니면 구체적인 시장세분화의 정보가 필요할 것이다. 일반적인 일차자료의 수집방법은 다음과 같다.

- 개별관찰
- 설문조사(면접이나 질문 등)
- 관중 또는 팬의 설문조사(관중감사)
- 개별면담
- 전문가 패널
- 초점집단 면담(팬, 소비자, 대중매체 등 대표성이 있는 집단과의 면담)

그리고 이차자료는 이미 출판되어 있거나 수록되어 있는 자료들이다. 스포츠 관련의 이차자료의 출처는 다음과 같다.

- 인구조사보고서
- 정부기관
- 국공립도서관
- 상공회의소
- 대중매체
- 산업협회
- 전문적 연구조사기관
- 학술 출판물

## 제 4 절 마케팅 정보시스템의 문제와 활용

스포츠 조직들은 마케팅 정보시스템에서 얻은 자료를 다양하게 활용할 수 있어야한다. 이를 위해, 마케팅 조사를 실시하되 그것은 조직의 목표와 밀접하게 관련되어 있어야 한다.

### 1. 마케팅 조사의 문제

마케팅 조사를 실시함에 있어 많은 문제점이 발생할 수 있다. 마케팅 조사에서는 다음의 요소(표본추출과 설문지 설계)들에 주의를 기울일 때, 스포츠 조직은 마케팅 정보시스템의 효율성을 체크할 수 있다.

설문지는 대규모 조사를 실시하기 전에 소수의 표본으로 예비조사를 하여야 한다. 설문지 작성에서 가장 일반적인 오류(잘못)는 질문의 유형, 질문의 양식과 표현, 그리고 단어의 선택 상에서 일어난다. 이러한 오류를 피할 수 있도록 설문지가 작성되어야 한다.

### 2. 마케팅 정보시스템의 활용

마케팅 조사는 조직의 목표와 밀접하게 관련하여 이루어질 때, 마케팅 정보시스템을 효율적으로 활용할 수 있다. 스포츠 조직의 목표달성을 위한 마케팅 조사의 활용방안은 다음과 같다.

#### (1) 고객과의 커뮤니케이션

마케팅 정보시스템을 활용하는 스포츠 조직은 고객과의 커뮤니케이션을 증대시킬 수 있다. 소규모의 스포츠 조직에서는 간단한 수작업, 즉 이름과 주소를 포함한 고객기록을 활용할 수 있으며, 구매량은 스포츠 종목에 따라 분류 · 기록하는 코딩시스템을 활용할 수 있다.

예를 들어, 어떤 야구구단은 야구 코드에 의해 분류된 모든 기록에 있는 고객들에게 야구용품의 카다로그나 광고지를 우송하거나 또는 지난 6개월 동안 일정금액 이상의 용품을 구입한 고객들을 특별행사에 초청한다. 이러한 행사는 스포츠조직과 고객이 함께 나누는 쌍방적 대화의 장이 된다.

### (2) 스포츠의 촉진

마케팅 정보시스템의 운영을 잘 하는 조직일수록 촉진비용을 줄일 수 있다. 스포츠 산업에서 촉진예산은 일반적으로 어느 정도의 기반을 갖고 있는 조직체의 경우, 연간 총지출 비용의 5% 정도이고, 신생조직이나 시장점유율을 증가할 필요가 있는 조직체의 경우는 10% 정도라고 한다.

이는 새로운 고객의 확보(유인)에는 광고보다도 기존고객의 구전효과가 더 효과적이기 때문이다. 불행하게도 이런 전략을 사용하는 스포츠 조직은 많지 않다. 프로스포츠 팀들 중에 장기간 시즌 입장권을 보유한 고객(로열티 고객)에게 보상을 하는 팀이 드물다. 만족을 경험한 기존고객의 입에서 입으로 전하는 구전효과가 매출로 이어지는 비율이 전체의 70%를 차지한다는 사실이 스포츠 산업의 한 조사에서 밝혀졌다.

### (3) 후원자 유인

잠재적 후원자(스폰서 기업)들은 자신의 후원이 사업에 어떤 도움이 되는지 알고 싶어 한다. 마케팅 정보시스템이 이에 대한 의문을 풀어준다. 미국의 한 스포츠 관련 기업은 마케팅 정보시스템을 기초로 잠재적 후원자들에게 보여줄 수 있는 간단한 참고자료를 개발하였는데, 그 참고자료는 다음의 사항들로 구성되어 있다.

- 가족들의 참여(자사의 스포츠 관중에게 가족과 함께 관람하는 비율)
- 소득의 수준(자사의 스포츠 관중들 중 일정금액 이상의 소득을 가진 관중)
- 여성 고객의 구매력(자사의 스포츠 관중에서 여성이 차지하는 비율)

### (4) 스포츠 프로그램

마케팅 정보시스템의 운영을 잘하고 있는 스포츠 조직은 특별한 소프트웨어를 통하여 스포츠 관람(회원)을 효과적으로 관리한다. 가령, 테니스 코트는 한 번에 여러 번 사용하는 예약을 할 수 없다. 그래서 회원을 탈퇴하는 비율이 높아질 수 있다. 한 클럽은 컴퓨터를 활용하여 연평균 35%에 달하는 탈퇴율을 20%대로 떨어뜨린 경험이 있다. 회원수가 2,000명이고 회비가 연 250달러인 그 클럽의 경우, 년 10만 달러를 절약할 수 있었다.

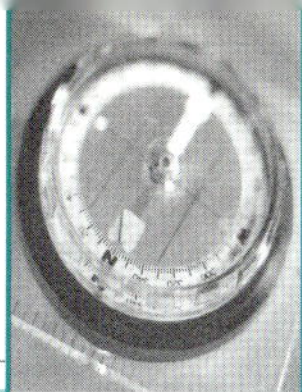

# 제 5 절 마케팅 조사

## 1. 마케팅 조사의 개념

마케팅 조사시스템은 특수한 조사 · 연구가 필요한 경우 이에 필요한 정보를 수집 · 제공하는 시스템이라고 앞에서 설명을 하였다. 이처럼, 마케팅 조사는 "스포츠 조직이 직면하고 있는 마케팅 문제와 관련된 정보를 체계적이고 객관적으로 수집 · 분석 · 보고하는 일련의 활동"을 말한다. 이러한 마케팅 조사는 마케팅 정보시스템의 하위시스템의 하나로서, 시장조사와는 다르다. 시장조사는 마케팅 조사의 환경조사중의 한 영역에 지나지 않는다.

## 2. 마케팅 조사의 범주

마케팅 조사를 실행하는 부서는 그들의 활동과 기법을 꾸준히 확장해오고 있다. 스포츠 조직이 필요로 하는 가장 일반적인 활동으로 스포츠 시장의 특성, 스포츠 시장으로서의 가능성 측정, 스포츠 시장의 점유율 분석, 판매분석, 경기추세 연구, 단기예측, 새로운 스포츠의 수용성과 판매가능성, 경쟁 스포츠 조사, 장기예측, 가격설정조사, 그리고 기존 스포츠의 연구 등이 있다. 이들 연구들은 점차적으로 세련된 기법들의 활용함으로써 많은 혜택을 볼 수 있다.

## 3. 마케팅 조사의 절차

마케팅 조사는 마케팅 문제를 보다 잘 이해하려는 노력에서 이루어진다. 그 결과의 가치는 마케팅 조사 프로젝트가 설계되고 실시되는 기술(skill)에 달려 있다. 효과적인 마케팅 조사는 〈그림 3-2〉의 5 단계 - 문제의 정의, 조사설계, 실태조사, 자료분석, 그리고 보고서 제시와 실행 - 을 거쳐 실시된다.

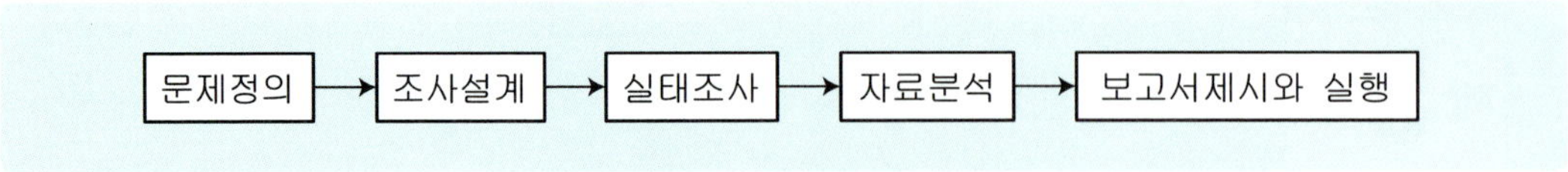


<그림 3-2> 마케팅 조사 절차

### (1) 문제의 정의

마케팅 조사의 첫 단계는 문제의 정의이다. 현재 스포츠 조직이 처한 문제가 무엇인가를 분명히 하여야 한다. 문제를 명확히 정의할 때, 조사의 목적 또한 명확하여지고 이에 필요한 정보도 수집할 수 있다. 만일 문제가 막연히 진술되거나, 잘못 정의되거나, 또는 조사의 용도가 명확하지 않으면 조사결과는 관리자에게 소용없게 될는지도 모른다.

예를 들어, 스포츠 조직의 수익이 감소한다고 하자. 수익의 감소에는 여러 가지 원인들이 있을 수 있다. 회원의 감소, 서비스의 문제, 직원의 구성 등이 있을 수 있다. 이들 중에서 무엇이 수익의 감소를 가져왔는지를 명확히 한 다음에 마케팅 조사를 하여야 한다.

### (2) 조사의 설계

문제가 정의될 때 조사목적이 명확하여 진다. 앞의 예에서, 스포츠 조직의 매출액 감소가 직원의 구성에 있었다면 직원을 개편하는 것이 조사의 목적이 되고, 이를 위해 직원의 구성에 관한 정보를 수집하여야 한다. 마케팅 관리자는 조사목적을 만족시킬 정보를 수집하기 위하여 여러 대안적 방법 가운데 하나를 선택해야 하는 처지에 놓이게 된다. 즉 관리자는 자료수집 방법, 조사도구, 그리고 표본추출계획 등에 관하여 결정하여야 한다.

#### 자료수집 방법

마케팅 조사자가 수집하는 자료에는 일차 자료와 이차 자료가 있다. 먼저 이차자료는 해당 스포츠 조직의 목적과는 다른 목적으로 수집된 것으로, 이를 해당 스포츠 조직이 이용하기 위해서는 이들 자료의 관련성, 공평성, 타당성, 그리고 신뢰성을 체크하여야 한다.

그리고 일차자료는 스포츠 조직이 스스로 수집한 자료원을 말한다. 이들 자료들은 고객, 직원, 경쟁관계의 스포츠 조직 또는 다른 정보원으로부터 입수할 수 있다. 일차자료의 수집 방법에는 관찰조사, 실험조사, 설문조사 등이 있다. 먼저, 관찰은 관련자들의 행동과 상황을 직접 관찰함으로서 자료를 수집하는 방법이다. 실험은 완벽하게 통제된 환경에서 선택된 자극을 체계적으로 변화시킴으로서 마케팅 변수들 간의 인과관계를 알아내는 방법이다. 그리고 설문조사는 조사자가 조사대상자들에게 질문을 던져 그들에서 나오는 응답을 자료로 삼는 방법이다.

#### 조사의 도구

마케팅 사자는 마케팅 정보의 수집을 위해 신뢰할 수 있는 조사도구(수단)를 설계하거나 사용하여 한다. 가장 중요한 조사도구가 설문지인데, 이를 작성하는데 상당한 기술이 요구된다.

설문지는 대규모 조사를 실시하기 전에 소수의 표본으로 예비조사를 하여야 한다. 설문지 작성에서 가장 일반적인 오류(잘못)는 질문의 유형, 질문의 양식과 표현, 그리고 단어의 선택 상에서 일어난다. 이러한 오류를 파악하기 위하여 설문지는 최소한 다음 사항을 유지하여야 한다 :

- 조사대상자가 이해할 수 있도록 쉬운 말을 사용한다.
- 대답을 어느 한 방향으로 유도하거나 편견이 들어 있는 질문은 피한다.
- 문항하나에 두 가지 이상의 질문은 포함시키지 않는다.

#### 표본추출 계획

마케팅 조사를 설계하는 3 번째 요소는 표본추출 계획이다. 표본추출 계획은 다음 4가지 질문에 대답하는 것이어야 한다.

- 누구를 대상으로 조사할 것인가? (표본추출 단위)
- 얼마나 많은 사람을 조사할 것인가? (표본규모)
- 샘플대상을 어떻게 선정할 것인가? (표본추출 절차)
- 어떻게 도달할 것인가? (표본추출 매체)

### (3) 실태조사

마케팅 조사의 설계가 종료되면 자료수집이 이뤄진다. 일반적으로 이 단계상에서 가장 값비싸고 가장 범하기 쉬운 오류는 조사대상자가 협조 · 응답을 하지 않거나, 응답자가 편견적인 자세를 취하거나, 면접자가 편견을 가지거나 비정직성을 보일 때 일어난다.

### (4) 자료 분석

마케팅 조사 절차의 4 번째 단계는 자료에서 의미 있는 정보를 추출하는 단계로서, 여기에는 4단계가 있다. 첫째는 관련 평균값과 분산척도를 계산하는 것이다. 둘째는 유용한 관계의 산출을 위해 자료를 교차분석표(cross-tabulation)를 작성한다. 셋째는 상관계수를 측정하여 적합성 테스트(goodness-of-fitness test)를 실시한다. 넷째는 중요한 관계를 찾기 위해 자료에 다변량 통계기법을 적용시킨다. 가장 중요한 다변량 기법으로는 다중회귀분석, 판별분석, 요인분석 등이 있다(〈그림 3-3〉 참조).

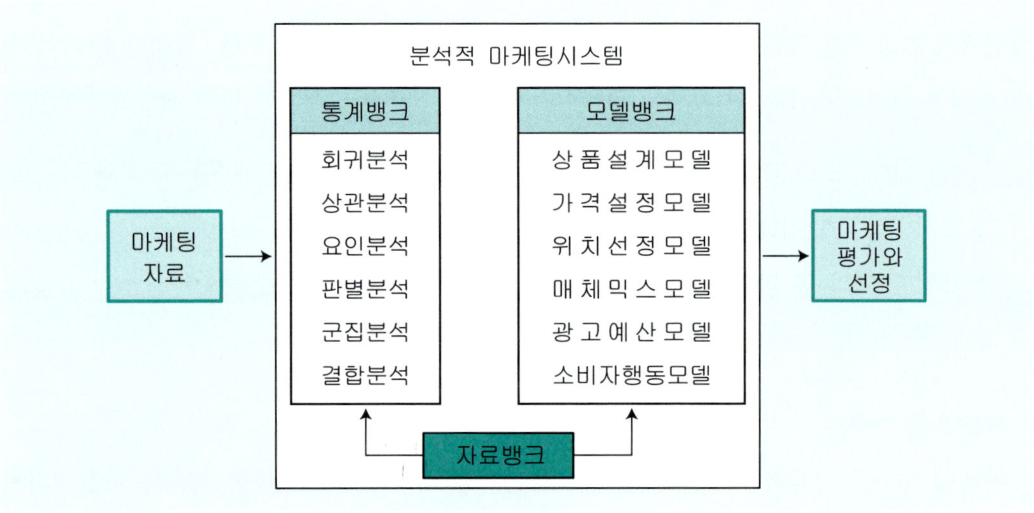


<그림 3-3> 분석적 마케팅 시스템

### (5) 보고서의 제시와 실행

마케팅 조사의 마지막 단계는 보고서 제시와 조사결과의 실행이다. 보고서는 문제와 주요 결과를 간략한 서술로 시작되며, 조사결과를 토대로 토론되고 결정되어야 한다.

04

chapter

# 스포츠 고객관계관리

# 제 1 절 고객관계관리의 이해

## 1. 고객관계관리의 정의

고객관계관리(CRM)에 대한 정의는 매우 다양하다. CRM의 개념이 시작된 미국에서도 일치된 정의가 없이 사용되고 있다. 정의를 내리는 사람의 관점에 따라 그 의미가 분류된다. 이러한 고객관계관리에 대한 정의를 살펴보면 다음과 같다.

먼저, 미국의 가트너 그룹에서는 신규고객의 확보, 기존고객의 유지 및 고객수익성의 증대를 위하여 지속적인 커뮤니케이션을 통해 고객행동을 이해하고 이를 바탕으로 고객에게 영향을 주기 위한 광범위한 접근으로 정의하고 있다.

이에 따르면, 고객의 확보 유지 및 고객수익성의 증대를 위하여 고객행동을 이해하고 그것에 영향을 줄 수 있는 경영활동이 CRM인 것이다. 즉 고객에 대한 구체적인 정보를 바탕으로 개인적 관계를 지속적으로 유지시켜 나가는 경영활동을 말한다고 할 수 있다.

이는 단순히 고객과 스포츠 조직과의 거래의 증가를 의미하는 것은 아니다. 고객이 차별적인 서비스를 인지하고 스포츠 조직은 신규고객을 확보하기 시작할 때, 서비스 이용의 만족으로 지속적인 구매(이용)를 하도록 하는 과업이 연속적으로 행해져야 한다.

연속적이고 반복적인 이 과정 속에서 고객은 스포츠 조직에 대한 신뢰감이 형성되어 로열티를 형성하게 된다. 고객의 반복이용이 증가할수록 서비스의 맞춤화(개인화) 정도는 더욱 향상된다. 이는 다시 고객과의 관계를 강화시키는 것으로 이어진다.

이러한 고객관계관리에 대한 정의는 그것을 내리는 사람이 스포츠 조직의 경영활동에서 담당하는 업무에 따라 다를 수 있다는 점에 주목하여야 한다. 이 장에서는 데이터베이스를 다루고 있으므로, 이 분야에 종사하는 사람의 정의를 살펴보면 다음과 같다. 다양한 접점을 통해 고객 데이터를 지속적으로 수집하고 이를 바탕으로 고객의 행동을 분석 예측하여 효과적으로 효율적인 고객관리에 활용하는 과정인 것이다.

고객과의 관리는 무엇보다도 고객과의 관계유지가 필수적이다. 다양한 고객접점을 통하여 고객과의 쌍방향 대화가 이루어져야 하며, 고객을 가치창조의 파트너를 인식하여야 한다. 스포츠 조직은 고객으로 하여금 스포츠 조직의 가치를 높일 수 있어야 하고, 고객은 스포츠 조직을 통하여 충분한 만족을 획득할 수 있어야 할 것이다.

## 2. 고객관계관리의 등장

고객관계관리가 등장하게 된 배경으로서 패러다임의 변화, 시장의 변화, 고객의 변화 등을 들 수 있다. 이들의 환경 요인에 대한 설명은 다음과 같다.

### (1) 패러다임의 변화

산업혁명이후 생산자 중심의 경제에서 고객중심의 경제로 패러다임이 변화하였다. 과거에는 대량생산과 대중마케팅(mass marketing)을 통하여 많은 기업들이 성공을 거둘 수 있었다. 하지만 경쟁이 치열해지면서 많은 기업들이 대중마케팅은 더 이상 효력을 발휘하지 못하게 되었다. 이제는 맞춤서비스와 일대일 마케팅(one to one marketing)을 통해서 스포츠 조직의 성공을 기할 수 있다.

고객관계와 관련하여 고객희생이라는 개념이 있다. 이는 고객이 진정으로 원하는 것과 스포츠 조직이 고객에게 제공해주는 것 사이에서 오는 차이를 의미한다. 즉 고객희생이라 함은 스포츠조직이 고객 개개인이 원하는 것을 충족시켜주지 못함으로서 고객에게 지우게 되는 일종의 심리적·물리적 비용을 의미한다.

따라서 이 고객희생을 최소화함으로서 스포츠 조직은 성공을 보다 앞당길 수 있다. 이를 위해서는 고객에 대한 이해가 무엇보다 중요하다. 오늘날 고객은 단순히 스포츠를 구매하여 이용하는 주체로만 생각하여서는 안 된다. 고객생애의 전반에 걸쳐 고객과의 관계가 형성되어야 하며, 고객을 생활자로 보는 새로운 안목이 요구되고 있다.

#### 자산으로서의 고객

고객은 스포츠 조직의 자산이다. 스포츠 조직이 고객과 처음 관계를 맺으면 고객생애의 단계를 거치면서 고객과의 관계를 유지하고 강화하게 된다. 스포츠 조직과 고객이 처음 만나 관계를 맺음으로서 고객관계가 반전해나가게 되는 것이다.

스포츠 조직과 고객과의 관계가 강화되면 고객은 수익을 창출한다. 하지만 모든 고객이 동일한 수익을 창출하지는 않으며, 스포츠 조직에 대한 수익의 기여도 또한 다르다. 그래서 스포츠 조직은 수익성이 높은 고객과 수익성이 낮은 고객을 분류하게 되는 것이다.

#### 고객만족의 한계

과거 많은 기업들이 고객을 이해하고 만족시키고자 막대한 노력을 기울여왔다. 수많은 연구결과가 고객만족의 중요성을 설명해준다. 그러나 최근에 고객만족은 죽었다 또는 고객만족은 설 땅을 잃었다는 기사나 도서가 출간되었다.

이는 고객만족을 추진하던 기업이 별다른 효과를 보지 못하고 비용만 발생하였기 때문이다. 일대일 마케팅이 아닌 대중마케팅에서는 고객수익성에 관계없이 모든 고객들과 관계를 맺으려고 하기 때문에 고객을 유지하고 관리하는데 많은 비용이 소요되는 것이다.

따라서 고객관리는 고객의 만족도에 그치는 것이 아니라 고객의 행동(반복이용)을 유발하고 나아가서 거래관계를 넘어선 지속적이고 장기적인 관계까지도 형성하지 않으면 안 된다. 즉 고객과의 지속적인 관계유지를 하여 고객로열티를 확보하는 한편, 조직가치의 극대화를 위해서도 고객관계관리의 구축이 필요하다.

### (2) 시장의 변화

시장이 수요자(소비자)가 중심이 되는 구매자 시장으로 변화함에 따라 스포츠 조직들은 경쟁이 심화되고 있다. 소비자들은 각자의 선호와 욕구에 맞는 스포츠를 찾기 때문에, 스포츠 조직들은 과거처럼 고객을 동질적인 집단으로 간주하는 대중마케팅 방식에 더 이상 의존할 수 없게 되었다.

이러한 시장의 상황에서 고객에 대한 정보를 바탕으로 전략적인 고객세분화를 통하여 개별화된 표적고객을 선정하고 그에 적절한 마케팅 믹스를 기획하고 실행하여, 기존고객과의 관계를 강화하여야 할 필요성이 대두되었다.

### (3) 고객의 변화

시장이 구매자 시장으로 바뀌면서 그들의 기대와 요구가 다양화되고 있다. 이에 따라 고객은 끊임없이 보다 나은 서비스나 차별화 된 대우를 기대하고 있는데, 이것이 관계에 대한 가치이다. 가치는 일상생활에서 크고 작은 일들에 대한 결정을 내릴 때 작용하는 판단의 기준이라고 할 수 있다. 이 가치기준의 변화가 사장 전체의 변화를 요구하고 있다.

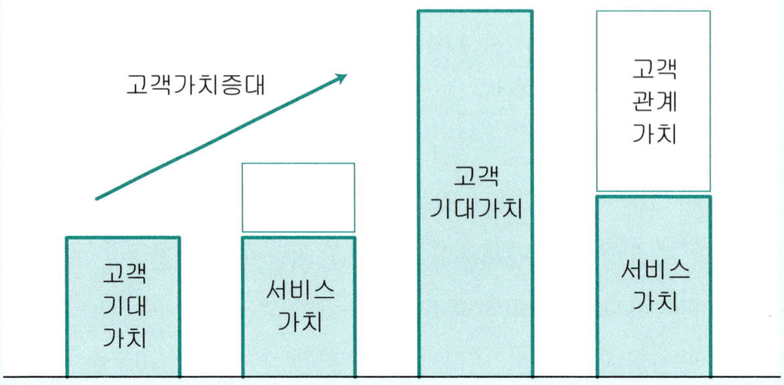


자료 : 최정환 · 이유재(2001), p.71.

**<그림 4-1> 고객 기대가치의 변화**

그 결과, 대표적인 가치변화는 편리성의 추구이다. 이것은 치열한 경쟁관계 속에서 정보탐색의 시간에 큰 가치를 부여하고 상품과 서비스 자체의 가격보다는 정보탐색의 기능을 대신해 줄 수 있는 것에 고객들이 큰 가치를 부여하게 되었다.

〈그림 4-1〉은 고객의 기대가치는 상품의 가치에 고객관계의 가치를 추가함으로서 고객가치 증대를 기할 수 있음을 보여준다. 이러한 현실에서 끊임없이 변화하는 고객의 기대와 요구에 부응하여 고객과의 관계를 유지하고 적절한 서비스의 차별화를 통해 스포츠 조직의 경쟁우위를 유지하기 위해 CRM이 도입되었다.

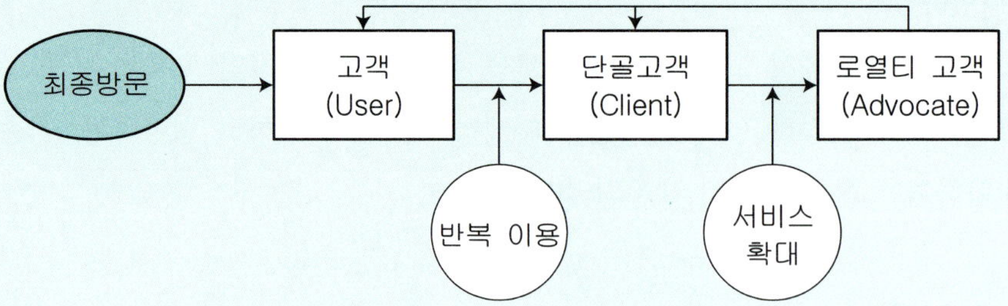


**<그림 4-2> 고객의 변화과정**

스포츠 조직이 고객관계관리를 도입함으로서 고객은 〈그림 4-2〉와 같이 변화를 한다. 스포츠 조직을 최초로 방문하여 상품과 서비스를 받음으로서 고객이 되고, 그 고객이 반복적으로 스포츠 조직을 이용하면 단골고객이 된다. 단골고객에게 스포츠 조직이 서비스를 확대하여 가치를 증대시켜주면, 옹호적인 로열티고객으로 변화하게 되는 것이다.

## 3. 스포츠 고객의 유형

스포츠 고객은 누구인가? 스포츠 고객은 스포츠 소비자를 의미한다. 스포츠 소비자는 스포츠 상품이나 스포츠 관련 용품을 구매하는 개인이나 단체를 말한다. 따라서 스포츠 고객은 스포츠 경기를 시청 또는 관람하는 관람소비자, 스포츠 활동에 직접 참여하는 즐기는 참여소비자, 그리고 스포츠와 관련된 용품의 구매자 등으로 구분할 수 있다.

### (1) 관람소비자

관람소비자는 스포츠 경기의 TV 중계방송을 시청하는 사람도 포함되지만, 주로 스포츠 경기를 관람하기 위해 경기장을 찾는 소비자(관중)를 말한다. 관람소비자는 이들이 경기장을 찾는 정도(회수)에 따라 다량구매와 소량구매자 등으로 구분 된다(〈표 4-1〉 참조). 고객관리의 측면에서 보면 다량구매자의 관리는 매우 중요하다.

<표 4-1> 티켓의 구매에 따른 관람소비자의 유형

| 소비자의 유형 | 소비자의 특성 |
|---|---|
| 다량구매자 | 시즌 입장권의 소유자, 클럽회원, 기간 계약자 |
| 중간구매자 | 미니 시즌의 입장권 구매자, 단일 경기 또는 이벤트 입장권의 다량구매자, 오직 한 시즌만의 입장권 구매자 |
| 소량구매자 | 가끔 단일 경기나 이벤트 입장권의 구매자 |
| 탈퇴자 | 지난 1년 간 스포츠 용품을 구입하였으나, 재구매는 하지 않는 사람(이들의 대부분은 초기의 구매에서 실망하거나 충분한 만족을 얻지 못한 경험을 한 사람들이다) |
| 매체 소비자 | 이벤트에는 참석하지 않고 매체를 통해 팀을 응원하고 스포츠를 즐기려는 사람 |
| 미지각 소비자 | 스포츠의 편익을 인식하지 못하는 사람 |
| 무관심 소비자 | 스포츠 용품이나 그 종류는 인식하고 있지만 그것을 사용(구매)하려고는 하지 않는 사람 |

### (2) 참여소비자

참여소비자는 스포츠 활동을 직접 하기 위해 스포츠 시설을 찾는 소비자들이다. 최근에 건강과 여가에 대한 관심의 증대로 참여소비자가 증가하는 추세에 있다. 이러한 참여소비자는 관람소비자와 밀접한 관련이 있으나, 반드시 그런 것은 아니다.

스포츠 시설을 많은 찾는 사람은 스포츠에 관심이 많은 사람으로서 스포츠 활동의 참여 또한 적극적일 가능성이 크다. 하지만 스포츠의 관람에는 열심이지만 스포츠의 참여에는 소극적인 사람이 있는가 하면, 이와 상반되는 경우도 있다.

한 조사에 의하면, 스포츠의 참여와 관람은 스포츠의 종류에 따라 다르게 나타나고 있다. 골프와 농구는 관람소비자와 참여소비자의 공통 비율이 각각 84%, 81%로서, 이들의 관계는 매우 높게 나타나고 있다. 하지만 자동차 경주와 달리기는 관람소비자와 참여소비자의 공통 비율이 각각 1%로서, 이들의 관계는 매우 낮음을 알 수 있다(〈그림 4-3〉 참조).

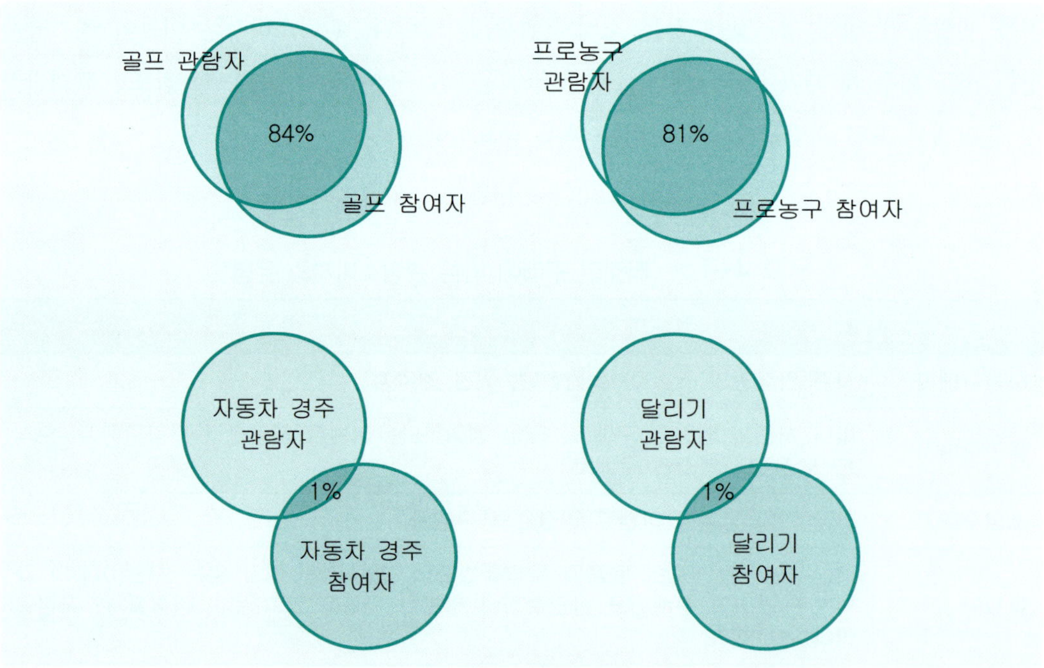


자료 : Milne and McDonald(1996) in 강호정 · 이준엽(2003) p.590에서 재인용.

**<그림 4-3>** 참여소비자와 관람소비자의 관계

### (3) 스포츠 용품의 구매자

스포츠 용품의 구매자는 스포츠 활동을 하는데 필요한 용품을 구매하는 소비자를 말한다. 달리기를 하는 사람은 운동화를, 자동차 경주를 하는 사람은 자동차를, 골프를 하는 사람은 골프복과 골프공을 필요로 하므로, 이들 용품을 구매하는 사람이 스포츠 용품의 구매자이다.

스포츠 용품의 구매자는 스포츠 용품을 실제로 사용하고자 하는 사람이 구매하는 경우도 있지만, 그것을 실제 사용하지 않는 사람이 구매할 수도 있다. 그러므로 스포츠 용품의 구매자와 스포츠 용품의 사용자를 구분할 필요가 있다.

# 제 2 절 데이터베이스 마케팅

## 1. 마케팅의 변화

서비스의 개인화는 고객의 주문을 받아서 상품/서비스를 만든다는 의미로서, 고객이 요구하고 원하는 상품/서비스를 제공한다는 뜻이다. 이는 일대일 마케팅에서 고객의 욕구를 충족시키기 위한 마케팅 활동이다.

고객의 욕구는 다양하다. 다양한 고객의 욕구를 충족시키기 위해 스포츠 조직은 새로운 상품이나 서비스의 개선을 통하여 다양한 스포츠를 시장에 선을 보인다. 그 결과 기존의 상품/서비스가 전반적인 고객의 욕구는 충족되었을지 몰라도, 고객 개개인의 욕구는 여전히 충족되지 못한 상태로 남아있다. 다양한 스포츠의 욕구에 따라 다양한 스포츠 상품이 제공되어 전반적으로 고객만족을 해주고 싶지만, 고객 개인의 세부적으로는 미 충족된 욕구가 여전히

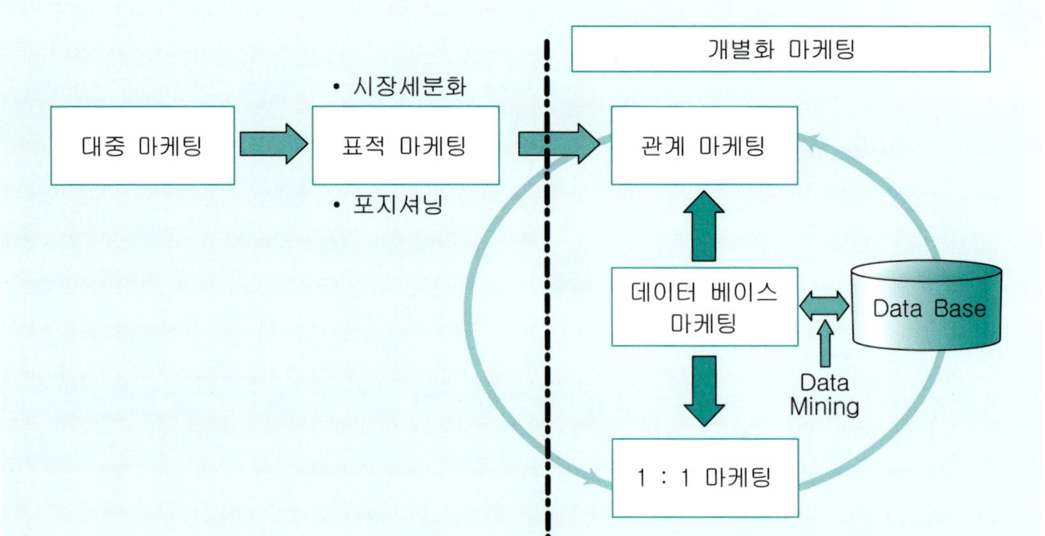


자료 : 의료기관 CRM(2005), p.145.

**<그림 4-4>** 마케팅의 변화

남아있다.

고객의 미 충족된 욕구의 충족을 위해 스포츠 조직들은 세분시장을 넘어 적소시장(niche market)으로 변화를 하였지만, 데이터베이스 마케팅의 한계로 고객 개개인이 요구하는 수준의 상품 / 서비스 개발이 불가능하였다. 개별고객의 욕구에 맞는 진정한 상품/서비스의 개인화(customerization)는 고객 개개인과의 관계를 바탕으로 하는 DB 마케팅이 이루어질 때 가능한 것이다.

고객과의 상호작용에 바탕을 두는 일대일 마케팅은 고객에 대한 풍부한 데이터베이스의 확보와 함께 가능하게 되었다. 〈그림 4-4〉는 고객관계관리가 추구하는 일대일 마케팅에서 출발하여 관계마케팅으로 발전함으로서 가능하게 되었음을 보여주고 있다.

## 2. 고객관계관리의 특징

고객관계관리의 목적은 고객생애에 걸쳐 고객관계를 강화하여 고객수익성을 극대화하고 이를 통하여 스포츠조직의 수익성을 극대화하는 것이다. 이러한 목적을 달성하기 위한 CRM의 특징은 대중마케팅과 비교해보면 더욱 분명해진다(〈그림 4-5〉 참조).

| | 대중마케팅 | 표적마케팅 | CRM |
|---|---|---|---|
| 시　　대 | 1960년대 | 1970~1980년대 | 1990년대 이후 |
| 매체 형태 | 대중매체 | 대중매체의 효과측정 | 대중매체+디지털매체 |
| 목표고객 | 불특정 대다수 | 특정 고객집단 | 고객 개객인 |
| 소비자의 욕구 | 동질적 구매욕구 | 이질적 구매욕구 | 특화된 욕구 |
| 커뮤니케이션 방식 | 일방향 커뮤니케이션 | 쌍방향 커뮤니케이션 | 개인적 커뮤니케이션 |
| 생산방식 | 대량생산, 대량판매 | 소품종 대량생산 | 다품종 소량생산 |

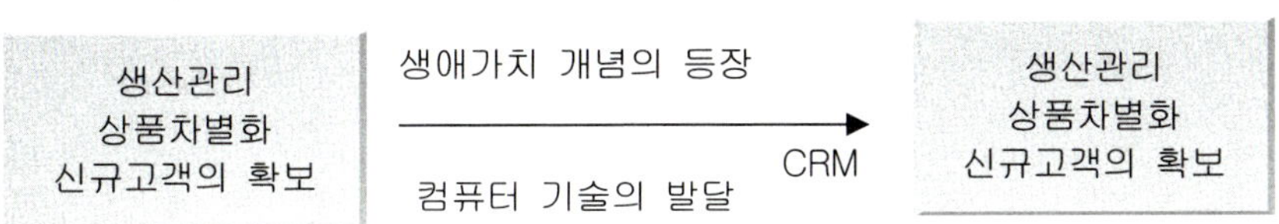


자료 : 의료기관 CRM(2005), p.31

<그림 4-5> 대중마케팅 · 표적마케팅 · CRM의 비교

### (1) CRM은 고객 지향적이다.

고객에게 필요한 상품/서비스의 차별화를 통하여 적절한 편익의 제공과 고객관계의 관리에 스포츠 조직의 초점을 맞추는 고객 중심적 사고방식이 CRM이다.

### (2) CRM은 고객 개개인을 대상으로 하는 일대일 마케팅이다.

CRM은 과거 대중마케팅에서 지향하고 있는 불특정 다수를 대상으로 하는 마케팅 노력이 아닌, 고객 개개인의 정보를 바탕으로 고객 개개인에게 특화 · 차별화 된 서비스를 제공하는 일대일 마케팅이다.

### (3) CRM은 고객생애가치를 통한 장기적 이윤을 추구한다.

CRM은 일회적이고 단기적인 이윤의 추구가 아닌 고객생애의 전체에 걸쳐 관계를 발전시켜 나감으로서 장기적 이윤을 추구한다.

### (4) CRM은 쌍방향이면서도 개인적인 커뮤니케이션을 필요로 한다.

고객과의 관계를 지속하기 위해서는 고객들에게 많은 정보를 제공해주면서도 그들로부터 많은 정보를 얻어야하기 때문에, CRM은 쌍방향적이어야 하며 또한 개인적인 커뮤니케이션이 필수적이다.

### (5) CRM은 고객에 대한 상세한 데이터베이스의 구축을 필요로 한다.

고객의 상품/서비스에 대한 정보요청에서 상품/서비스의 이용결과에 대한 정보 등 고객과의 접촉이 일어나는 모든 시점에서 포착된 정보를 데이터베이스에 기록하여, 그것을 토대로 고객별로 적합한 마케팅 활동을 전개하는 것이 CRM이다.

### (6) CRM은 조직 내부의 모든 프로세스의 통합과 매뉴얼화를 요구한다.

CRM은 고객과의 관계에 필요한 모든 부분, 즉 일관된 상품/서비스의 제공을 위한 프로세스의 표준화 내지 매뉴얼화, 정보시스템, 조직문화 등의 부문에서도 효율성을 추구하는 고객관계관리의 기법이다.

## 3. 관계마케팅과 데이터베이스 마케팅

앞에서 살펴본 바와 같이, 고객관계관리(CRM)를 활용한 마케팅이 관계마케팅과 데이터베이스 마케팅이다. 이들은 아주 밀접한 관계에 있다. 먼저 관계마케팅은 Berry(1983)에 의해 처음으로 서비스 마케팅에서 사용되었다. 그는 관계마케팅을 여러 서비스 산업에 걸쳐 고객과의 관계를 구축 · 유지 · 강화하는 것으로 정의하였다.

그리고 Shani and Chalalsani(1992)는 관계마케팅을 고객과의 관계를 확인하고 유지하며 구축해나가고, 이러한 관계를 통하여 양자 간의 상호이익을 추구하는 통합적 노력이며, 양자 간의 상호작용을 통한 장기간에 걸친 개별화되고 부가가치가 있는 계약으로 정의하고 있다.

이처럼, 관계마케팅은 고객과의 관계유지를 통하여 상호이익을 추구하는데 그 목적이 있으며, 이를 위해 그들 간의 상호교환과 약속의 성실한 이행이 필요한 것이다. 앞의 정의는 고객의 유지가 가장 가치 있는 목표임을 말해준다. 오늘날 마케팅 관리자들은 관계마케팅을 통하여 브랜드 로열티와 장기적 수익성을 향상시키고 있다.

이러한 관계마케팅을 도입하기 위해서는 정보기술이 절대적으로 필요하다. 이것을 가능하게 해주는 것이 데이터베이스 마케팅이다. 데이터베이스 마케팅(DB 마케팅)은 고객에 대한 현재와 미래의 관련 자료를 수집하고 저장하는 것으로, 고객데이터베이스를 구축 · 유지 · 이용하는 것을 말한다.

스포츠 조직들도 고객의 중요성을 인식하고 마케팅 정보들을 데이터베이스에 입력하여, 데이터를 기초로 의사결정을 할 수 있는 환경을 구축하여야 한다. DB마케팅은 일대일 접근방법이며, 정보 집약적이며, 장기적인 안목에서 시작된다.

DB마케팅의 주요 장점은 다수의 세분시장을 정확하게 표적시장으로 활용할 수 있다는 것이다. 스포츠 조직이 데이터베이스나 개인화 된 데이터를 이용하는 경우를 보면 다음과 같다.

- 프로스포츠 팀은 시즌 티켓의 이용자에 대한 정보를 창출하고 기록한다.
- 스포츠 관련 용품의 판매점은 고객들의 구매기록을 보관한다.
- 헬스클럽의 고객 개인의 데이터를 데이터베이스화 한다.

### (1) 데이터베이스의 정의

데이터베이스는 현재와 미래의 고객 개인에 대한 종합적 자료를 모은 것으로, 조직화된 고객정보의 집합체라고 할 수 있다. 예를 들어, 스포츠 조직에서 DM 발송을 위한 고객리스트가 데이터베이스의 한 예이다. 이 데이터베이스 안의 각종 데이터들은 서로 연결되어 있어, 사용자가 자료를 정리하고 그것에 접근할 수 있다. 사용자가 필요한 자료들을 필요한 시기에 신속 정확하게 사용할 수 있을 때, 그 데이터베이스는 효과적이 된다. 스포츠 조직에서 가장 유용한 데이터베이스는 고객(회원) 데이터베이스이다.

### (2) 데이터베이스의 정보

데이터베이스에 기록 저장되는 데이터는 마케팅 담당자들에게 유용한 것이어야 한다. 유용한 데이터베이스는 다음과 같은 정보가 입력되고 필요한 정보를 검색 조정할 수 있는 것이어야 한다.

- 개인정보 : 주소, 전화번호, 인구통계학 자료, 심리학적 자료 등
- 구매정보 : 구매일자, 구매규모, 구매상품, 대금지불 방법 등
- 의사소통 정보 : 과거의 응답기록, 소비자가 이용하는 미디어 자료 등

## 제 3 절 데이터베이스 마케팅의 활용

### 1. 데이터베이스의 전략적 활용

데이터베이스에서 중요한 것은 DB의 구축이 아니라 고객과의 관계를 구축 유지하여 고객이탈의 방지와 판매증대를 기하는 것이다. 문제는 스포츠 조직들이 데이터를 전략적으로 사용하는 것이 중요하다. 데이터를 전략적으로 사용할 때 DB마케팅의 진정한 가치를 실현할 수 있다. DB마케팅을 효과적으로 도입할 수 있기 위해서는 다음과 같은 사항들을 고려하여야 한다.

#### (1) 소비자 데이터베이스의 설계

관계마케팅 자료를 이용할 직원들이 참여하여 어떠한 보고서가 필요하며, 의사소통 프로그램 일정 등을 결정하여야 한다. 소비자 데이터베이스에는 개인 신상자료는 물론 선호하는 활동, 좋아하는 상대 팀, 지금까지의 의사소통 내용 등과 같은 개인적 정보도 입력되어야 한다.

#### (2) 소비자 수준의 데이터 수집

데이트를 구성하는 정보는 다양(우편물 발송, 설문조사, 카드 신분증 등)한데, 소비자의 구매 행태를 파악할 수 있고 고객참여를 유도할 수 있는 수준에서 수집이 이루어져야 한다.

#### (3) 소비자의 차별화

모든 소비자를 동일하게 대하지 않고 그들의 이해관계에 따라 차별적으로 대하는 것이다. 고객의 평생가치와 관계의 강도에 따라 세분화하거나, 또는 소비자들의 과거 의사소통 방법에 대한 반응을 기준으로 세분화하기도 한다.

#### (4) 동기부여 프로그램의 개발

고객과의 관계를 강화할 수 있는 방법을 찾아야 한다. 스포츠 조직에게 가장 가치 있는 고객들을 특별회원 클럽에 무료로 가입시키기, 팀과 함께 하는 여행기회의 제공, 기념일에 선호하는 음식점 쿠폰제공 등.

## 2. DB 마케팅의 활용사례

전문스포츠 프랜차이즈(스포츠 조직)와 고객간의 관계의 정도를 측정하기 위하여 고객평생가치(LTV : Lifetime Value)와 관계의 상대적 강도(Relative Relationship Strength)를 조사하였다. 고객과의 관계를 평가할 수 있는 기준으로 고객평생가치가 있다. LTV는 소비자가 기대한 편익(예 : 매출 총 이익)에서 비용(예 : 의사소통을 위한 비용)을 제한 값의 현재가치이다.

그러나 이 LTV는 추정매출의 한계를 넘어 고객과의 관계에 부가되는 효과를 반영하지 못한다는 단점이 있다. 이에 따라 RRS를 이용하여 스포츠 소비자와 프랜차이즈의 관계를 측정한다.

이를 위해 연구자(Milne and McDonald)는 LTV와 RSS를 기준으로 고객을 세분화하였다. 〈표 4-4〉는 이들 변수에 따른 스포츠 고객의 세분화를 보여준다. 고객들은 자신의 LTV와 RSS점수를 기준으로 4가지 셀로 분류되었다.

**<표 4-4> 개념적 매트리스**

| 관계의 상대적 강도(RSS) | 고객평생가치(LTV) | |
|---|---|---|
| | 고 | 저 |
| 고 | 핵심 고객 (32.5%) | 열광적 고객 (18.0%) |
| 저 | 기업 고객 (18.2%) | 무관심 고객 (31.3%) |

자료 : Milne and McDonald(2001).

이러한 고객의 유형에 따른 인구통계적 사항은 〈표 4-5〉와 같다. 표를 보면 남성과 여성의 차이는 통계적으로 의미가 낮고, 나머지(수입, 관람목적, 선호도)의 차이는 통계적으로 유의하였다. 프랜차이즈에게 가장 가치가 높은 핵심고객의 경우, 좌석위치에 대한 선호도가 68.5%로 높았으며, 관광목적도 가족과 함께 즐기는 것이 76.6%로 높음을 알 수 있다.

<표 4-5> 인구통계학에 의한 RSS / LTV셀 별 프로필

| | | RRS/LTV 셀 | | | | 카이스퀘어 | P 값 |
|---|---|---|---|---|---|---|---|
| | | 핵심고객 | 열광고객 | 기업고객 | 무관심고객 | | |
| 성별 | 총 수<br>남 성<br>여 성 | 298<br>82.1%<br>17.9% | 287<br>75.9%<br>24.1% | 95<br>84.5%<br>15.5% | 429<br>79.2%<br>20.8% | ·<br>7.02 | 0.32 |
| 수입 | 총 수<br>$75,000미만<br>$75,000이상 | 238<br>34.3%<br>65.7% | 276<br>60.0%<br>40.0% | 91<br>21.3%<br>78.7% | 43<br>44.4%<br>55.6% | 93.09 | 0.00 |
| 관람목적 | 총 수<br>비즈니스<br>가족동반 | 204<br>23.4%<br>76.6% | 216<br>10.1%<br>89.9% | 84<br>67.9%<br>32.1% | 362<br>10.4%<br>89.6% | 59.81 | 0.00 |
| 선호도 | 총 수<br>위 치<br>가 격 | 238<br>68.5%<br>31.5% | 282<br>40.1%<br>59.9% | 93<br>70.9%<br>29.1% | 418<br>58.7%<br>41.3% | 36.88 | 0.00 |

자료 : 조연철 외 5인(2002), p.67

LTV와 RSS로 고객을 분류하는 방법은 스포츠 마케팅 담당자들에게 효과적으로 팬 관리를 할 수 있도록 전략을 개발하고 실행할 수 있는 많은 정보를 제공해준다. 각각의 고객집단에 대한 전략은 다음과 같다.

### (1) 핵심고객

핵심고객들은 팀에 대하여 경제적 · 감성적으로 높은 관여도를 가지고 있어, 이들에 대한 효과적인 전략이 필요하다. 그들이 보이는 지속적인 로열티에 대하여 보상을 하여야 한다. 예를 들어, 핵심고객들만을 위한 행사에 선수나 코치를 직접 만날 수 있는 기회를 제공하는 것이다. 이를 통해서 핵심고객들과 밀접한 관계를 유지할 수 있을 것이다.

### (2) 열광적 고객

열광적 고객들은 팀에 대하여 감성적 관여도는 높으나, 경제적 관여도는 상대적으로 낮다. 이들을 핵심고객으로 발전할 수 있게 하기 위해서는 이들의 경제적 · 감성적 수준을 증대시킬 수 있는 전략이 필요하다. 예를 들어, 한 경기만을 관람하는 고객을 여러 경기를 관람하도록 유도하는 것이다. 이를 위해 입장권 판매를 다양하게 하거나, 그들이 이용하는 매체를 통하여 팀에 대한 정보를 지속적으로 파악할 수 있도록 하거나, 또는 팀 관련 상품과 기념품을 경기장 내외에서도 손쉽게 구할 수 있도록 하여야 할 것이다.

### (3) 기업고객

기업고객을 협조적 고객으로 표현한다. 협조적이라 함은 고가의 입장권을 대량구매 하여 경제적 투자가 높은 의미이다. 기업고객은 팀에 대하여 경제적 투자는 많은 반면 감성적 관여도는 매우 낮다. 이들은 입장권의 가격과 팀의 성적보다는 서비스 질에 민감하다. 그들에게는 서비스 질이 중요하다.

기업고객이 중시하는 서비스 질은 비즈니스의 의사소통 개선과 경기관람 중에 특별한 관심을 가져줌으로서 향상될 수 있다. 입장권의 구입을 신속하고 편하게 해주거나 좋은 좌석위치로 배정해주는 것 등이다.

### (4) 무관심 고객

팀에 대하여 무관심한 고객은 경제적 · 감성적 모든 면에서 관여도가 낮다. 이들에게는 오직 팀의 성적만이 중요하다. 팀의 성적에 따라 고객관계가 변화한다. 팀의 성적은 마케팅 관리자가 통제할 수 없는 사항이므로, 이들에게 많은 마케팅비용을 들일 필요가 없다.

05

chapter

# 스포츠 소비자의 구매행동

# 제 1 절 스포츠 동기

## 1. 스포츠 동기의 구성개념

오늘날 스포츠는 우리의 생활과 밀접한 관련이 있다. 나이키의 "Just Do It"이라는 로고는 유명선수들의 보증광고, 대학과 프로스포츠의 광고, 올림픽 광고 등 가시적인 스포츠 마케팅의 노력을 보여주는 좋은 예이다. 이러한 다양한 활동은 스포츠 소비자를 유인하고 스포츠의 소비를 증가시킨다.

그러면 스포츠 소비자들의 구매 또는 소비의 행위에 영향을 미치는 요인은 무엇인가? 소비자의 스포츠 동기를 설명해주는 주요 이론으로 5가지가 있다. 먼저 건강효과 이론은 스포츠에 대한 관심을 즐거움과 신체적 · 정신적 안녕을 위해 자극을 받는다는 내용이다.

스트레스와 자극추구 이론은 위험, 스트레스, 기대치 이하의 각성 수준이 유발될 때 신체조직은 각성수준을 증가시키는 기회를 찾는다는 내용이다.

카타르시스와 공격성 이론은 스포츠의 참여와 관람에서의 적극적 행동은 공격적 성향을 증가시키거나 감소시키는 역할을 한다는 내용이다.

오락이론은 스포츠 이벤트의 미적 · 도덕적 표현에 의해 스포츠를 소비한다는 내용이다. 그리고 성취추구 이론은 개인은 육체적 경쟁을 통하여 개인적 욕구를 충족한다는 내용이다.

이러한 스포츠 동기의 요인을 설명하는 이론들은 스포츠 참여에 초점을 두고 있다. 그러나 스포츠 동기를 유발하는 요인들은 스포츠 참여는 물론 스포츠 관람을 모두 설명할 수 있으며, 그 동기는 소비자의 상황과 스포츠의 종류에 따라 다르다고 한다(Sloan, 1985). 〈표 5-1〉는 스포츠 참여와 스포츠 관람의 동기를 유발하는 13요인을 보여준다.

<표 5-1> 마스로우의 욕구단계에서의 스포츠 동기의 구성요인

| 스포츠 동기 구성 요인 | 결핍 욕구 | | | | 성장 욕구 | | | |
|---|---|---|---|---|---|---|---|---|
| | 생리적 | | 사회적 | | 자부심 | | 현실적 | |
| | 참여 | 관람 | 참여 | 관람 | 참여 | 관람 | 참여 | 관람 |
| 신체 건강 | • | | | | • | | | |
| 위험 감수 | • | • | | | • | • | | |
| 스트레스 감소 | • | • | | | • | • | | |
| 공격성 | • | • | | | | | | |
| 소속감 | | | • | • | | | | |
| 사회적 교류 | | | • | • | | | | |
| 자부심 | | | | | • | | | |
| 경쟁 | | | | | • | • | | |
| 성취감 | | | | | • | • | | |
| 기술 완성 | | | | | • | • | | |
| 예술성 | | | | | • | • | • | • |
| 가치개발 | | | | | | | • | • |
| 자아실현 | | | | | | | • | • |

자료 : Milne and McDonald(2002), p.23.

### (1) 신체건강

신체건강은 스포츠를 소비하는 가장 분명한 이유일 것이다. 신체적 건강은 육체와 정신을 최상의 상태로 유지함을 말한다. 건강개선과 피트니스(fitness)가 스포츠 참여를 하게 되는 가장 중요한 동기라는 연구결과가 있다.

### (2) 위험감수

위험감수는 낙하산 타기, 행글라이딩, 등산 등의 스포츠를 통하여 스릴을 느끼는 것을 말한다. 우리의 신체조직은 어느 정도의 스트레스를 추구하는데, 스포츠 참여가 사회적으로 수용할 수 있는 위험감수와 스트레스 창조의 기회를 제공한다. 스카이다이빙, 자동차 경주, 행글라이딩 등의 스포츠는 위험이 크면 클수록 스트레스도 증가한다.

### (3) 스트레스의 감소

스트레스의 감소는 신체적 각성에 의한 두려움, 공포, 긴장 등의 불안한 감정의 상태가 감소되는 과정이다. 정확한 신체운동은 불안한 감정의 상태를 감소시킨다는 연구결과가 있다. 이와 관련된 운동으로 달리기, 사이클, 수영, 크로스컨트리 등의 유산소 운동이 있다.

### (4) 공격성

공격성은 원치 않는 희생자에게 피해를 주기 위한 고의적인 행동이 행해진 다른 사람에 대한 혐오적인 자극으로 설명된다. 적극적인 스포츠 참여나 공격적 해동에 대한 대리시청은 공격적 수준을 감소시킨다는 다수의 주장이 있다. 스포츠 관람의 관점에서 공격성은 오락적으로 가치가 있다, 즉 경기가 거칠수록 흥미가 높아진다는 연구결과가 있다.

### (5) 소속감

소속감은 다른 사람과의 교류 또는 어떤 단체에의 가입을 의미한다. 스포츠의 참여와 관람은 동질감을 확고히 하기 위한 욕구에 의해 유발된다. 스포츠 관람은 이질적인 사람들에게 공동체적인 경험을 하게 한다.

### (6) 사회적 교류

사회적 교류는 동일한 스포츠 활동을 즐기는 사람들과 사회적인 기쁨을 함께 즐기는 것으로 설명된다. 스포츠의 관객과 참여자 모두는 가족, 친구, 비즈니스 관련자들과 시간을 보낼 수 있는 기회를 가짐으로서 동기유발이 된다. 이러한 사회적 동기는 특히 노화현상을 방지하는 사회적 촉진의 증가에 특별한 의미를 준다.

### (7) 자부심

자부심은 스포츠에서 자신을 높은 위치에 자리하는 것으로 정의된다. 신체활동을 하는 것은 자신의 자아에서 긍정적인 태도, 즉 자기만족을 보여준다. 이런 결과는 신체활동의 선택과 스포츠 참여 모두에서 높은 자기만족을 보인다는 연구결과가 있다.

### (8) 경쟁

경쟁은 경쟁관계에 있는 행위를 말한다. 경기의 승리와 같은 복잡한 감정은 다른 오락에서는 느낄 수 없는 스포츠에서의 해방감을 맛볼 수 있게 해준다. 참여자의 관점에서 경쟁을 하는 목적은 다른 사람과의 관계에서 능력을 향상하기 위한 것이다.

### (9) 성취감

성취감은 기대한 결과를 완수하는 것으로 설명할 수 있다. 스포츠는 분명한 성취추구의 활동이다. 선수들은 목표를 달성하기 위해 노력한다. 관중의 성취는 승리한 팀의 영광을 나누는 것에 의해 만들어진다고 한다.

### (10) 기술완성

기술완성은 결과에 관계없이 수행과 가능성의 목적을 말한다. 스포츠의 참여자들은 기술의 개발과 완성을 통하여 완전함을 추구한다. 기술완성은 스포츠의 관람과 참여 모두의 동기로서 작용한다. 관람과 참여에서 기술완성에 대한 전형적인 예는 테니스와 골프이다.

### (11) 예술성

예술성은 스포츠의 아름다움이나 품위 또는 다른 미적인 특성을 말한다. 스포츠의 참여는 아름다움과 미적 표현의 형태를 나타내는데, 육상선수의 76%가 이에 동의하였다. 피겨 스케이팅, 싱크로나이즈, 여자 체조 등의 스포츠는 아름다움의 순순한 표현이다.

### (12) 가치개발

가치개발은 로열티나 퍼스낼리티 등의 구축을 말한다. 스포츠는 문화적인 가치를 가르치고 퍼스낼리티 등을 구축한다. 그러나 스포츠의 가치개발이 전적으로 지지를 받는 것은 아니라는 주장도 있다.

### (13) 자아실현

자아실현은 스스로 되고 싶어 한 것이 실현된 경향을 말한다. 스포츠는 개인적인 기대초과를 달성하거나 스스로를 표현하거나 일상적 생활에 변화를 주는 기회를 제공한다. 특히 육상의 주된 동기는 스스로에게 도전하는 것이다.

## 2. 스포츠 소비자의 동기유형

소비자들이 스포츠를 관람하거나 참여하는 동기는 무엇일까? Milne and McDonald는 스포츠의 참여와 관람을 구성하는 13개의 요인을 4가지의 욕구로 참여자와 관람자의 동기유형을 분석하였다.

스포츠에 참여하고 관람하는 동기유형으로 정신적 안녕욕구, 스포츠에 기초한 욕구, 사회적 욕구, 건강욕구 등 4사지로 분류하였다. 이 중에서 스포츠에 기초한 욕구는 사회적 욕구와 건강욕구에 의하여 참여하는 사람들의 관심에 대한 가장 중요한 예측장치이다.

이 연구의 결과를 일반화하기에는 문제점이 있다. 하지만 이러한 발견은 스포츠 참여와 스포츠 관람에서 마케팅 관리자들에게 필요한 새로운 시각을 제공하여 줄 것이다. 또한 이론의 개발에도 많은 도움을 줄 것이다.

### (1) 스포츠 참여자의 동기

스포츠 참여자의 동기를 보면, 정신적 안녕욕구, 스포츠에 기초한 욕구, 그리고 사회적 욕구 등과 관련이 깊다. 정신적으로 높은 참여욕구를 가진 사람들은 자아실현, 자부심, 가치개발, 예술성 추구, 그리고 일부는 스트레스 해소를 위해 스포츠에 참여한다.

그리고 스포츠에 기초한 욕구를 가진 사람들은 공격성, 경쟁, 위험감수, 성취 등을 위해 스포츠에 참여한다. 사회적 욕구가 강한 사람들은 소속감, 기술완성, 사회적 교류를 위해 스포츠에 참여한다. 끝으로 건강욕구를 가진 사람들은 신체적 건강을 위해 스포츠에 참여 한다(〈표 5-2〉 참조).

이러한 스포츠 참여자의 동기유형은 스포츠의 종목에 따라서도 차이점을 보인다. 정신적 욕구의 집단에서는 에어로빅, 달리기, 낚시를 선호한다. 스포츠에 기초한 집단에서는 에러로빅, 달리기, 롤러 브레이드를 선호한다. 그리고 건강욕구의 집단은 스포츠에 기초한 욕구의 집단 경우와 동일한 경향을 보이고 있다.

**<표 5-2> 스포츠 참여의 동기유형**

| 특성 | 정신적 안녕 욕구 | | 스포츠에 기초한 욕구 | | 사회적 욕구 | | 건강 욕구 | |
|---|---|---|---|---|---|---|---|---|
| | 1. 높음 | 2. 낮음 | 3. 높음 | 4. 낮음 | 5. 높음 | 6. 낮음 | 7. 높음 | 8. 낮음 |
| n | 101 | 123 | 208 | 120 | 115 | 87 | 356 | 440 |
| 자아실현 | 1.40 | 0.58 | 1.16 | 0.86 | 1.05 | 0.92 | 1.13 | 0.86 |
| 자부심 | 1.31 | 0.62 | 1.15 | 0.85 | 1.10 | 0.89 | 1.11 | 0.88 |
| 가치개발 | 1.39 | 0.59 | 1.19 | 0.83 | 1.07 | 0.89 | 1.09 | 0.89 |
| 스트레스 감소 | 1.17 | 0.70 | 1.06 | 0.97 | 1.08 | 0.95 | 1.09 | 0.93 |
| 예술성 | 1.26 | 0.68 | 1.13 | 0.90 | 1.10 | 0.84 | 1.07 | 0.94 |
| 공격성 | 1.14 | 0.78 | 1.37 | 0.58 | 1.09 | 0.83 | 1.05 | 0.91 |
| 경쟁 | 1.09 | 0.86 | 1.39 | 0.57 | 1.11 | 0.83 | 1.07 | 0.86 |
| 위험 감수 | 1.04 | 0.81 | 1.70 | 0.50 | 0.84 | 0.99 | 1.02 | 0.86 |
| 성취감 | 1.13 | 0.84 | 1.39 | 0.56 | 1.14 | 0.80 | 1.05 | 0.91 |
| 사회적 교류 | 1.09 | 0.93 | 1.07 | 0.98 | 1.23 | 0.72 | 1.03 | 0.92 |
| 소속감 | 1.19 | 0.79 | 1.12 | 0.92 | 1.25 | 0.62 | 1.05 | 0.95 |
| 기술 완성 | 1.10 | 0.91 | 1.15 | 0.90 | 1.28 | 0.66 | 0.94 | 1.00 |
| 신체건강 | 1.05 | 0.93 | 1.06 | 0.98 | 1.01 | 1.03 | 1.45 | 0.47 |
| 참여자로서 높은 관심 | 1.07 | 0.84 | 1.65 | 0.48 | 1.36 | 0.63 | 1.28 | 0.62 |
| TV 시청 | 0.90 | 0.72 | 1.62 | 0.59 | 1.32 | 0.81 | 0.95 | 0.92 |
| 라디오 청취 | 0.86 | 0.94 | 1.28 | 0.98 | 0.76 | 0.98 | 1.15 | 0.88 |
| 기사 읽기 | 0.98 | 1.08 | 1.06 | 0.89 | 1.10 | 0.84 | 0.98 | 0.99 |
| 스포츠 뉴스의 시청과 청취 | 0.98 | 0.99 | 1.03 | 0.89 | 1.18 | 0.80 | 1.03 | 0.99 |
| 스포츠 서적읽기 | 1.35 | 0.43 | 1.62 | 0.49 | 1.20 | 0.53 | 1.19 | 0.77 |
| 스포츠 잡지읽기 | 1.73 | 0.90 | 1.24 | 0.66 | 1.03 | 0.94 | 1.08 | 0.77 |
| 스포츠에 관한 대화 | 0.98 | 0.72 | 1.60 | 0.48 | 1.20 | 0.63 | 1.06 | 0.88 |
| logo있는 상품 구입 | 0.97 | 0.58 | 1.73 | 0.67 | 0.93 | 1.23 | 1.11 | 0.76 |
| 스포츠 장비 구입 | 1.12 | 0.69 | 1.74 | 0.42 | 1.72 | 0.84 | 1.20 | 0.56 |
| 여성 | 1.06 | 0.94 | 0.66 | 1.74 | 0.78 | 1.13 | 0.99 | 1.02 |
| 나이 18~34 | 0.93 | 0.91 | 1.83 | 0.49 | 0.70 | 0.93 | 1.08 | 0.79 |
| 수입 > 60,000 | 1.04 | 0.96 | 1.16 | 1.15 | 1.40 | 0.69 | 0.95 | 0.91 |
| 에어로빅 | 1.24 | 0.61 | 0.68 | 0.97 | 0.51 | 1.54 | 1.64 | 0.76 |
| 달리기 | 0.78 | 0.22 | 1.27 | 0.66 | 0.80 | 0.91 | 2.11 | 0.48 |
| 낚시 | 1.51 | 0.80 | 1.03 | 0.90 | 1.12 | 1.09 | 1.04 | 0.87 |
| 골프 | 0.89 | 1.20 | 0.92 | 0.97 | 1.81 | 0.56 | 1.03 | 0.85 |
| 롤러브레이드 | 0.95 | 0.67 | 1.71 | 0.45 | 0.59 | 0.94 | 1.38 | 0.71 |

자료 : Milne and McDonald, Sport Marketing in 조연철 외5인(2002), p.34에서 재인용

<표 5-3> 스포츠 관람의 동기유형

| 특성 | 정신적 안녕 욕구 | | 사회적 욕구 | | 개인적 욕구 | | 스포츠에 기초한 욕구 | |
|---|---|---|---|---|---|---|---|---|
| | 1. 높음 | 2. 낮음 | 3. 높음 | 4. 낮음 | 5. 높음 | 6. 낮음 | 7. 높음 | 8. 낮음 |
| n | 286 | 196 | 219 | 250 | 101 | 154 | 168 | 177 |
| 자아실현 | 1.81 | 0.45 | 1.12 | 0.65 | 0.95 | 0.81 | 1.04 | 0.80 |
| 자부심 | 1.71 | 0.46 | 1.17 | 0.67 | 0.96 | 0.82 | 1.11 | 0.76 |
| 가치개발 | 1.51 | 0.52 | 1.17 | 0.75 | 1.12 | 0.76 | 1.09 | 0.87 |
| 사회적 교류 | 1.18 | 0.95 | 1.53 | 0.48 | 0.96 | 0.91 | 1.05 | 0.87 |
| 소속감 | 1.24 | 0.88 | 1.48 | 0.48 | 1.13 | 0.82 | 1.12 | 0.84 |
| 기술 완성 | 1.06 | 0.99 | 1.07 | 0.99 | 1.17 | 0.69 | 1.07 | 0.96 |
| 예술성 | 1.14 | 0.87 | 1.09 | 0.98 | 1.33 | 0.58 | 1.03 | 0.96 |
| 스트레스 감소 | 1.18 | 0.88 | 1.10 | 0.90 | 1.34 | 0.64 | 1.05 | 0.91 |
| 위험 감수 | 1.08 | 0.86 | 1.07 | 0.80 | 0.81 | 1.06 | 1.75 | 0.56 |
| 공격성 | 1.15 | 0.92 | 1.13 | 0.83 | 1.08 | 0.89 | 1.43 | 0.52 |
| 경쟁 | 1.15 | 0.95 | 1.14 | 0.87 | 1.09 | 0.85 | 1.25 | 0.64 |
| 성취감 | 1.11 | 1.00 | 1.12 | 0.89 | 1.05 | 0.90 | 1.25 | 0.62 |
| 관람자로서 높은 관심 | 1.24 | 1.08 | 1.27 | 0.84 | 1.22 | 0.94 | 1.26 | 0.85 |
| TV 시청 | 1.19 | 0.97 | 1.09 | 0.83 | 1.27 | 0.81 | 1.19 | 0.80 |
| 라디오 청취 | 1.21 | 1.22 | 1.06 | 0.71 | 1.32 | 0.81 | 1.21 | 0.61 |
| 기사 읽기 | 1.14 | 1.07 | 0.99 | 0.97 | 1.03 | 0.86 | 0.93 | 0.88 |
| 스포츠 뉴스의 시청과 청취 | 1.10 | 0.99 | 1.01 | 0.95 | 1.12 | 0.89 | 1.04 | 0.91 |
| 스포츠 서적읽기 | 1.25 | 0.79 | 1.22 | 0.60 | 1.32 | 0.79 | 1.32 | 0.74 |
| 스포츠 잡지읽기 | 1.37 | 0.98 | 0.94 | 0.52 | 1.20 | 0.69 | 1.42 | 0.94 |
| 스포츠에 관한 대화 | 1.14 | 1.05 | 1.32 | 0.61 | 1.12 | 0.77 | 1.43 | 0.64 |
| logo있는 상품 구입 | 1.25 | 0.79 | 1.42 | 0.60 | 1.15 | 1.08 | 1.31 | 0.63 |
| 스포츠 장비 구입 | 1.23 | 1.04 | 1.12 | 0.79 | 1.23 | 0.66 | 1.14 | 0.84 |
| 여성 | 0.78 | 1.05 | 1.21 | 0.92 | 0.90 | 0.99 | 0.61 | 1.60 |
| 나이 18~34 | 0.88 | 0.67 | 1.41 | 0.74 | 0.93 | 1.24 | 1.60 | 0.73 |
| 수입 > 60,000달러 | 0.84 | 1.18 | 1.10 | 0.98 | 0.88 | 0.91 | 0.91 | 1.12 |
| 자동차 경주 | 1.18 | 1.19 | 1.33 | 0.61 | 0.94 | 0.69 | 1.38 | 0.60 |
| 권투 | 1.19 | 0.78 | 1.29 | 0.66 | 1.23 | 0.88 | 1.38 | 0.57 |
| 아이스 스케이팅 | 1.04 | 0.73 | 1.12 | 0.98 | 1.42 | 0.81 | 0.85 | 1.25 |
| 비치 발리볼 | 1.19 | 0.77 | 1.15 | 0.79 | 1.41 | 0.77 | 1.36 | 0.71 |
| 프로 레슬링 | 1.35 | 0.27 | 1.52 | 1.12 | 0.52 | 0.91 | 1.36 | 0.59 |

자료 : Milne and McDonald, Sport Marketing in 조연철 외5인(2002), p.35에서 재인용

### (2) 스포츠 관람자의 동기

정신적으로 높은 관람욕구를 가진 사람들은 자아실현, 자부심, 가치개발을 위해 스포츠를 관람한다. 그리고 스포츠에 기초한 욕구를 가진 사람들은 위험감수, 공격성, 경쟁, 성취감을 위해 스포츠를 관람한다.

사회적 욕구를 가진 사람들은 자아실현, 자부심, 사회적 교류, 소속감을 위해 스포츠를 관람한다. 개인적 욕구를 가진 사람들은 기술완성, 예술성, 스트레스 감소를 위해 스포츠를 관람 한다(〈표 5-3〉 참조).

이러한 스포츠 관람자의 동기유형은 스포츠의 종목에 따라서도 차이를 보인다. 정신적 욕구의 집단에서는 아이스 스케이팅과 프로레슬링을 선호한다. 사회적 욕구의 집단에서는 자동차 경주, 권투, 프로레슬링을 선호한다. 그리고 스포츠에 기초한 욕구의 집단은 모든 스포츠를 선호하는 경향이 있다.

### (3) 참여자와 관람자의 차이점

스포츠의 관람자와 참여자는 정신적 욕구 · 스포츠에 기초한 욕구의 집단에서는 동일한 스포츠 동기를 보인다. 다만 스포츠의 참여자는 관람자와는 달리 스트레스 감소와 예술성을 위해 스포츠를 하는 차이점을 보인다.

이와는 달리, 스포츠의 관람자와 참여자는 사회적 욕구와 건강(개인적)욕구에서는 다른 동기를 보인다. 사회적 욕구에서 스포츠의 참여자와 관람자 모두는 사회적 교류와 소속감에서는 동일하다. 하지만 스포츠 관람자들은 자아실현과 자부심에, 스포츠의 참여자들은 기술완성을 위해 스포츠를 하는 차이점이 있다.

그리고 건강욕구에서는 스포츠의 참여자와 관람자 모두가 다른 동기를 보인다. 스포츠의 참여자들은 신체건강을 위해 스포츠를 한다. 하지만 스포츠의 관람자들은 기술완성, 예술성, 스트레스 감소를 위해 스포츠를 하는 차이점을 보인다. 스포츠의 참여자와 관람자들이 각각의 욕구에서 차이점을 보이는 스포츠의 동기를 요약하면 〈표 5-4〉와 같다.

**<표 5-4> 참여자와 관람자의 스포츠 동기의 차이점**

| | 정신적 욕구 | 스포츠에 기초한 욕구 | 사회적 욕구 | 건강욕구 |
|---|---|---|---|---|
| 스포츠 참여자 | 스트레스 감소<br>예술성 | | 기술완성 | 신체건강 |
| 스포츠 관람자 | | | 자아실현<br>자부심 | 기술완성<br>예술성<br>스트레스 감소 |

## 제 2 절 스포츠의 소비자행동

### 1. 스포츠의 소비자행동 모형

마케팅 관리자에게 스포츠 소비자의 행동을 분석하는 것은 매우 중요하다. 사람들은 왜 스포츠를 소비하고 참여하려고 하는가? 그리고 스포츠의 소비와 참여와 관련된 의사결정은 어떻게 하는가? 이러한 스포츠 소비자의 행동은 매우 복잡하다.

소비자행동에 접근하기 위한 모형으로 〈그림 5-1〉과 같이, 소비자행동에 영향을 미치는 요인으로 개인/심리적 요인과 사회/문화적 요인이 있고, 중앙에 소비자의 의사결정 과정이

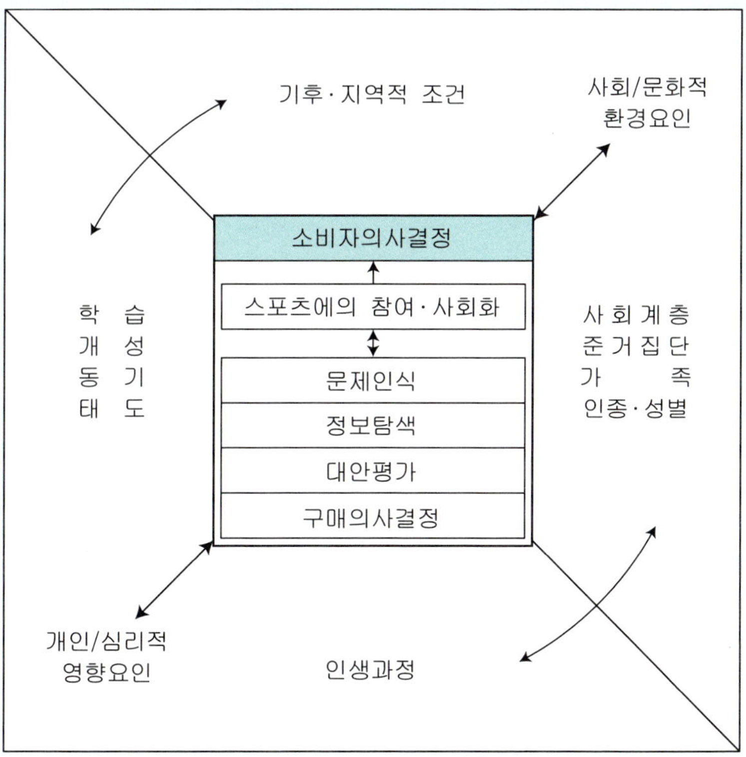


<그림 5-1> 스포츠 소비자행동 모형

자리 잡고 있다. 소비자의 의사결정 과정과 개인/심리적 요인, 사회/문화적 요인 등은 서로 서로 영향을 미친다. 개인/심리적 요인은 태도, 지각, 학습, 동기 등을 개념화 한 것이고, 사회/문화적 요인은 문화, 사회계층, 준거집단, 가족 등 본질적 요인을 포함한다.

소비자의 의사결정에 중요한 요소는 사회화, 참여도, 몰입도 등이다. 이들 3요소는 스포츠 소비자의 행동을 설명해준다. 소비자들은 스포츠의 참여 또는 몰입에 의해 사회화되어 간다. 사회화는 기술, 지식, 태도 등 다양한 사회적 역할을 하는데 필요한 도구를 개선하고 습득하고 개발하는 과정이다. 그림에서 보면, 이는 개인/심리적 요인과 사회/문화적 요인과 상호작용을 한다. 다시 말하면, 사회화는 스포츠에 대한 참여도를 요구하는 것이라 할 수 있다.

참여도는 기본적으로 행동적 · 인지적 감정적인 것의 3가지 형태를 가진다. 행동적 참여도는 스포츠에 직접 참여하는 스포츠의 생산자와 소비자로서의 역할을 의미한다. 선수나 열정적 팬들은 스포츠에 행동적으로 참여하는 사람들이다. 인지적 참여도는 스포츠에 관한 정보와 지식의 습득을 의미한다. 이것은 신문, TV, 잡지, 라디오 등 스포츠에 관한 정보를 알고자 할 때 이용되는 주요 매체들이다. 그리고 감정적 참여도는 소비자의 활동에 대한 태도, 느낌, 감정을 의미한다.

몰입도는 스포츠에 있어서 참여도의 빈도, 지속과 강도에 관한 것을 의미한다. 금전이나 시간 등에 대한 의사표현이 몰입도를 나타낸다.

## 2. 개인/심리적 요인

소비자 의사결정 과정과 사회/문화적 요인에 상호작용을 하는 개인/심리적 요인으로 개성, 학습, 지각, 동기, 인생의 과정, 태도 등이 있다.

### (1) 개성

개성은 개인의 환경에 대한 반응을 결정하고 반영하게 해주는 심리적 특성이다. 소비자가 어떤 개선을 가지고 있느냐에 따라 환경에 대한 반응은 달라진다. 그러면 스포츠는 개성과 어떤 관련성이 있을까? 일반적으로 자신감에 차있고, 사교성이 있으며, 단호한 성격의 소유자는 그렇지 않은 사람들보다 스포츠에 참여할 가능성이 높다고 한다. 그리고 자립성이 강한 성격의 소유자는 의타심이 강한 성격의 소유자보다 훨씬 개인적인 스포츠(골프, 테니스 등)

에 참여할 가능성이 높다고 한다.

### (2) 학습

학습은 경험으로 인해 자신의 행동이 비교적 일관되게 변화하는 것을 말한다. 학습이론은 스포츠마케팅 관리자와 특별한 관계에 있다. 그 중의 한 분야가 3종류의 참여도와 관련된 것이다. 골프 경기를 중계방송 하면서 고급 승용차를 광고하면, 이 광고는 존경심의 충동욕구를 불러일으킨다. 존경심을 보상받기 위해 골프 팬들은 고급 승용차를 구매하게 된다.

소비자는 광고를 통하여 상품에 대한 첫 번째 정보처리 과정(인지적 참여)을 거친 다음 상품에 대한 새로운 느낌(감상적 참여)을 발전시켜 상품을 구매하는 행위(행동적 참여)로 이어진다는 것이다.

소비자는 자신의 감정의 자극할 수 있는 정보에 더 반응한다. 소비자는 그러한 정보에 기꺼이 반응하며 스포츠 상품에 접근을 시도하고, 시도 후에 상품에 관해 보다 많이 학습한다. 스포츠에서 느낌의 지각은 소비자를 둘러싸고 있는 환경에서 정보를 수집 · 평가 · 해석하는 과정을 말한다. 다시 말하면, 소비자가 일상생활에서 받는 여러 가지 자극들에 대하여 스스로 의미를 부여하는 것이 지각이라 할 수 있다. 지각은 자극적인 요소뿐만 아니라 개인적 요인과도 관련이 있다. 열광하며 응원하는 관중은 팬들에게 유쾌하고 기분이 좋은 경험일수도 있지만, 다른 사람들에게는 이들이 폭도로 보일 수도 있을 것이다.

소비자들은 저마다 다른 지각을 한다. 소비자들은 운동과 레크리에이션은 너무 많은 돈, 시간, 규제(구속) 등이 요구되는 것으로 생각하여 가치가 없는 것으로 생각하기도 한다. 자아의 위험은 관중보다도 실체 참여자에게서 더 높은 것으로 나타났다.

### (3) 지각

소비자의 학습활동은 자신의 지각에 따라 달라진다. 최고급의 항해클럽이나 컨트리클럽의 회원들은 자신의 클럽에 대하여 기쁨과 자부심을 느낄 것이다. 회원의 자격이 까다롭고 자아이미지의 확장에 따라 기쁨과 자부심을 느끼게 된다. 그러나 운영이 비효율적이거나 산만한 분위기의 클럽에 가입한 회원들은 자신의 클럽에 대하여 불편해하거나 탈퇴를 고려할 것이다.

<표 5-5> 구매위험의 종류

| | |
|---|---|
| 성과위험 | 구입제품이 제대로 성능을 발휘하지 못할 경우의 위험 |
| 재무적 위험 | 구매결정을 잘못 함으로서 입게되는 금전적 손실 |
| 물리적 위험 | 건강을 해치거나 육체적 위험을 줄 가능성 |
| 심리적 위험 | 구매를 한 상품이나 점포와 소비자의 자아이미지와 합치되는 정도 |
| 사회적 위험 | 구매한 상품이나 정보가 동류집단이나 귀속집단의 인정을 받기어려운 정도 |
| 시간손실 위험 | 시간이나 노력의 상실이 없이 구매상품의 조정, 반환 및 수리를 받을 수 있는 정도 |

이처럼 스포츠를 구매하거나 사용할 때는 위험이 따른다. 서비스의 구매에 수반되는 위험을 구성하는 요소들은 〈표 5-5〉와 같다. 소비자가 인식하는 전반적인 위험은 이들 요소들의 종합적 결과이다. 위험요소들 중에서 스포츠는 물리적 위험과 심리적 위험이 특히 크다.

마케팅 관리자는 소비자가 지각하는 위험에 조화를 맞출 수 있는 노력을 하여야 한다. 소비자의 서비스의 구매에서 지각하는 위험과 노력을 저울질 하면서 서비스를 구매한다. 위험과 노력의 관계를 나타내면 〈그림 5-2〉와 같다.

지각되는 위험

| | | 높 음 | 낮 음 |
|---|---|---|---|
| 노력 | 높음 | 암벽타기 | 경기관람을 위해 1시간을 운전함 |
| | 낮음 | 동네에서 닭싸움을 관전 | TV로 경기를 시청함 |

<그림 5-2> 위험과 노력의 관계

소비자가 스포츠에서 지각하는 위험은 자아, 존경심, 또는 건강을 해치는 것이다. 스포츠에 대한 소비자의 부정적인 지각은 스포츠의 참여를 억제한다. 특히 자아의 위험은 관람스포츠보다는 참여스포츠에서 더 높게 나타난다. 팬들이 자기가 좋아하는 팀으로부터 얼마나 쉽게 멀어지는지는 위험이 설명해준다.

### (4) 동기

동기는 사람으로 하여금 욕구를 달성하도록 하기 위해 특정 행동을 하도록 충동하는 내적인 힘을 말한다. 모든 사람들이 고유한 욕구를 가지고 있으나, 그것을 달성하도록 하는 내적인 힘은 저마다 다르다. 그런데 스포츠 소비자의 동기는 복잡하므로, 마케팅 관리자는 이것들을 밝혀낼 수 있어야 한다. 스포츠의 동기에 속하는 사항으로 성취, 사교, 건강증진, 재미와 오락 등을 들 수 있다. 이런 동기요소들은 스포츠에서 소비자 행동을 이해함에 있어서 타당성을 가진다.

### (5) 인생의 과정

인생의 과정은 연속적인 변화에 대한 의미 있는 연구를 하는 방법의 하나이다. 모든 사람은 성장을 하면서 변화를 한다. 이런 변화는 스포츠 참여와 몰입도에 많은 영향을 줄 수 있다. 스포츠 참여와 인생과정의 단계를 도식화하면 〈표 5-6〉와 같다.

<표 5-6> 인생의 단계에 따른 스포츠 참여의 효과

| 인생과정의 단계 | | 스포츠 참여의 효과 |
|---|---|---|
| 준비기간 | 소년기 | 스포츠 활동은 같은 연배들과의 관계에서 중요한 요소이다. |
| | 연애기 | 새로운 관계 및 성에 대한 정체성은 기존 참여의 패턴을 강화 또는 역행할 수 있다. |
| 정착기간 | 독신 | 스포츠 및 활동적인 생활방식은 현재 독신생활의 핵심이 된다. |
| | 기혼 | 자녀의 출생으로 큰 변화가 일어난다. 자녀가 성장하면서 부부는 독립적으로 계속 참여할 수 있고, 가족과 밀접한 활동을 하며, 자녀의 활동에 관여할 수 있다. |
| | 중년 | 자녀들이 독립하면서 더 많은 시간이 생기고, 새로운 관계가 가능해진다. |
| 재통합 기간 | 퇴직 | 더 많은 자유시간과 고정된 임금으로 인한 새로운 조정이 가능해진다. 부부는 각자 또는 함께 활동한다. |
| | 독신 | 배우자의 사랑은 별별 그룹 활동의 변화를 초래한다. |

### (6) 태도

태도는 특정의 사물 · 아이디어 · 사람에 대하여 지속적으로 가지게 되는 긍정적 또는 부정적 평가, 느낌, 행동경향 등을 말한다. 이런 태도는 스포츠의 참여에 분명한 영향을 준다. 연구에 의하면, 프로 미식축구의 팀에 대한 팬들의 태도는 그들이 지각하는 즐거움의 영향을 받는다고 한다. 팬들이 즐거움을 많이 지각할수록 팀에 대한 태도는 긍정적이 된다는 것이다.

그러나 스포츠에 대한 긍정적 태도가 항상 긍정적 행동을 유발한다고는 볼 수 없다. 열광적인 팬들이 항상 게임을 관람하는 것은 아니며, 주전선수들이 연습하기 위해 클럽에 가는 것도 아니다. 이에 따라 스포츠 마케팅 관리자의 전략은 사전에 소비자를 포섭하거나 또는 태도변화를 위해 다양한 가치관에 호소하여야 한다.

## 3. 사회/문화적 요인

개인/심리적 요인과 소비자의 의사결정 과정에 상호작용을 하는 사회/문화적 요인은 소비자의 스포츠 참여에 영향을 미치는 요인으로 사회계층, 문화, 준거집단, 가족, 기후와 지역 등이 있다.

### (1) 사회계층

사회계층은 한 사회 내의 유사한 수준에 있는 사람들로 구성된 집단이다. 사회는 직업, 소득수준, 교육수준, 재산의 정도에 따라 계층이 주로 형성된다. 우리나라는 소득수준과 재산수준에 의해 사회계층이 형성된다고 할 수 있다.

이 사회계층은 크게 상 · 중 · 하로 분류되거나, 보다 세밀하게 구분하기도 한다. 사회 내의 동일한 계층의 사람들은 대체로 가치관, 신념, 태도, 관심 등에서 유사한 점이 많다. 따라서 한 계층의 사람들은 유유상종의 방식으로 자기네들끼리 모여서 의사소통을 하기 때문에, 다른 계층의 사람들과는 다른 구매행동을 보이게 되는 것이다.

사회계층은 유사한 가치관, 관심, 행동을 공유하는 사람들의 집단으로, 동일한 사회계층에 속하는 사람들이 지니는 가치, 라이프스타일, 행동 등의 유사한 사회에서 비교적 동질적이고 지속적인 지위를 차지하고 계층적으로 서열을 이룬다.

사회계층은 스포츠와 관련이 깊다. 화이트 컬러 층은 테니스와 골프에 돈을 쓰지만, 이런 중간계층은 볼링과 사냥에도 투자를 한다. 이처럼 어떤 스포츠가 어떤 계층과 연결되어 있는지는 아직 밝혀지지 않았다. 그리고 인종과의 관계에서 유색인종이 스포츠 참여에 영향을 미친다고 하나, 이 역시 인종과 스포츠 참여유형과의 관계는 명확하지 않다.

### (2) 문화

문화는 국가나 사회의 구성원들이 공유하는 관습, 가치관, 도덕 등의 복합체로서, 오랜 시간에 걸쳐서 형성되어온 생활방식이다. 문화는 일종의 삶의 방식으로, 소비자가 속한 구성원들이 공유하는 관습, 가치관, 라이프스타일, 도덕 복합체를 말한다.

이 문화는 오랜 시간에 걸쳐서 형성되어 온 만큼, 변화하는 데에도 서서히 변화한다. 문화를 구성하는 가치는 인생에서 무엇을 얻으려고 하는가에 대한 가장 기초적이고 근본적인 개인의 욕구와 목표의 인지적 표현이다. 한 조직의 구성원이면 누구나 가지는 가치관을 문화적 가치관이라 하고, 개인적으로 지니는 가치관을 개인적 가치관이라 한다. 이 가치는 개개인의 학습의 방법과 태도에 따라 저마다 달라진다. 소비자들이 자신이 추구하는 가치에 따라 스포츠를 이용하는 행동이 달라질 수 있다.

인간은 이 문화의 학습을 통하여 사회화를 한다. 스포츠의 전통적인 가치, 즉 경쟁, 노력을 통한 성취/성공은 스포츠 문화에 영향을 미친다. 스케이트보드의 유형은 조직적이고 통제적인 어른들의 스포츠에 반대하여 청소년들의 창조성과 자유에 대한 욕망을 표출하는 형태의 스포츠 참여이다. 스케이트보드가 야구나 축구의 인기보다는 못하지만 특별한 하위문화의 가치를 추구하는데 도움을 준다.

### (3) 준거집단

준거집단은 개인의 행동에 직·간접으로 영향을 미치는 집단을 말한다. 이 집단은 자주 만나고 친교를 하는 소규모의 집단이다. 구성원 모두가 자주 접촉하는 것은 아니지만, 소수의 구성원들은 그들끼리 자주 접촉한다. 이 소수의 구성원들은 자주 접촉하는 만큼, 친분이 두터워지고 상호간에 주는 영향력도 커지게 되어, 스포츠 상품의 구매행동에도 영향을 미치게 된다.

준거집단은 목적에 따라 다양하게 분류된다. 구성원의 소속여부에 따라 회원집단과 비회원집단으로 분류된다. 회원집단은 다시 접촉의 빈도에 따라 일차적 집단과 이차적 집단으로, 그리고 공식적 역할과 조직구조에 따라 공식집단과 비공식집단으로 분류된다. 그리고 비회원집단은 열망집단과 회피집단으로 나누어진다.

이러한 준거집단은 스포츠 참여에 미치는 영향력이 매우 크다. 만일 어떤 집단의 구성원들이 특정한 스포츠 참여 또는 특정한 스포츠의 이야기를 자주 한다면, 그들과 이야기 할 수 있는 기회를 가기지 위해서 특정 스포츠에 참여할 가능성이 높다.

### (4) 가족

개인 소비자는 대부분이 가족의 구성원이다. 이 가족은 공동용품은 물론, 개인용품과 서비스의 구매에 이르기까지 구성원 상호간에 영향을 미친다. 특히, 가족 공동의 의사결정이 필요한 경우, 가족 모두가 의사결정에 영향을 미친다. 이러한 의미에서, 가족은 중요한 준거집단의 하나로 인식되고 있다.

가족 구성원들은 정보탐색자, 영향력 부여자, 의사결정자, 구매담당자, 소비자로서의 다양한 역할을 수행할 수 있다. 가족 구성원의 역할은 구매의사결정의 단계에 따라 〈그림 5-3〉과 같이 나누어볼 수 있다.

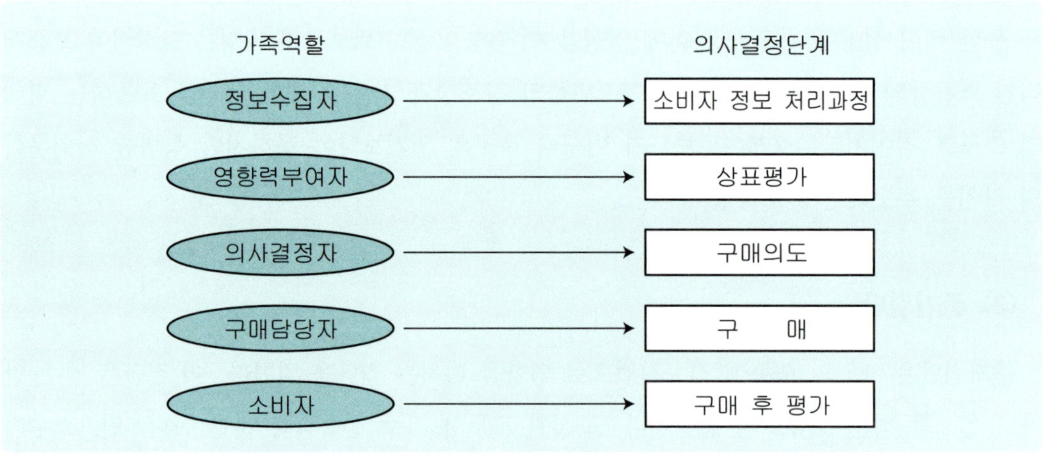


**<그림 5-3>** 의사결정 단계에 따른 가족 구성원의 역할

이러한 가족은 준거집단의 하나로서 스포츠 소비자들의 의사결정에 강력한 영향을 미친다. 가족은 주변 인물들과 상호작용 하는 중요한 사람으로 코치, 선생님, 동료 등도 포함한다. 부모들은 아이들의 스포츠 참여에 아주 중요한 역할을 하며, 부모의 격려는 엘리트 운동

선수와 연관되어 있다. 연구결과에 의하면, 엘리트 운동선수들은 가족, 동료집단, 코치와 같은 다수의 주요 · 주변 인물들로부터 가장 영향을 많이 받으며, 참여하고 경쟁하는데 긍정적인 작용을 받는 것으로 나타났다.

### (5) 기후와 지역

기후와 지역에 따른 차이가 스포츠 활동에 남아있다. 통신과 교통수단의 발달로 스포츠의 소비에서 지역의 거리에 따른 차이는 줄었지만, 기후와 지역에 따른 차이는 남아있다. 미국의 경우, 하키선수는 북부지역 외에서는 거의 배출되지 않고 있으며, 영국의 뉴잉글랜드와 남부지방의 산악지역에서는 세계 정상급의 스키선수들이 많이 배출되고 있다고 한다.

## 제 3 절 소비자의 의사결정

소비자의 스포츠 참여를 위한 의사결정은 〈그림 5-4〉처럼, 문제인식(필요성 인식) → 정보탐색 → 대안평가 → 구매(스포츠의 경험) → 구매 후 평가(경험의 평가) 등 일련의 과정을 거치게 된다.

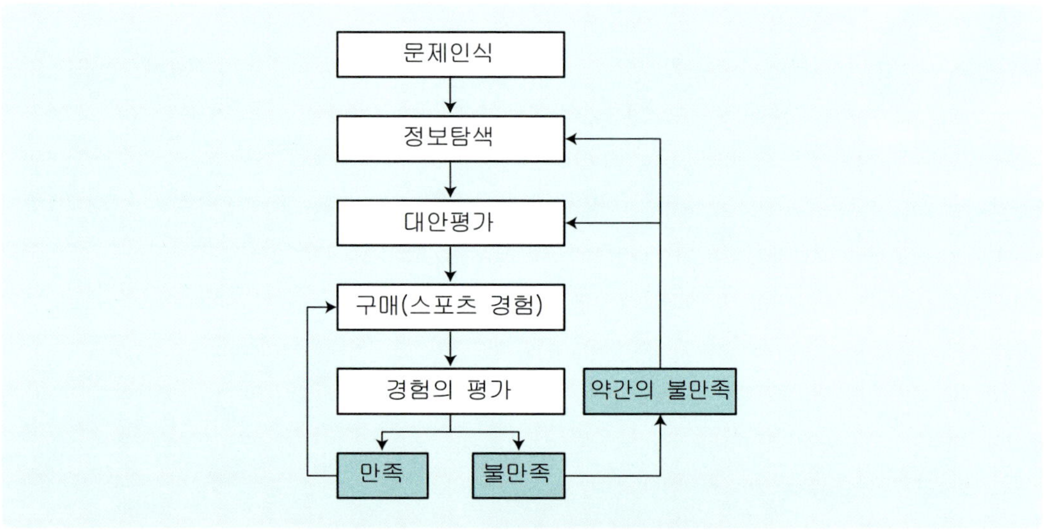


<그림 5-4> 스포츠 구매의 의사결정 과정

### 1. 문제인식(필요성 인식)

소비자가 스포츠의 구매(사용)를 위해서는 먼저, 자신의 생활에서 문제를 인식하여야 한다. 소비자가 현실에서 어떠한 문제를 느끼게 되면, 그 문제를 해결하기 위하여 구매욕구를 느끼게 된다. 소비자가 느끼는 구매욕구는 앞으로의 구매전망을 나타내는 심리적 상태를 말한다.

이러한 구매욕구의 인식은 소비자가 기대하는 이상적인 상태(ideal state)와 현실에서 느끼는 현실적 상태(actual state)에서 일정수준 이상의 차이가 있을 때 발생한다. 예를 들면, 한 여성이 출산 후 몸이 불어나자 처녀시절의 몸매를 생각한다. 그러던 차에 헬스클럽에 걸린 이상적인 몸매의 여성을 보고 헬스클럽에 나가서 운동을 하고 싶은 욕구를 느끼는 경우이다. 필요성의 인식에서 매체(사진)에 의한 개별적 이미지 제고가 소비자의 스포츠 욕구와 동기를 자극한다. 이는 성취감, 존경심, 사교 또는 건강 등과 관련이 있다.

## 2. 정보탐색

자신의 문제에서 스포츠의 필요성을 인식하게 되면, 그것을 해결하는데 필요한 정보를 탐색한다. 소비자의 정보탐색 활동에는 내적 탐색과 외적 탐색이 있다. 내적 탐색(internal search)은 소비자 자신의 기억 속에 저장되어 있는 정보를 탐색하는 활동이고, 외적 탐색(external search)은 환경으로부터 새로운 정보를 얻기 위하여, 타인의 의견이나 다른 정보원천(신문, 잡지, 가족과 친지 등)으로부터 관련정보를 획득하는 활동을 말한다.

연구에 의하면, 외부 레크리에이션과 스포츠 참여에 필요한 정보로서 장소와의 거리, 교통시간, 장소의 질 등이 중요하다고 한다. 소비자들은 이들 정보 중에서 일부만 지각할 수도 있고, 이들 모두를 충족시키는 스포츠 상품의 존재여부를 모르는 경우도 많다. 마케팅 관리자는 소비자들이 요구하고 필요로 하는 정보를 제공해줄 수 있어야 한다.

## 3. 대안평가

문제해결에 필요한 정보를 찾았으면, 그것을 중심으로 선택의 대안을 평가하게 된다. 정보탐색에서 여러 개의 선택 가능한 대안들이 산출되면, 그것들 중에서 소수의 선택대안으로 축소하는 과정이 대안평가이다.

만일, 여러 개의 선택대안 모두를 가지고 평가를 할 경우, 많은 시간과 비용이 소요된다. 효율적인 평가를 위하여 소수의 대안을 선정하여 최종적 안을 선정하게 된다.

스포츠 상품은 다른 상품에 비하여 "상표의 혼란성"이 거의 없어 선택할만한 상표가 많지 않다. 대안평가는 다음과 같은 단계를 거쳐 이루어지지만, 스포츠에서 혼란성은 상품계층,

상품라인, 상품유형 등에서 일어난다.

- 상품범주(건강에 필요한 효율성이 있는 상품과 운동 상품)
- 상품계층(운동범주 내에서 게임, 미용체조, 조깅 등의 상품)
- 상품라인(스포츠 계층 내에서 골프, 라켓 스포츠, 소프트 볼 등의 상품)
- 상품유형(라켓스포츠 라인 내에서 테니스, 스쿼시, 라켓볼 등의 상품)
- 상품상표(테니스 등의 상품유형 내에서 라켓과 공의 특정 상품)

## 4. 구매(스포츠의 경험)

대안평가가 이루어지지만 그 결과에 따라 구매가 이루어진다. 구매 또는 이용단계는 소수의 선택대안(브랜드 대안)에서 하나를 선정하여 구매하는 단계이다. 구매의 결정시 대안평가에서 평가의 결과에 따라 하나를 선택하여 구매할 수도 있고, 대안평가시의 결과와는 달리 전혀 다른 하나를 선택하는 경우도 있다. 전자의 경우는 구매의도와 구매결정이 일치하는 경우이고, 후자는 구매의도와 구매결정이 불일치하는 경우이다.

소비자의 구매의도와 구매결정에 영향을 주는 요인은 3가지가 있다. 첫째는 다른 사람의 태도이고, 둘째는 기대된 상황요인이다. 셋째는 결정적인 접촉상황이다. 이는 소비자의 최종 구매결정에 영향을 미치는 서비스 제공자와 소비자가 대면하는 접촉상황이다.

스포츠에서 대안평가의 결과가 바로 구매로 이어지는 경우는 많지 않다. 만일 스키장에 가려고 하였으면, 다음날 바로 출발할 수도 있지만 상당한 시일이 지나서 출발할 수도 있다.

스포츠를 실제 경험하는 단계는 의사결정 이후의 기대기간(스키장에 갈 것을 한 달 전부터 계획하는 기간)과 준비기간(스키에 왁스를 칠하고 점검하는 기간)을 거쳐 목적지로 이동하여 주요 경험을 하는 단계이다. 대안평가의 결과가 나왔어도, 그것을 실행으로 옮기기에는 많은 시간이 소요되며, 그 이후에 비로소 서비스를 경험하게 되는 것이다.

## 5. 구매 후 평가(경험의 평가)

스포츠 경험의 평가는 구매, 즉 스포츠를 경험하면서 할 수도 있지만 대개는 스포츠 계획을 한 이후에 평가를 하게 된다. 이를 구매 후 평가 또는 경험의 평가라 한다. 스포츠 경험의 평가에 따라 소비자는 만족 또는 불만족을 경험한다. 만일 스포츠의 경험에서 얻은 편익이 스포츠에 지출한 비용보다 크면 만족이 되고, 그 반대의 경우이면 불만족이 된다.

편익 > 비용 = 만족(반복경험)

편익 < 비용 = 불만족(경험중단)

스포츠의 경험에서 소비자가 느끼는 만족감이 클수록 편익을 크게 인식되며, 스포츠의 반복구매의 가능성이 높아진다. 그러나 스포츠의 경험에서 소비자가 느끼는 만족감이 적으면 소비자는 불만족을 경험하여, 스포츠의 경험을 중단할 가능성이 높다.

소비자의 반복구매를 유도하기 위해서는 소비자의 만족을 극대화하여야 한다. 그런데 소비자의 만족을 증가시키기 위해서는 많은 비용이 소요된다. 효과적으로 마케팅 믹스를 하던 경품제공을 하던 비용이 소요된다. 수입을 증대시킬 수 있는 충분한 시장의 수요가 있으며, 비용의 증가는 문제가 되지 않는다. 그러나 그렇지 않으면 마케팅 관리자는 수입이 감소되는 위험을 감수하지 않으면 안 된다.

06

# 마케팅 전략

# 제 1 절 마케팅 전략

## 1. 마케팅 계획

계획에는 미래에 수행하여야 할 일의 내용이 담겨져 있다. 불확실한 미래에 수행해야 할 일을 현재의 시점에서 작성하는 것은 성공을 하기 위해서 이다. 미래의 성공을 위하여, 불확실한 미래를 예측하여 현재의 시점에서 계획을 수립하는 것이다.

마케팅 계획은 마케팅 활동과 관련하여 현재의 시점에서 미래의 마케팅 목표를 달성하기 위한 방법과 내용을 담은 계획안이다. 이 마케팅 계획이 미래에 성공을 거두기 위해서는 전략적 사고에 입각하여 수립되어야 한다. 따라서 마케팅 계획이 전략적 사고에 입각하여 수립되기 위해서는, 다음의 요소가 포함되어야 한다.

- 지속적으로 경쟁우위를 유지한다.
- 장기적 목표를 달성한다.
- 환경변화에 능동적으로 대처한다.
- 보유자원을 효율적으로 배분한다.

마케팅 계획은 마케팅 활동과 관련하여 현재의 시점에서 미래의 마케팅 목표를 달성하기 위한 방법과 내용을 담은 계획안이다. 이의 수립을 위해서는 상황분석을 통하여 표적시장을 선정하고, 표적시장에서 달성해야 할 마케팅 목표를 설정하고, 이의 달성을 위한 구체적인 마케팅 믹스를 형성화하여야 한다. 마케팅 계획의 수립과정은 〈그림 6-1〉과 같다.

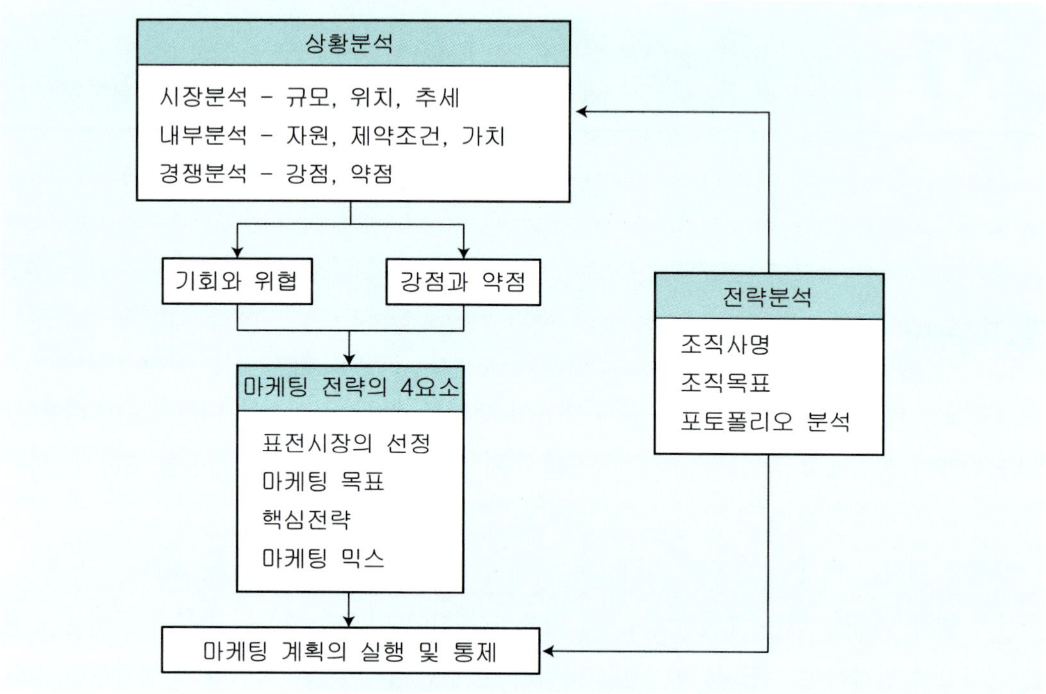


<그림 6-1> 마케팅 계획의 수립과정

이러한 전략적 마케팅 계획의 특징은 다음과 같다.

- 장기 지향적으로 수립된다.
- 상향식 의사전달이 이루어진다.
- 지속적 환경변화를 가정한다.
- 시너지 효과를 발휘한다.
- 창조성과 독창성이 요구된다.

## 2. 마케팅 전략

### (1) 마케팅 전략의 의의

마케팅 전략이란 스포츠 조직 간의 경쟁에서 이기기 위한 방안 내지 수단이다. 어떠한 수단을 통하여 경쟁에서 유리한 고지를 점령할 것인가가 마케팅 전략의 목적인 것이다. 따라서 마케팅 전략의 핵심은 경쟁에서 우위를 확보하여 성장을 도모하는 것이다.

경쟁에서 우위를 확보하기 위하여, 표적시장을 선정하고 그곳에 적합한 마케팅 수단(마케팅 믹스)을 개발하게 되는데, 이것이 마케팅 전략이다. 마케팅 계획의 중요부분을 이루는 마케팅 전략의 개발은 마케팅 관리자의 책임이다. 마케팅 전략은 다음의 3가지 이유에서 마케팅 관리자에게 중요하다.

- 소비자들에게 영향을 미치도록 하는 조직의 마케팅 수단이다.
- 마케팅 계획을 실행하는데 소요되는 비용할당이 이루어진다.
- 기업의 경영적 포지션을 결정하고 성장잠재성에 영향을 준다.

### (2) 마케팅 전략의 유형

마케팅 전략은 3 수준 - 최고경영자, 사업부 관리자, 상품관리자 - 에서 이루어지는 마케팅 계획수립의 결과들이다. 〈그림 6-2〉에서 보는 바와 같이, 최고경영자의 수준에서 이루어지는 마케팅 전략이 조직성장의 전략이다.

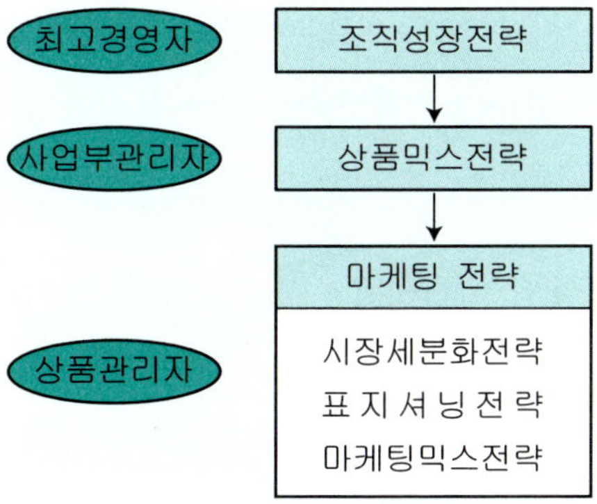


<그림 6-2> 마케팅 전략의 유형

#### 최고경영자 수준의 전략

최고경영자 수준의 전략은 스포츠 조직 전체의 관점에서 자원이 달성해야 할 중장기적 목표와 진출해야 할 사업들을 결정하는 것이다. 이러한 의사결정이 최고경영층에 의하여 이루어지기 때문에, 최고경영자 수준의 전략이라고 한다.

최고경영자 수준의 전략은 곧 조직성장의 전략으로 연결된다. 안소프(Ansoff)는 조직성장을 시장(기존시장과 신시장)과 상품(기존상품과 신상품)의 두 요소를 메트릭스로 구성하여 전략을 설명한다(〈표 6-1〉 참조).

**<표 6-1>** 안소프의 성장모형

| | 기존상품 | 신상품 |
|---|---|---|
| 기존시장 | 시장침투 | 상품개발 |
| 신시장 | 시장개발 | 다각화 |

**시장침투 전략** 시장침투 전략은 기존서비스로서 기존시장에 진출하여 시장점유율을 확대함으로서 조직성장을 도모하는 전략이다. 이를 위해서는 자사 상품을 더 많이 사용하도록 하거나 경쟁상품의 사용을 자사상품을 사용하도록 유도하여야 한다.

**상품개발 전략** 상품개발 전략은 기존시장에 새로운 서비스를 제공함으로서 조직성장을 도모하는 전략이다. 동일한 상품이라도 새로운 기능을 추가하거나 디자인을 변경하는 것도 상품개발이다. 수영복 회사가 선수의 기록단축을 위하여 전신 수영복을 개발한 것은 좋은 예이다.

**시장개발 전략** 시장개발 전략은 기존의 서비스로서 신시장을 개척하여 조직성장을 도모하는 전략이다. 스노클링을 즐기는 사람들이 신는 운동화가 통풍이 잘된다는 점에 착안하여 그것의 밑창을 여름용 운동화에 적용한 것은 신시장 개발의 예이다.

**다각화 전략** 다각화 전략은 새로운 서비스로서 신시장에 진출하여 조직성장을 도모하는 전략이다. 다시 말하면, 새로운 시장 · 업종에 진출하여 기존의 시장 · 업종과 병행하여 경영활동의 범위를 확대하는 것을 말한다. 즉 기존의 운영기반을 떠나 별도의 사업들을 조직의 외부에서 획득하거나 내부에서 새로 착수하는 것을 말한다.

### 사업부관리자 수준의 전략

사업부는 대개 최고경영자로부터 생산과 판매에 대한 권한을 위임받고 경영성과에 대한 책임을 지는 독립적 사업단위를 말한다. 사업부관리자 수준의 마케팅 전략으로 상품믹스 전략이 있다. 스포츠 조직은 스포츠 계열과 품목의 수를 변경함으로써 조직이 성장할 수 있는 상품믹스를 할 수 있다.

#### 상품 관리자 수준의 전략

상품 관리자는 스포츠 조직의 마케팅 관리자가 여기에 해당된다. 마케팅 관리자는 스포츠의 마케팅 전략을 수립하여야 한다. 여기에서 이루어지는 마케팅 전략으로 시장세분화 전략, 포지셔닝 전략, 마케팅믹스 전략 등을 들 수 있다.

### (3) 마케팅 전략의 요소

마케팅 전략이란 한마디로 경쟁관계의 스포츠 조직과 벌이는 시장쟁탈전이다. 그러므로 여기에는 시장(고객), 자원, 경쟁관계의 타원 등 삼자가 존재하게 된다. 자사와 경쟁관계의 타사는 동일한 고객(표적시장)을 놓고 나름대로의 마케팅 믹스 활동을 통하여 경쟁우위를 유지하게 된다. 마케팅에서는 소총대신에 마케팅 믹스라는 수단을 통하여 경쟁우위를 유지하는 것이다.

마케팅 믹스라는 수단이 경쟁관계의 스포츠 조직과 차별화가 되면 될수록 경쟁에서 우위를 차지하게 된다. 이러한 마케팅 전략의 요소로서 표적시장의 선정, 마케팅 목표의 설정, 핵심전략, 마케팅 믹스의 개발 등 4 가지가 중요하다.

#### 표적시장의 선정

마케팅 전략은 표적시장을 선정하고 그곳에 적합한 마케팅 수단을 개발하는 일이라고 하였다. 따라서 마케팅 전략을 개발하는 제 1 단계는 표적시장을 선정하는 일이다. 아무리 우수한 마케팅 계획이 수립되었다 하더라도, 마케팅 계획이 성공을 거둘 수 있는 하나의 세분시장을 표적시장으로 선정하지 않으면 안 된다. 그 표적시장은 미 충족된 소비자의 욕구가 있고, 스포츠 조직의 한정된 보유자원을 효율적으로 배분하여 욕구충족을 위한 서비스를 제공할 수 있는 곳이어야 한다.

표적시장을 선정하지 않으면 안 되는 이유는, 스포츠 조직의 보유자원이 한정되어 있어 전체 시장을 상대로 마케팅 활동을 전개할 수 없기 때문이다. 따라서 표적시장은 한정된 보유자원의 효율적 운영을 통하여 시장에서 성공을 거둘 수 있는 세분시장이어야 하며, 그 세분시장에는 미 충족된 욕구가 존재하고 있어야 한다.

### 마케팅 목표의 설정

표적시장이 선정되면 그곳에서 달성한 마케팅 목표를 설정하게 된다. 마케팅 목표의 설정은 상황분석을 토대로 이루어진다. 이 때, 마케팅 목표는 조직목표와 일관성을 유지할 수 있어야 하고 달성 가능한 목표이어야 한다. 마케팅 목표는 구체적이고 측정이 가능한 형태로 설정되어야 하고, 목표달성의 실행주체와 실행시기를 분명하게 제시하는 게 바람직하다.

일반적인 마케팅 목표의 유형은 매출액 목표, 이익목표, 비용목표, 고객만족 목표 등으로 나타난다. 마케팅 관리자는 이들의 목표들을 계량화하고 측정 가능한 지수를 개발하여 목표로 제시할 수 있어야 한다.

### 핵심전략

마케팅 전략 속에 반드시 포함되어야 하는 것이 핵심전략이다. 핵심전략은 경쟁우위의 확보를 위한 전략의 내용을 이룬다. 핵심전략이 마케팅 목표를 달성하기 위한 전략이라고 한다면, 다음에 설명할 마케팅 믹스는 그 전략을 수행하기 위한 전술에 해당한다.

### 마케팅 믹스의 개발

마케팅 목표를 달성하기 위한 핵심전략을 수행하기 위해 사용되는 프로그램인 전술의 개발이 필요하다. 그것이 마케팅 믹스의 개발이다. 마케팅 믹스의 개발이란 표적시장을 구성하는 표적고객의 욕구를 충족시키기 위한 상품, 가격, 유통, 촉진 등의 4P를 효과적이고 효율적으로 결합하는 것을 말한다.

# 제 2 절 포트폴리오 분석

포트폴리오 분석은 자원의 효율적 배분을 위한 분석기법이다. 어떤 스포츠 조직이 여러 개의 사업군(상품군)을 가지고 있을 경우 필요한 자원을 어디에서 조달하며, 조달한 자원을 어떻게 배분하여 스포츠 조직을 성장국면으로 가져갈 것인가의 분석에 목적이 있다. 자원을 배분하는 과정에서 성장시키고 유지시키고 철수시킬 사업군(상품군)을 결정하게 된다.

스포츠 조직의 사업(서비스)을 시장성장률과 시장점유율에 따라 분석해보면, 많은 수익을 내는 부문이 있는가 하면, 현상유지만 하는 부문이 있고, 시장에서 철수를 해야 하는 부문이 있다. 이들 각 부문에 필요한 자원을 어떻게 어디에 배분할 것인가의 방향을 결정하는 것을 포트폴리오 분석 또는 포트폴리오 관리라고 한다.

## 1. 자원의 배분

실제로 사업을 하다보면, 수익을 내는 부문이 있고, 현상유지만 하는 부문이 있고, 손실만 내는 부문이 있을 수 있다. 이들 모든 부문을 살리려면 막대한 자금이 소요되는데, 자금은 한정되어 있으므로 자원의 효율적 배분이 필요하다. 자원의 배분을 어떻게 할 것인가? 현재 손실을 내고 있더라도 성장가능성이 있는 부문은 살려야 하고, 이에 필요한 자금은 수익을 내는 부문에서 끌어오는 방법이 있을 수 있다. 그리고 성장가능성이 희박하고 특정 부문을 살리기 위해 全부문을 희생해야 할지도 모를 부문은 시장에서 과감히 철수하여 자원을 다른 부문으로 옮기는 투자가 필요하다.

예를 들어, 스포츠 조직에 4개의 사업부문이 있다고 하자. 이때 각 부문의 투자를 결정하기 위해 이용되는 변수는 시장가능성과 상대적 시장점유율이다. 이들 변수의 기준은 1.0이 된다. 따라서 이 스포츠 조직의 시장점유율이 제일의 경쟁적 스포츠 조직보다 큰 경우에는 1.0보다 크게 되고, 적은 경우에는 1.0보다 적게 나타난다.

## 2. BCG 모형

시장가능성과 상대적 시장점유율이라는 두 개의 변수로서 조직을 성장국면으로 이동시키는 것을 설명해주는 것이 BCG 모형이다(〈그림 6-3〉 참조). 한 스포츠 조직이 4개의 사업부문 - 스타, 문제아, 황금젖소, 개 - 이 있다고 하자. 각 부문은 저마다 처한 상황이 다르다.

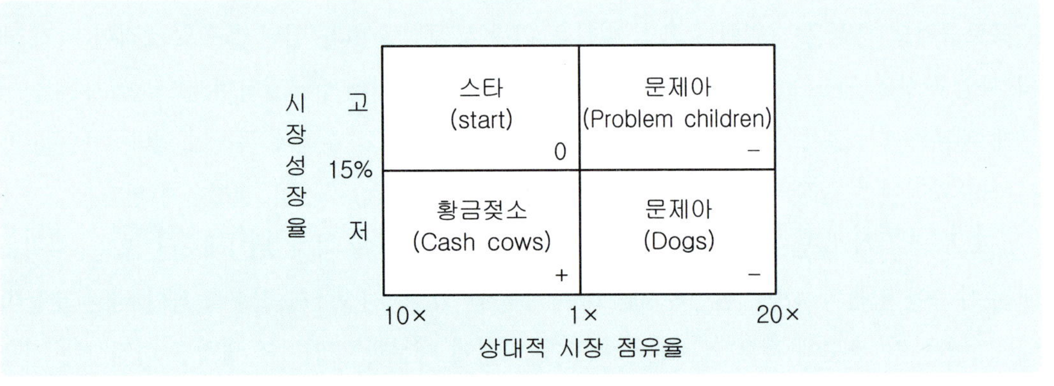


**<그림 6-3>** BCG 모형도

스타(Stars)는 시장성장률과 상대적 시장점유율이 모두 높아 시장에서 선두를 유지하는 부문이다. 글자 그대로 스타이다. 현재 수익을 내고 있으나 유지에 필요한 많은 자금이 소요된다(수익의 발생은 제로).

문제아(Problem children)는 시장성장률이 높은데도 불구하고 상대적 시장점유율이 낮아 시장에서 고전하고 있는 부문이다. 그래서 현재는 수익을 창출하지 못하는 문제아이다. 하지만 자금을 지원하여 상대적 시장점유율만 높여준다면 수익을 창출할 수 있는 성장가능성이 있는 부문이기도 하다(수익의 발생은 마이너스).

황금젖소(Cash cows)는 시장성장률이 낮은데도 불구하고 상대적 시장점유율이 높아 수익을 창출하는 부문이다. 장차 시장성장률이 높아지면 더욱 더 많은 수익을 창출할 수 있어 황금을 낳는 젖소이다(수익의 발생은 플러스).

개(Dogs)는 시장성장률과 상대적 시장점유율이 모두 낮아 포기하지 않으면 안 될 부문이다. 이 부문을 살리기 위해서는 나머지 부문들을 잃게 되는 경우가 생기므로 시장에서 과감히 철수하는 게 바람직하다.

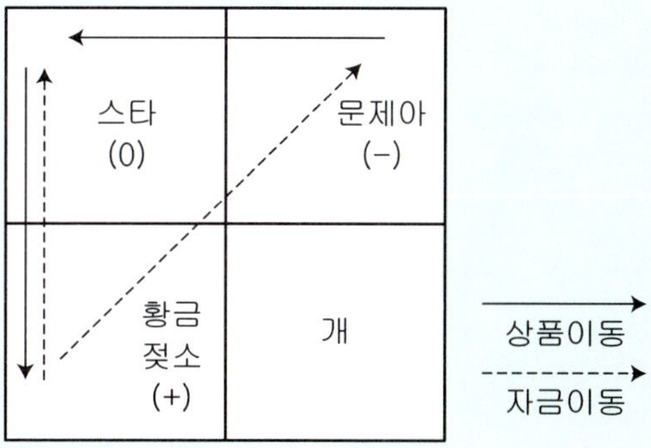


**<그림 6-4>** 성장국면의 방향

이상의 4 부문에서 어떤 부문을 성장시키고 그것에 필요한 자금을 어떻게 조달할 것인가가 분명해진다. 스포츠 조직이 시장에서 지속적으로 경쟁우위를 유지하기 위한 성장국면의 방향은 〈그림 6-5〉와 같다.

문제아 부문을 스타로 이동시켜야 하는데, 이에 많은 자금이 소요된다. 스타 역시 자리를 유지하는데 자금이 소요되어 가까운 미래에는 경쟁이 덜한 새로운 부문으로 이동하여야 하는데, 이에 역시 많은 자원이 소요된다. 그래서 황금젖소는 문제아와 스타에 필요한 자금의 젖줄인 성장지원 부문이 된다.

이러한 BCG 모형은 단순하면서도 널리 이용되고 있다. 하지만, 가정상의 문제점을 내포하고 있다. 투자의 기준으로 현금흐름을 들고 있는데 이것보다는 투자수익률(ROI)이 바람직하다는 것과, 변수가 2개인 관계로 이들 변수와 현금흐름간의 관계가 모호하다는 비판도 있다.

07

chapter

# 스포츠의 시장세분화 전략

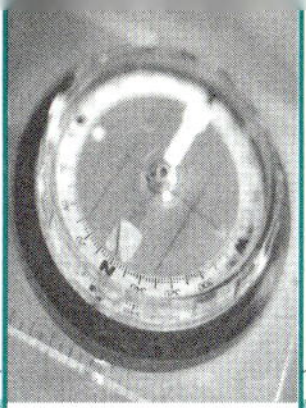

# 제 1 절 시장세분화의 본질

## 1. 시장세분화의 의의

경쟁관계의 스포츠 조직과 어디에서 싸울 것인가? 마케팅이라는 전쟁에서 싸움터(戰場)의 선정은 중요하다. 전략적 요충지를 선정하지 않으면 안 되는 것이다. 왜냐하면, 싸움터가 승리에 중요한 영향을 미치기 때문이다. 이순신 장군의 3大 대첩에서 알 수 있듯이, 전승을 거둘 수 있는 장소의 선정은 중요하다. 이 싸움터는 인간의 마음속에 존재하는 것으로, 표적시장 또는 표적고객이라고 한다.

이러한 표적시장을 선정하기 위하여 시장세분화를 하게 된다. 시장을 구성하는 소비자들의 저마다 다양한 욕구를 충족시키기 위해서는, 전체시장을 일정한 기준에 따라 시장을 세분하여 각 세분시장의 욕구에 적합한 마케팅 믹스를 개발하는 것이 시장세분화이다.

다시 말하면, 시장세분화는 하나의 전체시장을 보다 작은 세분시장으로 세분하다 보면, 그 가운데 충족되지 않은 매력적인 시장(세분시장)을 발견하게 되고, 그 시장을 표적시장으로 삼아 그들의 욕구를 충족시켜 줄 수 있는 상품을 제공하는 것이다.

스포츠 소비자에 대한 단 하나의 프로필은 없지만, 그것은 스포츠 유형, 거주지, 생활정도, 기타 요소들에 따라 변한다. 미국의 스포츠 TV 소비자들을 대상으로 한 조사에 의하면, 미국성인의 37%가 미식축구를 시청하는데, 그 비율은 야구를 시청하는 사람의 비율과 거의 같다고 한다. 하지만 미식축구의 시청자들의 모습은 약간 다르다. 미식축구 팬들은 남성적이고 대학졸업자이며, 소득수준이 높으며 남부나 서부의 출신자가 많다고 한다.

## 2. 시장세분화의 목적

시장세분화는 표적시장을 선정하기 위하여 시장을 세분화하게 되는데, 세분된 여러 시장 가운데 마케팅 기회를 제공해주는 매력적인 시장이 표적시장으로 선정된다. 선정된 표적시장에는 그들의 욕구에 적합한 마케팅 믹스를 개발하게 된다. 여기에서, 세분된 각각의 세분시장은 저마다 동질적인 욕구를 가진 소비자 집단으로 구성되며, 세분시장마다 다른 차별적 마케팅(differentiated marketing)의 수행이 가능하게 된다.

이처럼, 시장세분화는 시장의 이질성 즉, 고객욕구가 이질적인 전체시장을 대상으로 동질적인 욕구를 가진 여러 개의 세분시장으로 나누고, 세분시장 가운데 마케팅 기회를 제공하여 조직목표를 달성할 수 있는 매력적인 시장을 표적시장으로 선정하고, 선정된 표적시장에는 다른 세분시장과는 다른 차별화 된 특정의 서비스를 제공하게 된다. 시장세분화를 하는 목적은 다음과 같다.

- 고객욕구의 효율적인 충족
- 한정된 자원의 효율적 활용
- 경쟁의 회피

## 3. 시장세분화의 과정

스포츠 조직의 목표는 차별적 마케팅을 통하여 경쟁우위를 확보 · 유지하는 것이다. 이를 위하여 전체 시장을 보다 작은 세분시장으로 세분(segmenting)하고, 시장을 세분하는 과정에서 목표달성에 유리하고 마케팅 기회를 제공해주는 표적시장을 선정(targeting)하고, 선정된 표적시장에서 소비자의 마음속에 자리를 잡을 수 있는(positioning) 마케팅 믹스를 개발하게 된다.

이러한 일련의 과정을 시장세분화 과정이라고 하며, 시장세분화, 표적화, 정위화의 과정을 거친다고 하여 STP 과정이라고도 한다. STP 과정은 〈그림 7-1〉에서 보는 바와 같이, 6 단계로 설명할 수 있다.

STP의 과정은 시장을 세분화하기 위한 기준파악에서 시작하여, 세분시장의 윤곽을 그리고, 세분시장의 매력을 유인할 수 있는 척도를 개발하고, 표적시장을 선정하고, 표적시장을 정위화하고, 표적시장에 적합한 마케팅 믹스를 개발하는 과정이다.

| | |
|---|---|
| 1. 시장을 세분화하기 위한 속성(기준)을 파악 | (segmentation) |
| ↓ | |
| 2. 세분시장의 윤곽을 묘사 | (segmentation) |
| ↓ | |
| 3. 세분시장의 매력유인을 위한 척도개발 | (segmentation) |
| ↓ | |
| 4. 표적시장의 선정(표적화) | (targeting) |
| ↓ | |
| 5. 표적시장의 정위화 | (positioning) |
| ↓ | |
| 6. 표적시장의 마케팅 믹스를 개발 | (marketing mix) |

**<그림 7-1>** STP 과정

# 제 2 절 시장세분화의 기준

시장세분화는 일정한 기준에 따라 전체시장을 세분하게 된다. 이 때, 사용되는 일정한 기준으로 여러 변수들 - 인구통계학적 변수, 지리적 변수, 심리묘사적 변수, 행동분석학적 변수 - 이 사용된다. 서로 다른 변수들을 이용하여 가장 유력한 마케팅 기회를 제공해주는 표적시장을 선정하게 된다.

## 1. 지리학적 변수에 의한 세분화

스포츠는 지리학적으로 세분화된다. 미국의 경우, 스포츠의 세계에서 지리학적 세분화는 매우 적당하다. TV에 의해 전국적 스포츠가 우세함에도 불구하고 스포츠의 참여 패턴은 주로 지리학적 지역에 의해 영향을 받는다. 단순참여자가 스포츠에 실제로 참여하는 것은 지리적 접근성과 밀접한 관련이 있다. 어떤 사람이 스포츠 시설에 가까운 곳에 살고 있으면, 그는 인근의 스포츠 시설을 보다 많이 이용할 것이다.

그리고 미국의 각 지역은 스포츠와 특별한 연관성이 있다. 농구, 야구, 미식축구를 포함한 대부분의 스포츠는 동부지역에서 탄생하였다고 한다. 남부의 플로리다는 강한 미식축구의 전통과 훌륭한 골프코스를 가지고 있으며, 남아메리카계의 메이저리그 농구 인재들의 산실이라고 한다. 텍사스 남서부 지역은 미식축구의 지역이고, 카우보이와 몰몬교 지역은 로데오, 사냥, 낚시로 유명하다고 한다.

## 2. 인구통계학적 변수에 의한 세분화

그리고 인구통계학적 변수도 스포츠의 시장세분화와 관련이 있다. 예를 들어, 연령이 높아질수록 스포츠의 직접적 참여는 감소하며, 연령이 낮아질수록 스포츠의 직접적 참여는 증가할 것이다. 그리고 장년층은 매체를 통한 즐기는 스포츠를 선호하면, 그들이 실제로 스포츠에 참여하거나 관람하는 경우는 적을 것이다.

인구의 노령화와 관련하여 최근에는 장년층 올림픽경기가 계획되고 있다. 이는 스포츠 용품의 제조업자들과 지배계층이 열성적으로 지지하고 있다. 이 특별한 계획은 장년층은 가만히 앉아 있는다는 기존의 고정관념과 상반되고 있어, 이것의 실행에는 많은 노력이 필요할 것이다.

## 3. 심리묘사적 변수에 의한 세분화

인구통계학적 집단이 동일한 사람이라도 그들의 심리묘사적 특성은 매우 다를 수 있다. 인구통계학적 특성이 태도, 생활양식, 그리고 스포츠 상품의 이용에 관한 사항을 필연적으로 나타내지 못하는 경우가 있어, 마케팅 관리자들은 심리묘사적 세분화를 이용하게 되었다. 시장을 세분화하는 심리묘사적 변수로서 사회계층, 생활양식, 개성 등이 있다.

### (1) 개성

심리상태(개성)에 따른 세분화는 스탠포드연구소에 의해 처음으로 시도되었다. 그것은 가치와 생활방식(Tne Value And Life Style : VALS)으로 불리는데, 태도, 의견, 욕망, 욕구, 그리고 다른 심리적 측면이 일상생활과 태도를 지배한다고 가정한다. VALS에 의하면, 모집단은 외부지향적 집단, 내부지향적 집단, 욕구지향적 집단 등 3집단으로 나누어진다.

이들 집단에 대한 연구에서 세분시장과 스포츠 참여 간에 관계가 발견되었다. 즉 표본의 18%를 차지한 내부지향적 사람들이 외부지향적 사람들보다도 2배나 자주 운동을 한다는 사실을 발견하였다. 단순히 숫자로 보면, 외부지향적 사람들이 다른 집단의 사람들보다 더 스포츠 참여자가 된다. 하지만 실제로 그들은 덜 참여적이고 오히려 관람객이 되는 경향을 보였다.

### (2) 생활양식

그리고 동일한 사회계층간에도 소비자의 생활양식(life style)은 다르다. 생활양식은 스포츠와도 관련이 깊은 지표가 되고 있다. 폭주(excessive drinking)하는 사람들은 알코올중독,

간과 영양상의 질병, 그리고 자동차 사고 등을 일으키기 쉽다. 그리고 식사습관은 고혈압, 심장마비, 비만, 기타 질병 등과도 관계가 있음을 보인다.

## 4. 행동분석학적 변수에 의한 세분화

행동분석학적 시장세분화에 의하면 소비자들은 그들의 지식, 태도, 이용량 또는 서비스나 그것의 속성에 대한 반응을 기초로 그루핑 한다. 마케팅 관리자들은 행동분석학적 변수들이 시장을 세분화하는 최선의 출발점으로 믿고 있다. 시장을 세분화하는 행동분석학적 변수로서 구매량, 편익추구, 동기 등을 들 수 있다.

### (1) 구매량

스포츠의 세계에서 상품의 이용(구매)에 따른 세분화는 매우 중요하다. 지금까지 마케팅 관리자들은 상품의 다량구매자에게 관심을 집중해왔다. 20%의 소비자가 전체의 80%를 소비한다는 20:80의 법칙이 시장세분화에 사용되었다.

스포츠 시장은 스포츠 상품의 소비정도에 따라 다양한 세분시장으로 분류된다. 〈표 7-1〉은 스포츠 상품을 소비정도에 따라 구분한 세분시장을 보여준다. 다량구매자가 전체 고객 중에서 많은 부분을 차지하지는 않지만, 소비 면에서는 큰 비중을 차지하는 가장 중요한 집단이다. 이 비율은 스포츠 종목에 따라 다르고, 관람소비자와 참여소비자에 따라서도 다르다.

<표 7-1> 사용자 집단에 따른 스포츠의 세분시장 유형

| 세분시장 | 집단의 유형 |
|---|---|
| 다량 구매자 | 시즌입장권 소유자, 클럽회원, 기간 계약자 |
| 중간 구매자 | 미니 시즌입장권 구매자, 단일경기 또는 이벤트 입장권의 다량 구매자, 오직 한 시즌만의 입장권 구매자 |
| 소량 구매자 | 가끔 단일경기나 이벤트 입장권의 구매자 |
| 탈 퇴 자 | 지난 1년간 스포츠 상품을 구입했으나, 재구매는 하지않는 사람 |
| 매체 소비자 | 이벤트에는 참석하지 않고 매체를 통해 팀을 응원하고 스포츠를 즐기려는 사람 |
| 미지각 소비자 | 상품과 그 편익을 인식하지 못하는 사람 |
| 무관심 소비자 | 상품(팀)이나 상품의 종류(스포츠)에 대해서 인식하고는 있으나, 그것을 사용(구매)하려고 선택하지 않는 사람. |

### (2) 편익추구

스포츠 산업에서 편익에 의한 세분화는 비공식적이지만 포괄적인 연구는 없었다. 하지만 스포츠 마케팅 관리자의 편익에 따른 스포츠 시장의 세분화에는 여러 가지가 있다. 가장 손쉬운 예로서 운동화 시장이 있다. 1주일에 60마일 이상을 뛰는 육상선수는 튼튼하고 충격흡수가 잘되고 오래 사용할 수 있는 운동화를 선호할 것이다. 그리고 중간 정도의 스포츠 애호가는 부드러운 맞물림과 편안함을 찾을 것이다. 각 구매자는 저마다 다른 편익을 추구하고 각기 다른 신발에서 최상의 가치를 인식할 것이다.

### (3) 동기

한편 구매근거로서 동기는 스포츠의 참여에서 세분화될 수 있음을 보여준다. Milne and McDonald(2001)의 연구에 의하면, 스포츠의 참여와 관람의 동기가 서로 다름을 알 수 있다. 먼저 스포츠 참여의 동기는 〈표 7-2〉와 같다. 대부분의 참여스포츠는 위험감수와 밀접한 관련이 있다. 그리고 많은 사람들이 성취감과 공격성을 위해 스포츠에 참여한다. 팀 스포츠들 중에서 야구는 유일하게 성취감과 관련이 있다. 그것은 야구가 던지기, 때리기, 잡기 등의 개인기술을 강조하기 때문이다. 팀 스포츠 중에서 성취감의 반대인 경쟁은 스포츠 참여를 유발하는 주요 동기가 된다.

스포츠 관람의 동기는 〈표 7-3〉와 같다. 스포츠 관람의 일반적 동기는 경쟁과 위험감수이다. 경쟁은 스포츠카 경주, 복싱, 낚시, 트럭 끌기 등의 스포츠 관람과 관계가 있다. 그리고 위험감수는 권투, 프로레슬링, 자동차경주 등의 위험한 스포츠 활동과 관련이 있다. 스포츠 참여에서는 강력한 동기요소인 성취감은 스포츠의 관람과는 크게 관련이 있다.

이러한 연구결과는 다양한 스포츠의 참여와 관람에 영향을 주는 다양한 동기부여 요인을 보여준다. 프로농구와 대학미식축구의 관람스포츠는 성취감이라는 동기에 크게 관련되어있다. 신체적 위험감수는 권투와 프로레슬링, 자동차 경주 등과 관련이 높았다. 스트레스 해소는 아이스하키만이 긍정적 관계가 있었다. 그런데 성취감은 스포츠 관람과는 많은 관련이 있지는 않지만, 스포츠 참여에는 매우 강력한 동기부여 요인이었다.

## <표 7-2> 스포츠 참여의 동기요인

| 참여 스포츠 | 동기 예측 요인 | | | | | | | | | | | | |
|---|---|---|---|---|---|---|---|---|---|---|---|---|---|
| | 성취감 | 경쟁 | 사회적교류 | 신체건강 | 기술완성 | 위험감수 | 소속감 | 예술성 | 공격성 | 가치개발 | 자부심 | 자아실현 | 스트레스감소 |
| 에어로빅 | | 0 | | + | 0 | | | | | | + | | |
| 양궁 | + | | | | | + | | | + | | | | |
| 배드민턴 | | | | | | + | | | | | | | |
| 야구 | + | + | | | | + | | | | | | | |
| 농구 | | + | | | | + | 0 | + | | | | | |
| 싸이클 | + | | + | | | + | | | | | | | |
| 당구 | + | | + | | + | + | 0 | | + | | | | |
| 보드세인링 | | | | | | + | | | | | | | |
| 볼링 | | + | | | | | | | + | | | | |
| 권투 | | | | | | + | | + | + | | | | |
| 번지 점프 | | | | | | + | | | | | | | |
| 카워카야 | | | | | | + | | | | | | | |
| 장거리 달리기 | + | | 0 | + | | + | | | | | | | |
| 민물 낚시 | | | | | | + | | | | | | | |
| 바다 낚시 | | | | | | | | | + | | + | | |
| 미식축구(태클) | | + | | | | + | 0 | | + | | | | |
| 미식축구(터치) | | + | | | | + | 0 | | + | | | | |
| 골프 | + | | | + | + | | | | | | 0 | | |
| 사냥 | | | | 0 | | + | | | + | + | | | |
| 아이스 하키 | | | | | | + | | | | | | | |
| 아이스케이팅 | | 0 | + | + | | + | 0 | | | | | | |
| 마운틴 바이크 | | | | + | | + | | | | | | | |
| 롤러 스케이트 | + | | | | 0 | | | | + | | | | |
| 달리기/조깅 | + | + | | + | | + | | | | | | | |
| 항해 | | | | | | | | + | | | | | |
| 스쿠버 다이빙 | + | 0 | | | | + | | | | | | | + |
| 스케이트 보드 | | | | | | + | 0 | + | | | | | |
| 스키(크로스 컨트리) | | | | + | + | | | | | | | | + |
| 다운힐 스키 | + | 0 | | | | + | | | + | | | | + |
| 스노우 보드 | | | | | | + | | | | | | | |
| 축구 | + | | | | | + | | | | | | | |
| 소프트볼 | | + | | | 0 | + | | | + | | | | |
| 수영 | | | | | | | | | | | | | |
| 탁구 | + | | | | + | | | | | | | | |
| 테니스 | + | | 0 | + | + | | | | + | 0 | | | |
| 프리스비 | | | | | | + | | | | | | | |
| 배구 | | + | | | | + | | | | | | | |
| 비치 발리볼 | + | | | | | + | | | + | 0 | | | + |
| 수상스키 | + | | | | | + | | | + | | | | |
| 역기 | + | | | | | + | 0 | | + | | | | + |

Key : + =평균 참여율보다 20% 높다
- =평균 참여율보다 20% 낮다

자료 : Milne and McDonald(2001).

<표 7-3> 스포츠 관람의 동기요인

| 관람 스포츠 | 동기 예측 요인 | | | | | | | | | | | |
|---|---|---|---|---|---|---|---|---|---|---|---|---|
| | 성취감 | 경쟁 | 신체건강 | 기술완성 | 위험감수 | 소속감 | 예술성 | 공격성 | 가치개발 | 자부심 | 자아실현 | 스트레스감소 |
| 트렉 레이싱 | 0 | + | | | + | | | + | | | | |
| 스포츠카 경기 | | + | | | + | | | | | | | |
| 대학 야구 | | | | | | | | | | + | | |
| 프로 야구 | | | + | | | | | | | | | |
| 대학 농구 | | | + | | | + | | | | | | |
| 프로 농구 | + | | | | | | | | | | | |
| 볼링 | | | | | | | | | | + | | |
| 권투 | | + | | | + | | | + | + | | | |
| 대학 풋볼 | + | | + | | | | | + | | | | |
| 프로 풋볼 | | | | | | | | + | | | | |
| 낚시 | | + | | | + | | | | | | + | |
| 골프 | | + | | | | | | | | | | |
| 경마 | | | | | | + | | | | | | |
| 아이스 하키 | | | | | | | | + | | | | + |
| 아이스 스케이트 | | + | | | | + | + | | | | | |
| 로데오 | 0 | | | | | | | + | | | + | |
| 스키 | | | | | | | | + | | | | |
| 프로 축구 | | | | | | | + | | | | + | |
| 테니스 | | | | | | | + | | | | | |
| 육상경기 | | | | | + | | + | | | | | |
| 트럭밀기 | | + | | | + | | | | + | | | |
| 프리스비 | | + | | | + | | + | | | + | | |
| 배구 | | | | | + | | + | | | + | | |
| 비치 발리볼 | | | | | + | | + | + | | | | |
| 프로 레스링 | | | + | | + | | | | | | | |

Key : + =평균 참여율보다 20% 높다
  - =평균 참여율보다 20% 낮다

자료 : Milne and McDonald(2001).

## 제 3 절 시장세분화의 조건

어떤 하나의 전체시장이 있을 때, 그 시장이 크다고 하여 시장을 분할할 수는 없는 것이다. 즉 시장을 나누어 가질 때, 나에게 돌아오는 몫(pies)이 있을 정도로 규모가 커야하고, 또한 그 세분시장에 메시지를 전달할 수 있는 매체가 있어야 한다. 이를 위해 시장세분화를 하기 위해서는 적어도 다음의 조건은 충족되어야 한다.

### (1) 규모성

스포츠 시장을 세분화하여도 자원에게 돌아 올 몫이 있을 정도로 시장의 규모(size)가 커야한다. 만일, 그렇지 못하면 시장을 세분할 필요도 없는 것이다. 왜냐하면, 시장을 세분화할 때는 상당한 비용이 소요되는데, 그 비용을 커버하고도 남을 정도의 이익이 있을 정도로 시장규모가 커야하기 때문이다.

### (2) 측정가능성

스포츠 시장을 세분하여 여러 개의 시장으로 분할하였을 때, 각 세분시장의 규모가 얼마나 되는지 측정이 가능하여야(measurability) 한다. 만일 그렇지 못하면 시장세분화를 할 수가 없다. 왜냐하면 그 세분시장에 알맞은 상품계획을 세울 수 없기 때문이다.

### (3) 접근가능성

세분시장의 규모가 크고 그것의 측정이 가능하다 하여도 그 세분시장에 도달할 수 있는 매체가 없다면 시장세분화의 의미도 없어지게 된다. 어떤 세분시장이 있으면 그 세분시장에 메시지를 전달할 수 있는 메시지가 있을 때 즉, 접근가능성(accessibility)이 있을 때, 시장세분화의 효과를 거둘 수 있다.

예들 들어, 미국의 프로 아이스하키는 전국적인 TV중계 계약은 물론 여러 도시에서 많은 관중을 확보하고 있음에도 불구하고, 그들에게 효과적으로 접근하지 못하고 있다. 그 이유는 아이스하키는 노동자 계층으로 대변되는 남성의 과격한 이미지와 관련되어 있기 때문이다. 그러므로 아이스하키의 마케팅 관리자가 해결해야 할 문제점의 하나가 이미지의 변경이다. 중산층 가정을 아이스하키의 팬으로 끌어들이는 전략이 필요한 것이다.

## 제 4 절 표적마케팅

### 1. 표적시장의 평가

시장세분화에 의하여 새로이 진출하고자 하는 표적시장이 선정되었으면, 그 표적시장이 하나의 세분시장으로서 지니는 매력도를 평가하여야 한다. 세분시장의 매력도를 평가하는 기준(요인)으로 다음의 2가지가 있다.

첫째는 세분시장으로서의 조건충족이다. 세분시장에 진출할 때 비용을 공제하고도 이익이 산출될 정도로 적정규모 이상이어야 하고 또한 성장가능성이 있어야 한다. 둘째는 세분시장에서 경쟁관계의 스포츠 조직과의 경쟁에 이길 수 있는 풍부한 자원의 보유, 그리고 현재와 미래의 경쟁조직에 대하여 경쟁우위를 확보할 수 있어야 한다.

<표 7-4> 세분시장의 평가기준

| 평가기준 | 내 용 |
| --- | --- |
| 시 장 | 시장으로서 적정한 규모와 성장가능성을 평가한다. |
| 경쟁사 | 현재의 경쟁자가 시장의 리더로서 얼마나 강하며, 그들의 마케팅 전략을 무엇이며, 미래의 잠재적 경쟁자는 시장진입의 가능성이 어느 정도인지 평가한다. |
| 자 원 | 경쟁사와의 경쟁에서 우위에 설 수 있는 자원은 무엇이며, 충분한 양이 확보되어 있는지 평가한다. |
| 목 표 | 세분시장이 조직목표와 일치하는지 평가한다. |
| 마케팅믹스 | 자원의 효율적 이용과 시너지 효과를 위하여 기존의 세분시장과 동일한 마케팅 전략의 적용 여부를 평가한다. |

이처럼, 표적시장의 선정은 세분시장으로서 매력성이 있는가의 평가를 통하여 그 시장에의 진입여부가 결정된다. 일반적인 세분시장의 평가기준은 〈표 7-4〉과 같다.

## 2. 표적시장의 선정

표적시장의 선정은 매우 중요하다. 표적고객의 설정은 선정된 고객 중에서 스포츠조직에 이익을 가져다 줄 것으로 기대되는 잠재적인 우량고객을 선정하는 것이므로 중요한 단계이다. 특히 표적고객의 선정에 있어서 고객생애가치를 고려하여야 한다. 즉 표적고객의 설정을 위해 고려되어야 하는 개념인 고객생애가치의 바른 예측과 이를 반영하여야 한다. 따라서 스포츠조직은 고객생애가치를 지속적으로 고려하여 이를 최대한 극대화할 수 있는 표적고객의 선정에 노력을 기울이지 않으면 안 된다.

## 3. 마케팅 전략

시장세분화를 통하여 세분시장이 표적시장으로 선정이 되면, 선정된 표적시장에서 표적고객들에게 도달할 수 있는 마케팅 전략이 필요하다. 이를 시장세분화 전략 또는 표적마케팅이라 한다.

### (1) 비차별적 마케팅 전략

비차별적 마케팅 전략은 전체 시장을 하나의 동일한 시장으로 보고, 하나의 서비스만을 제공하는 전략이다. 이 전략은 동일한 계열내의 다른 상품과 별다른 차이가 없을 경우에 주로 적용된다.

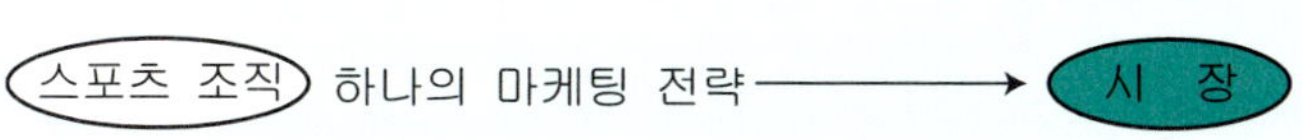


<그림 7-2> 비차별적 마케팅 전략

이 전략은 소비자에게 이미 상표이미지가 강하게 부각되었을 때, 심리적인 스포츠 상품의 차별화 효과를 거둘 수 있다. 규모의 경제를 통하여 비용을 줄일 수 있는 장점이 있지만, 모든 계층의 소비자를 만족시킬 수 없고 경쟁관계의 스포츠 조직이 쉽게 틈새시장을 찾아내어 시장에 진입할 수 있다는 단점도 있다.

### (2) 차별적 마케팅 전략

차별적 마케팅 전략은 소비자들의 공통적인 특성을 기준으로 세분화된 각 세분시장의 특성에 맞는 마케팅 전략이다. 이 전략은 전체 시장을 대상으로 한다는 점에서는 비차별적 마케팅 전략과 동일하지만, 모든 세분시장에 대하여 각각의 차별화 된 스포츠 상품을 제공한다는 점에서는 비차별적 마케팅 전략과 다르다.

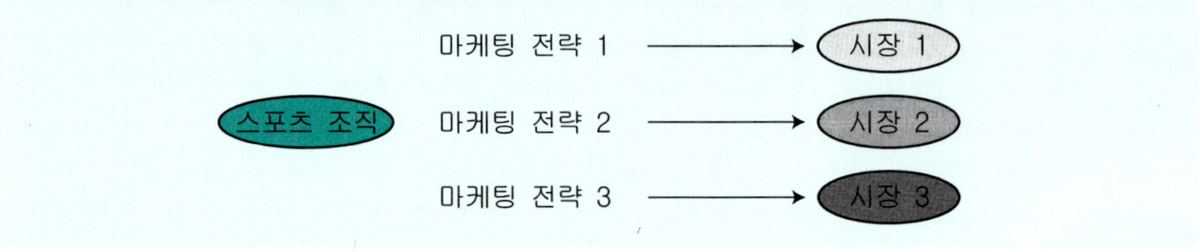


<그림 7-3> 차별적 마케팅 전략

이 전략을 사용하면 전체 시장의 매출액은 증대하나, 각 세분시장에서 차별화 된 상품을 제공하기 때문에, 비용이 늘어난다. 따라서 이 전략을 사용할 경우에는 수익성을 고려하여 지나친 시장의 세분화가 이루어지지 않도록 하여야 한다.

### (3) 집중적 마케팅 전략

집중적 마케팅 전략은 전체시장 중에서 특정의 세분시장을 표적시장으로 삼아 마케팅노력을 집중하는 전략으로, 스포츠 조직의 자원이 한정되어 있는 경우에 주로 사용한다. 이 전략은 하나의 세분시장에만 마케팅 전략을 실시함에 따라 비용절감을 가져올 수 있는 장점은 있으나, 그 특정의 세분시장에 불황이 닥칠 때 위험에 직면할 수 있는 단점이 있다.

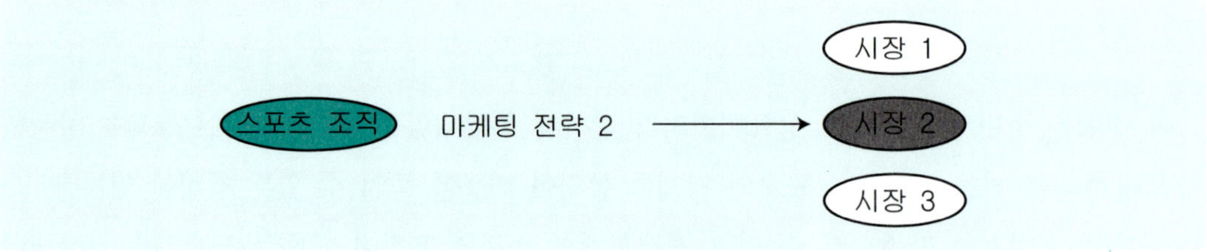


<그림 7-4> 집중적 전략

08

chapter

# 스포츠의 포지셔닝 전략

# 제 1 절 스포츠의 포지셔닝

## 1. 포지셔닝의 개념

스포츠 조직이 시장(고객)을 세분하여 표적시장을 선정하였으면, 그 시장에서 스포츠 조직이 소비자의 마음속에 자리를 잡을 수 있어야 한다. 소비자의 마음속에 명확한 자리를 잡아야 스포츠 조직은 소비자의 기억 속에 오래도록 남아있게 된다. 소비자의 마음속에 명확한 자리를 잡지 못하면 스포츠 조직은 소비자의 기억에서 쉽게 잊혀 진다.

포지셔닝은 소비자의 마음속에 명확한 자리를 잡도록 하는 과정이다. 스포츠 조직이 고객의 마음속에 파고 들 수 있는 경쟁관계의 스포츠 조직과 구분 지을 수 있는 하나의 가치에 초점을 맞춘 메시지를 개발할 수 있어야 한다. 왜냐하면 포지션은 스포츠 조직이 아닌 소비자가 매겨주는 자리이기 때문이다.

표적시장에서 스포츠 조직에 대한 고객들의 자리매김을 위해 스포츠 조직, 스포츠 조직의 고객, 그리고 고객이 될 만한 다른 모든 사람들에게 물어 보아야 한다. 그것에 따라 마음속으로 스포츠 조직을 어떻게 인지하는지 나타내는 포지션 문구(position statement)가 작성된다. 이 포지션 문구는 스포츠 조직이 고객으로부터 어떻게 인지되기를 원하는 표현인 포지셔닝 문구(positioning statement)로 바뀌어야 한다.

이때, 고객의 시각인 포지션과 스포츠 조직의 시각인 포지셔닝이 일치할수록 시장에서 명확한 자리를 잡을 수 있다. 고객과 스포츠 조직이 인지하는 시각의 차이가 크면 클수록, 고객의 시각을 스포츠 조직의 시각으로 전환하는데 많은 노력과 시간이 소요된다.

〈그림 8-1〉은 스포츠 경기의 2차원 포지셔닝 지도를 보여준다. 그림을 보면, 미식축구에 비하여 골프는 포괄적인 연령대의 소비자들이 이용하거나 관람할 수 있는 스포츠로 인지되고 있다. 또한 가장 많은 기술을 요구하는 양궁, 피겨 스케이팅, 권투 등의 스포츠는 소비자 연령이 가장 낮은 것으로 인지되고 있다.

스포츠 조직은 다음과 같은 질문에 대답함으로써 소비자의 마음속에 명확한 자리 매김을 할 수 있는 포지셔닝 문구를 만들 수 있다.

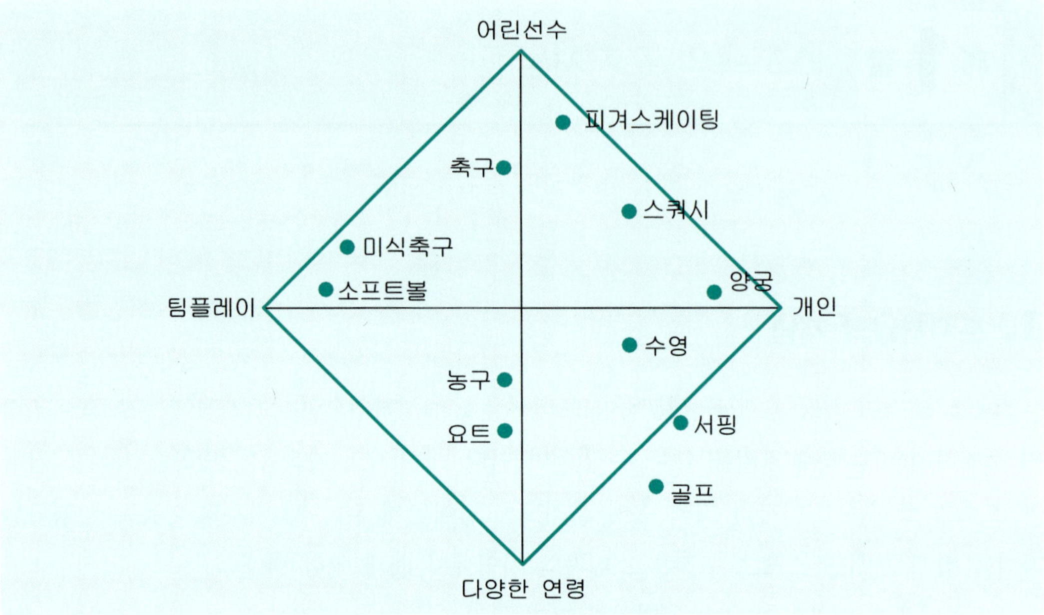


<그림 8-1> 스포츠의 2차원 포지셔닝 지각도

- 누구 : 스포츠 조직은 누구인가?
- 무엇 : 스포츠 조직이 하는 일은 무엇인가?
- 누구를 위해 : 스포츠 조직의 고객은 어떤 사람들인가?
- 욕구 : 고객들의 특별한 욕구는 무엇인가?
- 경쟁상대 : 진정한 경쟁관계에 있는 스포츠 조직은 누구인가?
- 차별성 : 경쟁관계의 스포츠 조직과 무엇이 다른가?
- 그래서 : 스포츠 조직의 서비스에서 고객이 얻을 수 있는 특별한 편익은 무엇인가?

## 2. 포지셔닝의 어려움

소비자의 마음속에 명확한 자리를 잡기 위해서는 서비스 컨셉의 개발이 중요하다. 눈으로 볼 수도 없고 손으로 만져볼 수도 없는 무형의 스포츠를 소비자들에게 어떠한 컨셉으로 커뮤니케이트 할 것인가?

이는 스포츠의 포지셔닝에서 중요한 문제이다. 스포츠 포지셔닝의 어려움은 대부분의 서비스가 동일하다고 여기기 때문이다. 해당 스포츠 조직의 서비스와 다른 스포츠 조직의 서비스의 차이점은 무엇일까? 대부분의 서비스가 동일하다고 대답한다. 그러나 동일한 서비스는 결코 없다. 서비스의 정도와 숙련도, 일의 효율성이 다르고, 고객들도 다르며, 그들이 상호작용을 하는 환경도 다르다. 그리고 고객들은 스포츠를 인지하는 정도도 다르다.

마케팅의 기본은 차이점을 만들어 고객에게 알리는 것이다. 스포츠의 차이점을 인지하고 전달하며 새로운 차이점을 개발하여 나가야 한다. 이것이 성공적인 마케팅의 기본이다. 스포츠 조직은 고객들에게 어떠한 스포츠를 제공하겠다는 의사표명으로 슬로건을 내걸고 있다. 슬로건을 통하여 차별화를 하여야 한다.

다른 스포츠 조직과 차별적 요소를 찾아서 포지셔닝을 용이하게 할 수 없을까? 포지셔닝의 핵심을 살펴봄으로써 그 해답을 찾을 수 있다. 앞에서도 잠시 언급하였듯이, 포지셔닝의 핵심은 다음과 같다.

- 고객의 마음속에 파고 들어간다.
- 한가지의 간단한 메시지를 심는다.
- 메시지는 당신과 경쟁자들을 뚜렷하게 구분 지을 수 있어야 한다.
- 한 가지에 초점을 맞추고 나머지는 과감히 포기하는 희생이 필요하다.
- 포지션은 다른 사람이 매겨주는 자리이다.

이상의 포지셔닝 핵심 중에서 4번째 사항은 매우 중요하다. 경쟁관계의 스포츠 조직과 차별화 할 수 있는 한 가지에 초점을 맞추어 그것을 포지셔닝 해야 하는 것이다. 예를 들어, 한 스포츠 조직이 고객의 인지도 조사에서 다른 요소와는 달리 지역사회의 공헌이라는 항목에서 가장 높은 점수를 얻었다고 하자. 서비스 질, 자본력 등 모두가 중요하지만 매력적이고 긍정적인 그 지역민을 위한 스포츠팀이라는 점을 강조하면 성공을 거둘수 있는 것이다.

서비스업에 종사하는 사람들이 포지셔닝을 꺼리는 이유는 비즈니스를 한 가지에 집중시키면 고객들이 덜 선호하게 될 것이라는 생각 때문이다. 하지만 고객들은 매력적인 하나의 단서에 다른 많은 긍정적 가치를 서로 연관시키는 것이다. 단 한 가지라도 긍정적인 것을 말하면, 그와 관련된 많은 것을 얻을 수 있다.

## 제 2 절 포지션의 설정

### 1. 포지셔닝 전략의 개발

스포츠 조직이 조직의 의도대로 시장에서 포지션(position)을 정하여, 그것에 대한 소비자의 지각의 변화를 목적으로 하는 전략(positioning)을 개발하기 위해서는 〈그림 8-2〉과 같은 기본적인 3 분석 - 시장분석, 스포츠 조직의 내부분석, 경쟁분석 - 을 거쳐야 한다.

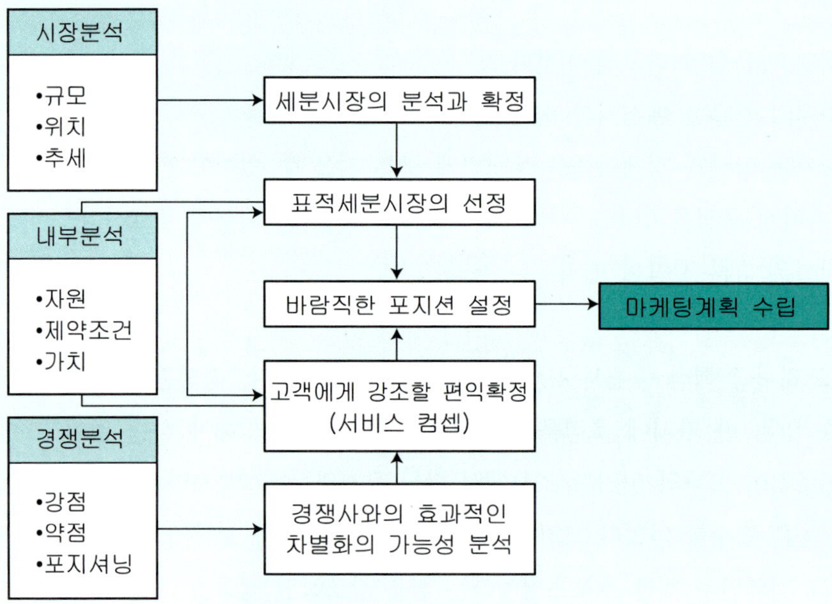


<그림 8-2> 포지셔닝 전략의 개발

시장분석은 수요와 관련된 표적시장을 선정하는데 필요한 정보 - 수요의 전반적인 수준과 추세, 그리고 지리적 위치 - 을 얻는데 필요하다. 시장분석을 통하여, 세분시장(표적시장)의 규모와 잠재력을 결정하게 된다. 조사하는 세분시장을 구성하는 그들의 욕구와 선호도에 대

한 통찰력을 가져야 한다.

스포츠 조직의 내부분석은 조직의 자원(재무, 인력, 노하우, 물적 자산), 그것에 대한 한계와 제약조건, 그리고 경영의 가치와 목표들(수익성, 안정성, 성장성 등)을 파악하는데 필요하다. 내부분석을 통하여, 스포츠 조직은 기존의 서비스 내지 새로운 서비스를 기꺼이 제공하고 봉사할 수 있는 표적 세분시장을 선정하게 된다.

경쟁분석은 경쟁관계의 스포츠 조직들에 대한 분석이다. 경쟁분석을 통하여, 경쟁 스포츠 조직의 강점과 약점을 파악하는 한편, 그들과 차별화 할 수 있는 기회를 포착할 수 있다. 그 결과, 표적시장이 고객들에게 제공될 편익(benefit)이 결정된다.

이상의 3가지 분석을 통하여, 스포츠 조직은 시장에서의 바람직한(이상적인) 자리(포지션)를 선정하게 된다. 이렇게 하여 선정된 표적시장에 대하여 마케팅 계획을 수립하게 된다. 마케팅 계획의 실시에 따른 비용은 예상되는 기대수익과 관련하여 결정된다.

## 2. 포지션의 설정

스포츠 조직의 시장분석, 기업내부 분석, 경쟁분석 등을 통하여 표적시장에서 바람직한(이상적인) 자리(포지션)를 선정하게 된다. 이를 위해서는, 자사상품과 경쟁상품이 현재 소비자들에게 어떻게 지각되고 평가되고 있는지 분석하게 된다.

스포츠 조직은 표적시장에서 고객들이 이용하는 스포츠 상품의 평가기준을 파악하여, 그것을 기준으로 경쟁관계에 있는 타사의 스포츠 상품이 자리 잡고 있는 위치를 확인하여 지각도(perceptual map)를 작성하게 되는 것이다. 지각도는 스포츠 상품의 여러 평가기준들을 요인분석 하거나 다차원 척도법 등을 이용하여 작성할 수 있다. 이 지각도상에 자리를 정하는 과정이 포지션의 설정이다.

서비스의 차별성, 고객들이 중요하게 인지하는 요소들을 기준으로 스포츠 조직의 지각도를 그려보자. 지각도를 통해서 스포츠 조직이 경쟁관계에 있는 스포츠 조직과의 평판이나 소비자의 지각의 차이를 알 수 있게 된다.

〈그림 8-3〉은 스포츠 상품의 가상적 지각도를 보여준다. 이 지도에서, 각 스포츠 상품들 간의 점간 거리(interpoint distance)가 짧게 나타나면, 이는 현재 경쟁이 심한 관계를 나타낸다고 할 수 있다. 경쟁관계가 심한 스포츠 상품들 간에는 스포츠 상품의 포지션 전략을 수정 · 보완하여 포지션을 새로이 조정하는 리포지셔닝(repositioning)이 필요하다.

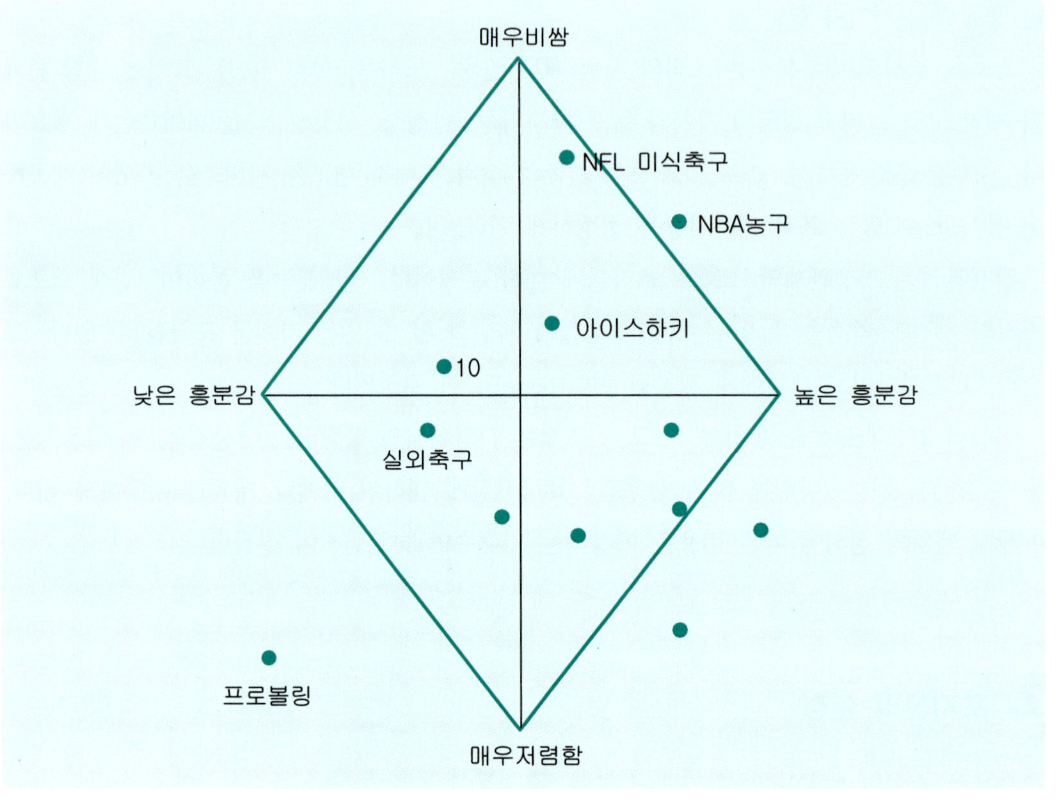


**<그림 8-3>** 스포츠 상품의 가상적 지각도

## 제 3 절 리포지셔닝

한번 선정된 포지션은 항상 바람직하고 이상적인 것일 수는 없다. 시장구조와 경쟁활동의 변화, 그리고 스포츠 조직 자체의 변화와 혁신에 의해 선정된 포지션은 변화하기 마련이다. 포지션의 변화는 경쟁사의 변화가 아닌 고객의 변화에 기인한다.

이러한 의미에서, 포지션과 포지셔닝은 구별되어야 한다. 전자는 경쟁하는 상표(상품 또는 기업)에 대한 일정시점에서의 소비자의 상대적인 지각인데 반하여, 후자는 상표에 대한 소비자 지각상의 변화에 따른 마케팅의 실시과정인 것이다.

스포츠는 사물이나 대상이 아니라 그것이 고객에게 전달되는 그 자체를 말한다. 스포츠가 전달되는 과정 그 자체가 바로 상품으로서의 스포츠이다. 스포츠가 전달되는 과정은 스포츠가 지니는 특성(무형성, 소멸성, 동시성, 가변성)과 상호작용(고객, 접촉요원(직원), 그리고 물리적 설비)의 결과로 다양하고 복잡해진다.

스포츠는 직원과 고객, 그리고 시설의 상호작용 속에서 이루어지게 되므로, 과정은 여러 단계를 거치게 되는데, 이것을 복잡성(complexity)이라 한다. 그리고 직원에 따라 서비스가 달라질 수 있는데, 이것을 분기성(divergence)이라 한다. 전반적인 복잡성과 분기성의 변화는 보통 다음과 같은 4개의 전략적 대안(분기성 감소, 분기성 증가, 복잡성 감소, 복잡성 증가) 중의 하나이다.

### (1) 분기성 감소

분기성의 감소는 분기성을 줄임으로서 비용을 줄이고 생산성을 향상시키고, 그리고 유통을 보다 용이하게 할 수 있다. 그것은 보통 규모의 경제에 근거한 표준화의 포지셔닝 전략으로 설명된다. 표준화를 통하여 신뢰성을 증가할 수 있는 이점은 있으나, 고객지향성이 줄어드는 약점도 있다.

### (2) 분기성 증가

분기성의 증가는  주문생산과 탄력성의 증대로 가격이 인상되는 경향이 있다. 이는 보통 적은 물량으로 많은 수익을 남기려는 틈새 포지셔닝 전략을 의미한다. 분기성이 강한 서비스는 관리, 통제, 그리고 유통이 보다 어렵다.

### (3) 복잡성의 감소

복잡성의 감소는 보통 전문화 전략을 의미한다. 이는 시스템의 단계나 기능들을 줄임으로서 보다 한정된 서비스를 제공하기도 한다. 한정된 서비스를 제공함으로서 유통과 통제가 보다 용이해진다. 하지만 한정된 서비스의 제공은 고객의 불편을 증가시키는 결과를 가져올 수도 있다.

### (4) 복잡성의 증가

복잡성 증가는 보다 많은 서비스를 추가하거나 기존의 서비스를 향상시킴으로서 시장에서 보다 침투력을 높이기 위한 전략을 의미한다. 이는 각각의 고객으로부터 생기는 수입의 극대화로 효율성을 증가시킬 수 있지만, 고객을 혼란에 빠뜨리거나 전반적 서비스 질을 저하시킬 염려가 있다.

09

chapter

# 스포츠 상품

## 제 1 절 스포츠 상품의 수준

일반적으로, 하나의 상품은 소비자 만족을 위해 그들이 원하는 품질, 성능, 효용 등을 혼합한 어떤 형태의 조합이다. 문제는 스포츠 자체만이 줄 수 있는 특별한 조합일 때, 스포츠 상품은 다른 상품과 구분될 수 있다. 즉 다른 상품이 줄 수 없는 특별한 조합이 스포츠 상품을 구분시키는 것이라 할 수 있다.

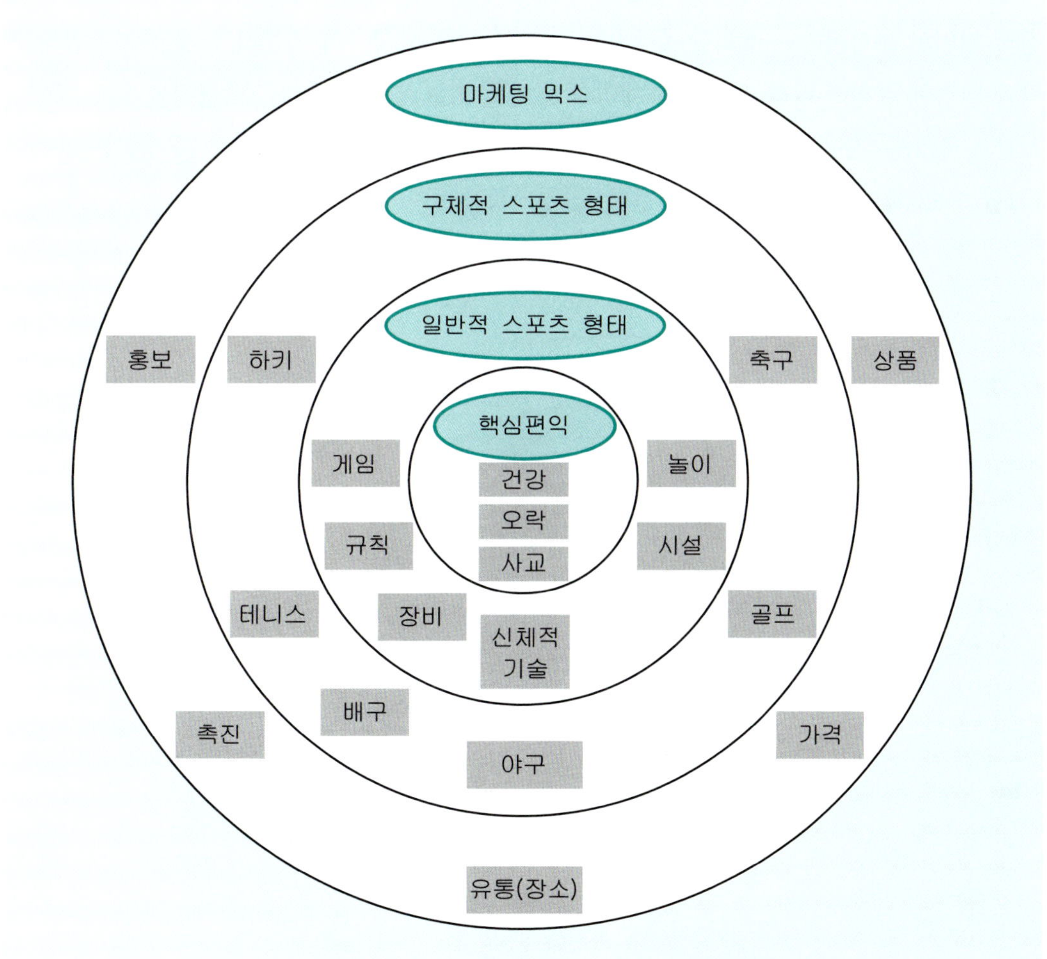


<그림 9-1> 스포츠 상품의 특징적 조합

스포츠만이 가지는 특별한 조합이 스포츠 마케팅에서 가지는 중요성은 〈그림 8-1〉이 설명해주고 있다. 그림을 보면, 스포츠 상품은 소비자들에게 건강, 오락, 사교 등의 기본적인 필요와 욕구를 제공한다. 이러한 핵심편익을 충족시킨 상품이 스포츠인 것이다. 스포츠의 기본적 특징은 정해진 시간과 장소에서 게임의 형태를 띤 특별한 유희성이 가미된 경쟁이다.

특별한 게임의 형태 안에서 일정한 규칙이나 장비를 가지며 신체적 활동을 강조하는 스포츠 상품은 일반적인 형태로 나타난다. 여기에 소비자들의 선호가 관련되면 구체적인 스포츠의 형태로 나타난다. 소비자들의 선호, 특히 소비자의 여가시간 활용의 면에서 소비자들이 선호하는 스포츠는 스포츠 지향적이 된다. 스포츠 지향적인 집단에 속하는 사람들은 자신이 하는 스포츠 이외의 스포츠를 업신여기거나 또는 스포츠 시설(구장)을 일반인이 이용하는 시설과 회원만이 이용하는 시설을 구분하여 이용하기도 한다.

앞에서 설명한 것처럼, 스포츠 상품은 소비자의 만족을 위해 그들이 스포츠에서 원하는 핵심적 편익의 조합이라고 정의할 수 있다. 이러한 스포츠 상품의 기본적 특성은 시공간의 제약과 일정한 규칙에 따라 움직이는 게임의 형태를 띠는 경쟁에 있다. 이 경쟁을 위해 제약된 시간과 장소를 사용하며 규칙이나 장비가 필요한 것이다. 스포츠 상품을 구성하는 수준은 〈그림 9-2〉에서처럼 핵심상품, 유형상품, 부가상품 등이 있다.

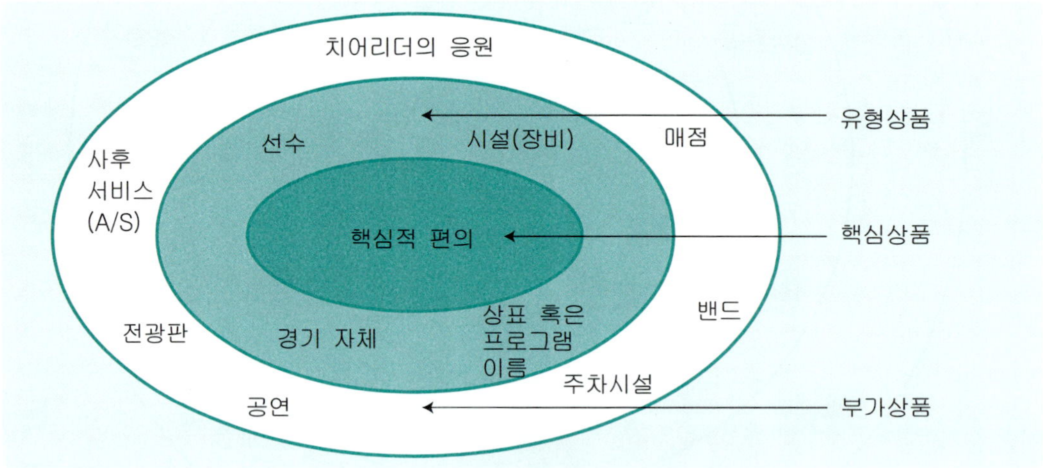


<그림 9-2> 스포츠 상품의 3 수준

## 1. 핵심상품

핵심상품(core product)은 스포츠 상품의 중심에 위치하는 상품으로서, 상품의 존재의미를 나타낸다. 즉 핵심상품이란 소비자가 실제로 추구하는 것이자, 실제로 소비자를 만족시켜주는 핵심이다. 소비자가 스포츠 활동을 위하여 시설에 가면, 그 소비자가 실제로 구매하는 것은 핵심 상품인 것이다.

## 2. 유형상품

유형상품(actual product)은 선수, 스포츠 경기, 시설이나 장비 등을 말한다. 소비자들은 오락 욕구의 충족을 위해 야구 경기나 권투 경기를 소비하며, 사교 욕구의 충족을 위해 헬스나 골프 등의 스포츠 활동을 하는 것이다.

이러한 유형상품은 스포츠 상품(핵심 상품)의 이용을 촉진시켜주는 상품이다. 핵심상품의 구매(이용)에서 유형상품은 구매자에게는 유용하게 작용한다. 소비자가 스포츠 시설에 가게 되면, 그곳에서 소비자의 눈에 보이는 시설과 직원이 유형상품인 것이다.

스포츠 상품이 스포츠 시설마다 비슷하다고 여길수록 상품의 사소한 차이점이 더욱 부각된다. 스포츠 상품에서 눈에 띌만한 차이점의 발견이 어려우면, 고객들은 언뜻 보기에는 대수롭지 않은 것 같은 차이점(예: 실내장식, 명함의 색상 등)에서 뭔가 다르다는 것을 느낀다. 핵심상품의 실질적 차이를 느낄 수 없기 때문에 고객들은 유형상품에서라도 차이점을 찾으려고 한다. 스포츠 상품이 유사할수록 유형상품의 차이점은 중요하게 작용하며, 소비자들은 이 유형상품을 이용하게 된다. 유형상품은 다음의 5가지로 구성된다.

### (1) 스타일링(styling)

스타일링은 스포츠 상품이 주는 독특한 느낌이나 감촉을 의미한다. 스포츠 상품을 소비자들이 따뜻하거나 차갑다고 느끼는 것을 말한다. 최근 들어 일부의 스포츠 시설에서 소비자들에게 쾌적하고 편안한 느낌을 주기 위하여 시설의 입구에서부터 시설의 느낌이 들지 않도록 하고 있다. 대기실과 플라워 하우스는 물론, 은은한 분위기의 인테리어는 방문객들의 육체적 · 정신적 건강과 안정까지도 고려하고 있다.

이처럼, 스타일링은 경기장 또는 체력 단련실, 스포츠 시설, 편의시설, 그리고 서비스가 제공되는 기타 건축물을 통해서 나타난다. 소비자가 보다 친밀해질 수 있고 보다 가까워질 수 있는 스타일의 변화를 모색할 필요가 있다.

### (2) 특징(feature)

특징은 스타일이나 서비스 질의 변화 없이 손쉽게 가감할 수 있는 유형상품의 구성요소를 말한다. 서비스 특징의 개선을 위하여, 영업시간을 연장하거나 고객중심으로 시설을 운영하게 된다. 예를 들어, 최근에 많은 시설들이 이용시간을 저녁 늦게까지 연장하고 있는 것이 그것이다. 이러한 특징을 이용하여, 스포츠 시설은 특정의 세분시장에 보다 가까이 다가갈 수 있고, 경쟁 시설과 스타일링의 차별화를 기할 수 있다. 비용을 거의 들이지 않고서도 서비스의 강점(advantage)을 추가하거나 경감할 수 있다.

### (3) 서비스 질(service quality)

서비스 질은 제공된 상품에 대하여 소비자가 인식한 성과수준을 말한다. 전술한 바와 같이, 스포츠 상품은 특히 가변성이 심하여 그것을 누가 어떻게 전달하느냐에 따라 서비스 질은 달라지기 때문에, 시설은 서비스 질의 수준을 일정하게 유지할 수 있도록 통제할 수 있어야 한다.

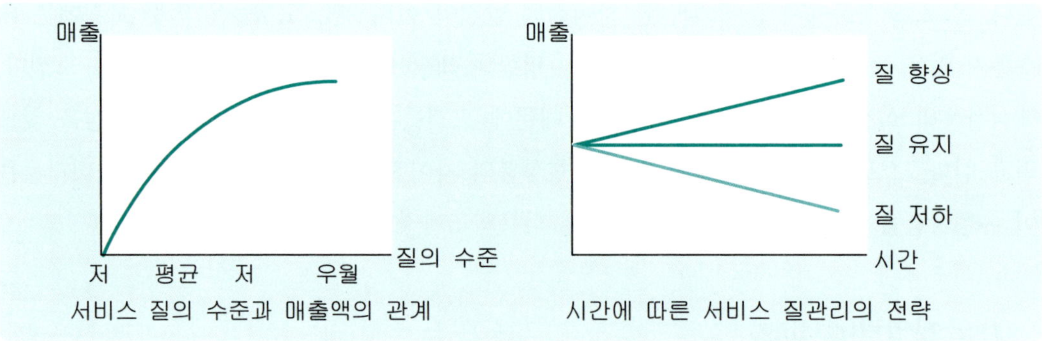


<그림 9-3> 서비스 질 수준의 전략

〈그림 9-3〉은 매출액과 서비스 질 수준간의 관계를 보여준다. 이 곡선은 서비스 질의 수준이 높으면 높을수록 매출액이 증가함을 보여준다. 그러나 너무 높은 수준의 서비스 질은 추가적 매출을 가져다주지 않을 수도 있다. 왜냐하면, 소비자들이 그 서비스가 매우 높은 서비스 질임을 인식하지 못하거나, 또는 그것을 매우 높게 평가하기 않을 수도 있기 때문이다.

### (4) 포장(packaging)

포장이란 상품을 둘러싸고 있는 용기 또는 포장이라고 할 수 있다. 포장이 좋을수록 상품 그 자체가 가지는 것보다 더 많은 가치를 소비자는 인식하게 된다. 예를 들어, 도시지역에서 제공되는 스포츠 상품은 시설이 우수하고 숙련되어 있다는 점에서 더 많은 가치가 인식되며, 시골지역은 도시지역의 시설에 비하여 보다 인간적이고 편리한 점에서 더 많은 가치가 인식될 수 있다.

### (5) 브랜드화(branding)

스포츠 상품은 이름, 기호, 심벌, 로고, 그리고 디자인 등을 통하여 브랜드화 할 수 있다. 브랜드화는 스포츠 시설에게는 가치를 더해주고, 이용자에게는 만족을 가져다준다. 전국의 수많은 스포츠 시설은 브랜화를 통하여 이용자에게 가치를 심어주고 만족을 가져다줄 수 있다.

## 3. 부가상품

부가상품(augmented product)은 유형상품과 마찬가지로, 스포츠 상품의 부수적 상품이지만, 기능과 사명은 유형상품과는 다르다. 유형상품이 핵심 상품의 이용이나 구매를 촉진하는데 이용된다면, 부가상품은 핵심 상품을 경쟁 시설과 차별화 하거나 가치를 증진시키는데 이용된다고 할 수 있다. 부가상품의 주 기능은 스포츠 상품 자체를 차별화 하는 것이라 할 수 있다.

부가상품이 없이도 핵심상품을 제공할 수는 있지만, 부가상품이 있음으로써 핵심상품이 매력적이 되고 경쟁력을 갖추게 된다. 예를 들어, 스포츠의 핵심상품은 건강증진이나 오락추구인 것이다.

이를 위하여 스포츠 시설은 유형상품 외에 이벤트, 시범경기, 밴드, 치어 리더, 구매매점, 전광판 등의 부가상품의 제공을 통하여 핵심상품의 질을 향상시키고 차별화 할 수 있다. 일반적으로 스포츠 상품은 단독으로 사용되는 경우가 더 물고, 부가상품과 연관되어 소비된다. 따라서 스포츠의 핵심상품보다는 부가상품에 의해 스포츠의 소비자가 큰 영향을 받는다.

스포츠 시설은 그들의 유형상품을 소비자의 추가적 요구에 부합되고 경쟁 시설에 대하여 그들의 서비스를 차별화 할 수 있도록 노력하여야 한다. 스포츠 상품의 최종적 결과는 유형상품의 특성과 유형상품에 추가로 제공하는 부가상품에 따라 달라진다.

## 제 2 절 스포츠 상품의 요소

스포츠 상품은 다양한 유무형의 요소로 구성되며, 소비자들이 원하는 완전한 상품을 만들기는 매우 복잡하다. 마케팅 관리자가 어떤 요소가 스포츠 상품을 핵심을 이루는지 결정할 수도 있지만, 궁극적인 결정은 결국 소비자가 하는 것이다. 스포츠 상품을 구성하는 요소들은 다음과 같다.

### 1. 스포츠 경기 자체

대표적인 스포츠 상품은 경기 그 자체이다. 스포츠 상품은 스포츠의 기본적 특성인 유희성(오락)이 가미된 경쟁에서 승자와 패자를 결정지으며, 승리의 전율과 패배의 고통을 대신하여 경험하게 해준다. 그것이 경기 그 자체이다. 또한 스포츠 경기는 소비자를 끌어들이는 기능을 수행한다. 예를 들어, 소비자는 농구를 통하여 스피드, 신체적 접촉, 돈, 명예 등의 스포츠 특유의 특성을 인식한다.

스포츠 경기는 경쟁을 통하여 승리와 패배에 따른 느낌을 간접 경험하고 소비자들을 유인하며 시장을 형성한다. 하지만 스포츠 경기 그 자체로서는 시장 전부를 형성할 수 없다. 스포츠 경기가 완전한 시장을 형성하기 위해서는 스포츠의 특성을 효과적으로 의사소통 할 수 있어야 한다.

모든 스포츠는 팬과 참여자가 요구하는 특성을 가지고 있으며, 이들 특성들이 효과적으로 의사소통 되어야 한다. 그런 면에서 라켓볼은 좋은 예이다. 라켓볼은 배우기 쉽고, 짧은 시간에 집중적 운동을 할 수 있으며, 다양한 매력을 주는 스포츠이다. 라켓볼은 초보자라 하더라도 기술적인 스토로크가 없이 볼을 강하게 치는 것만으로도 즐거움을 만끽할 수 있는 스포츠이다. 이점에서 라켓볼은 활동적으로 움직이지 못하는 여성이나 아이들에게 매력을 주고 있다.

## 2. 이벤트와 스타

스포츠 경기에서 상품은 경기를 수행하는 선수들이다. 선수를 보기 위하여 경기장에 관중들이 모인다. 남자 테니스 경기보다 여자 테니스 경기에, 남자 배구보다 여자 배구경기에 더 많은 관중이 모이는 것은 선수의 플레이를 보기 위한 것이다. 테니스와 배구가 다른 관람 위주의 스포츠 중에서 여성 팬의 비율이 높은 스포츠라는 사실에서 선수의 상품성을 알 수 있다.

따라서 마케팅 관리자는 스타에 대한 투자수익을 계산하여야 한다. 스타가 많을수록 투자수익은 증대된다. 단지 몇 사람의 스타만으로 대회에 임하는 것은 위험하다. 그것은 스포츠 경기에서 부상은 항상 일어날 수 있기 때문이다. 투자수익을 높이기 위해, 마케팅 관리자는 경기 외적인 요소를 이용하여 소비자들을 오래도록 유인하고자 한다. 서울올림픽의 호돌이와 호순이 마스코트와 그것의 복제품이 전형적인 예이다.

## 3. 스포츠 조직과 시설

모든 스포츠는 일정한 시설과 조직을 필요로 하는데, 그것은 그것들이 스포츠 상품의 요소임을 말해준다. 스포츠 시설은 스포츠 조직에 의해 소유되기도 하며 임차되기도 한다. 대부분의 경우, 시설의 소유자는 시설물의 공간을 광고에 이용함으로서 수익을 얻는다. 경기장에 각종 광고판을 설치하여 광고수익을 얻고 있다. 오늘날 경기조직(경기연맹)과 TV 방송국이 경기장 내의 광고를 활성화하기 위한 상호 협력적 관계를 발전시키고 있다.

스포츠 조직 또한 스포츠 상품의 전형적인 예이다. 스포츠 팀의 발전에서 중요한 요소는 팀과 팬의 상호 로열티의 확보이다. 스포츠 팀은 지역사회의 일원으로 그곳에 항상 존재할 것임을 팬들에게 확신시켜 주어야 한다. 스포츠 팀의 공동체(커뮤니티) 관계의 노력과 홍보 등은 팬들의 지지를 발전시키는데 도움이 된다.

## 4. 입장권

입장권은 스포츠 상품의 하나지만, 대부분의 사람들은 그것의 가치를 인식하지 못하고 있다. 입장권은 관중에게 경기를 관람할 수 있는 권리의 제공으로, 좌석의 안내와 구입조건 등에 대한 의사소통의 역할을 수행한다.

이러한 입장권은 스포츠 조직의 촉진도구와 수익원천으로 사용될 수 있다. 미국의 마이너리그 팀들은 입장권의 이면을 기업의 광고지면으로 활용한다. 이들은 기업의 메시지나 상품을 촉진하는 매체로 활용하고 있다. 그리고 패스트푸드 업체들은 경기가 끝난 후 일정기간동안 점포를 이용한 입장권 소유자에게 가격할인이나 사은품을 제공하기도 한다.

최근에는 입장권이 수익을 올리거나 명예를 동반하기도 한다. 올림픽이나 월드컵의 입장권은 그것을 구입한 소유자는 다른 사람들의 찬사와 부러움을 받기도 한다. 이제 입장권은 단순한 상품이 아니라, 대단한 가치를 지니고 있다.

## 5. 스포츠 용품

스포츠 용품은 스포츠 상품의 전형적인 예로서 장비, 의류, 신제품 등을 말한다. 스포츠클럽은 이들 스포츠 용품에 대한 지식과 용도에 대한 정보교환의 장이 되며, 스포츠 용품은 스포츠클럽의 수익원천이 되고 있다. 스포츠 장비는 스포츠 활동을 하는데 필요한 도구로서, 스포츠 참여자가 증가하면서 스포츠 장비의 생산과 소비가 증가하고 있다.

한편 스포츠 의류는 라이선싱 형태로 생산되고 판매된다. 마케팅 관리자는 장비나 의류의 제조업자와 제휴하여 그들의 스포츠 의류에 클럽이나 팀의 로고나 명칭을 새겨서 판매를 한다. 이들 라이선싱 용품들은 대개 모자나 의류가 일반적이어서, 의류가 전체 라이선싱 용품 판매의 60% 이상을 차지한다고 한다.

## 6. 관련 서비스

스포츠 조직은 전형적으로 핵심 상품과 관련된 서비스와 서비스 기회를 제공하고 판매한다. 스포츠의 부가상품, 즉 시범경기, 전광판, 밴드, 치어 리더, 정보제공 등이 그것이다. 본경기에 앞선 시범경기의 진행, 결승전에 진출한 팀의 팬들로부터의 열광적 응원, 유명인의 경기장에 얼굴 내밀기, 스포츠 관련 뉴스와 경기일정의 제공 등 다양하다.

관련서비스의 대부분은 무료이지만, 비용을 부담하는 경우도 있다. 특히 스포츠 정보의 상품으로서의 예는 스포츠 신문이나 인터넷 사이트, 텔레비전 등이 있다. 이들 스포츠 정보는 스포츠 참여자에게 운동 교본으로서의 역할을 수행하기도 한다.

## 7. 직원과 서비스 과정

스포츠의 전달과정은 스포츠 유통의 일부이기도 하지만 스포츠 상품의 구성요소가 되기도 한다. 스포츠 상품은 직원을 통하여 제공되며, 이들의 서비스 과정은 스포츠 마케팅에서 매우 중요하다. 고객은 서비스하는 직원의 태도를 보고 스포츠 조직을 판단하는 경향이 있다.

가령, 스포츠 이벤트에서 판촉용 사은품을 받으러 갔다가 자신에게 맞지 않는 크기의 사은품을 받거나 또는 물건이 다 떨어졌다며 죄송합니다 라는 말을 들었다고 하자. 이러한 서투른 방법이나 불친절한 행동은 고객을 상실하는 엄청난 손실을 초래한다. 소비자의 눈에는 직원의 서비스 과정이 상품과 밀접하게 관련된 것으로 보인다.

스포츠 조직의 직원과 접촉하지 않고서는 스포츠상품에 접근할 수 없을 정도로, 모든 스포츠는 접촉스포츠라고도 한다. 이는 스포츠의 전달과정에서 직원의 서비스가 그만큼 중요하기 때문이다. 볼링장과 그곳의 관리자에 대하여 한 전문가는 다음과 같이 충고한다. 이 충고는 다른 스포츠에서도 적용될 수 있을 것이다.

- 진심으로 감사하는 마음을 가지고 모범적 예절을 보인다. 심지어 고객이 상품의 교환을 요구할 경우에도 동일한 행동을 한다.
- 고객이 기대하는 이상의 서비스를 제공하여 고객만족을 유도한다.
- 항상 능동적으로 행동하여, 고객이 묻기 전에 도움을 주고 문제가 발생하는 즉시 해결한다.
- 고객이 불만을 토로할 수 있는 분위기를 조성한다.
- 직원의 교육과정과 훈련과정은 조직 전체에 반영시킨다.

## 제 3 절 신상품의 개발과 수용

상품개발이란 새로운 상품을 만들어내는 일이다. 스포츠 마케팅에서 상품개발은 매우 중요하다. 신상품은 스포츠 조직의 사업에 많은 영향을 미치기 때문이다. 무엇보다도 스포츠 조직은 소비자들의 변화하는 욕구를 충족시키기 위해서는 신상품을 개발하지 않으면 안 된다. 또한 스포츠 상품의 구색을 갖추기 위해서도 신상품의 개발되어야 한다.

일반적으로 상품개발은 기존상품에 대한 혁신(innovation)을 의미하는 것으로, 다음의 6 범주가 스포츠 상품의 개발에 속한다. 첫째는 시장이 형성된 적이 없는 전혀 새로운 상품의 개발이다. 예를 들어, 스카이 서핑이나 번지점프 등은 모험스포츠라는 새로운 시장에 새로운 상품을 도입한 경우이다.

둘째는 사업의 개시이다. 예를 들어, 여자프로농구의 출범은 남자프로농구가 출범한 이듬해에 새로이 사업을 시작한 경우이다. 기존의 프로농구시장에 여자 프로농구라는 상품을 개발한 경우이다.

셋째는 상품의 전달방식의 변경이다. 예를 들어, 농구의 3점 슛은 슛 하나에 3점을 주는 방식으로 종전의 2점을 주던 방식에 새로이 추가한 경우이다.

넷째는 기존시장에서 신상품의 개발이다. 예를 들어, 관람스포츠의 경기장 내에서 맥주를 판매하는 경우이다. 이 방법이 두 번째의 사업의 개시와 다른 점은 기존시장에 새로운 상품의 도입여부에 있다. 여자프로농구의 경우와는 달리 경기장에서의 맥주판매는 새로운 상품의 도입에 해당한다.

다섯째, 기존상품의 개선이다. 예를 들어, 프로구단에서 우수한 선수의 영입과 발굴을 하는 경우이다. 이 제도는 기존의 선수선발 제도를 보완한 상품개발인 것이다.

여섯째, 스타일의 변화이다. 예를 들어, 소속 선수들의 유니폼을 변경하거나 입장권의 디자인을 변경하는 경우이다. 스타일의 변화를 통해 스포츠 조직은 소비자들에게 새로운 인상을 심어줄 수 있다,

## 1. 상품개발의 단계

스포츠 조직이 성장하기 위해서는 고객욕구에 부응할 수 있는 새로운 상품을 지속적으로 개발하여야 한다. 새로이 설계된 상품 컨셉이 기존의 상품과 다르다고 하여 모든 상품이 시장에서 성공하는 것은 아니다. 새로이 개발된 상품이 고객으로부터 좋은 반응을 받지 못하면 시장에서 사라지고 만다.

시장에 도입된 새로운 상품이 성공하기 위해서는 무엇보다도 기존의 상품과는 다른 독특한 상품 컨셉과 그것을 전달할 수 있는 표적시장이 선정되어야 한다. 신상품에서 독특한 상품 컨셉과 표적시장을 알 수 있어야 한다.

이 외에도, 새로운 상품이 기존의 상품과 중복되지 않도록 하고, 시기에 앞서서 혁신이 이루어지고, 상품의 전달 과정상의 문제점과 그것의 측정이 이루어져야 한다. 그러나 여기에서 중요한 사실은, 독특한 상품 컨셉이 고객으로 하여금 그것을 인식할 수 있도록 하여야 하고, 이를 위한 마케팅이념의 효과적인 적용이 필요하다는 점이다.

새로운 상품의 독특한 컨셉을 고객이 인식할 수가 없고, 그것을 전달할 표적시장을 잘못 선정하고, 상품의 전달과정상의 문제점을 파악하고 개선하지 못하면 새로운 상품은 시장에서 성공할 수가 없다. 새로운 상품이 시장에서 성공하기 위해서는 〈그림 9-4〉와 같이, 다음의 3단계로 상품개발이 이루어져야 한다.

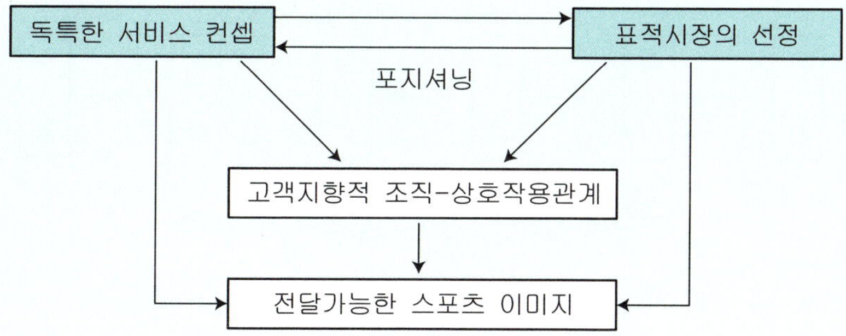


<그림 9-4> 새로운 상품의 개발

1 단계는 독특한 상품 컨셉의 구현과 표적시장의 선정이다. 기존의 상품과는 차별화 되는 독특한 상품 컨셉을 올바르게 선정된 표적시장에서 고객이 인식할 수 있도록 효과적인 마케

팅활동이 이루어져야 한다.

2 단계는 고객 지향적 조직의 구성이다. 새로운 상품을 고객에게 전달하기 위해서는 시설의 직원과 고객 간의 상호작용을 통하여 일관성을 유지할 수 있고 상품을 반복적으로 전달할 수 있는 전달시스템의 구축이 필요한 것이다. 이는 시장에서 자리(위치)를 정하는 상품의 포지셔닝을 통하여 이루어진다.

세 번째 단계는 전달 가능한 상품의 이미지 형성이다. 소비자가 기억을 분명하면서도 용이하게 할 수 있도록 하는 상품 이미지의 형성이 필요하다. 이는 스포츠 시설과 고객 간의 원활한 커뮤니케이션을 통하여 가능하다.

## 2. 신상품의 수용

새로운 상품이 시장에 도입되어도 소비자들이 그것을 이용하기까지에는 상당한 시간이 소요된다. 소비자가 새로운 상품을 수용하기 위해서는 그것에 대한 의사결정이 필요한데, 이 구매의사결정을 내리기까지 상당한 시간이 소요된다.

새로운 상품의 구매결정을 빨리 내리는 소비자는 그것을 빨리 수용할 것이며, 그렇지 않은 소비자는 그만큼 수용이 늦어질 것이다. 새로운 상품이 시장에 도입되었을 때 그것을 구매하기로 의사결정을 하는 심리적 과정을 우리는 수용이라고 한다.

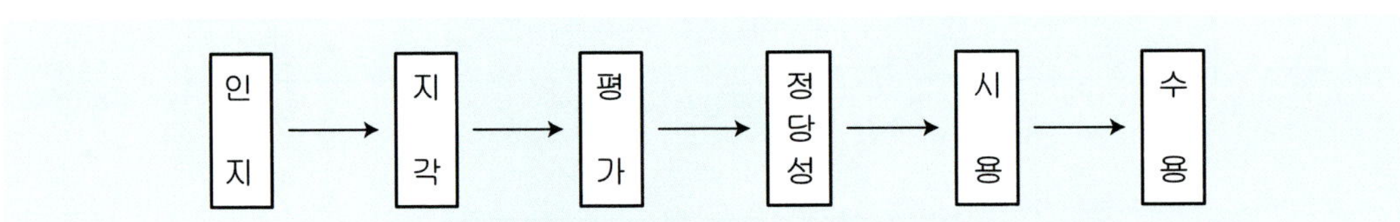


<그림 9-5> 새로운 상품의 수용단계

〈그림 9-5〉에서 보는 바와 같이, 새로운 상품이 시장에 도입되면 그것의 존재를 알고(認知), 그것이 어떤 편익을 주는 상품인지를 판단하여(知覺), 시설이 제공하는 정보를 가지고 그것을 이용할 가치가 있는지를 판단하고(評價), 그것에 대하여 나름대로의 정당성을 부여하여, 평가한 내용에 대한 실제경험을 통하여 그것의 가치를 확인하고(試用), 실제경험을 토대로 그것에 대한 최종평가(수용 또는 기각)를 하게 된다.

그림에서 3번째 단계인 평가가 새로운 상품에 대한 "개념적 평가"라고 한다면, 수용단계는 그것에 대한 "경험적 평가"라고 할 수 있다. 경험적 평가를 토대로 소비자는 새로운 상품에 대한 태도를 결정하게 된다.

소비자가 새로운 상품을 수용하는 데에는 시간이 소요되며, 그 시간의 흐름에 따라 새로운 상품을 수용하려는 사람의 수가 다르게 나타난다. 새로운 상품이 시장에 도입된 초기에는 소수의 소비자들만이 그것을 이용하지만, 시간이 흐름에 따라 일정시간까지는 점차 수용자의 수가 증가하다가, 일정시간 이후부터는 수용자의 수가 감소한다. 새로운 상품의 수용곡선은 〈그림 9-6〉과 같이 S자형을 이룬다.

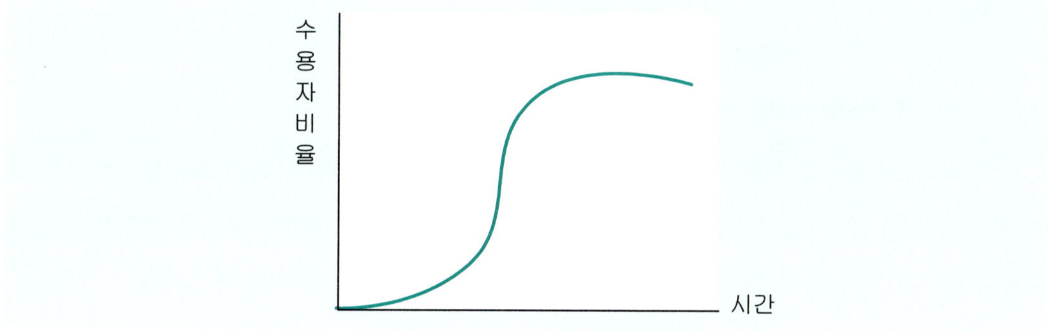


<그림 9-6> S자형 수용곡선

소비자들이 새로운 상품을 수용하는 시점에 따른 수용자의 범주는 〈그림 9-7〉와 같다. 혁신자, 조기수용자, 조기다수, 후기다수, 느림보의 5 집단으로 나누어 질 수 있다. 5개의 소비자 집단을 간략히 설명하면 다음과 같다.

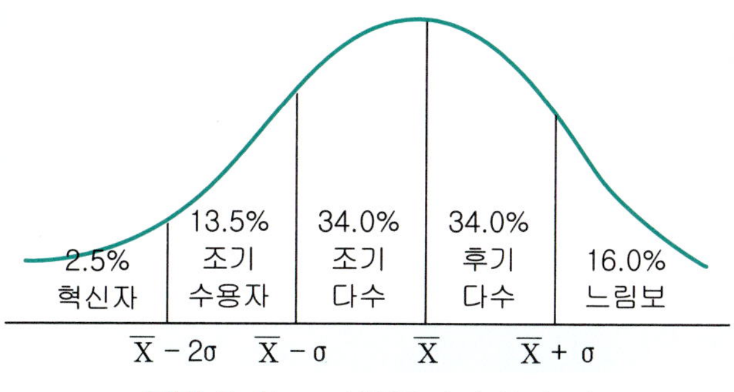


<그림 9-7> 신상품의 수용자 범주

### (1) 혁신자(innovators)

새로운 아이디어와 새로운 상품을 열심히 받아들이는 집단으로, 전체 수용자의 2.5 %에 해당한다. 이들은 고소득 · 고학력의 소유자로서 보다 적극적이다. 또한 집단규범에 덜 의존하며 자신을 과신하는 경향이 있다. 이들은 스포츠 자료나 전문가들로부터 정보를 획득한다.

### (2) 조기 수용자(early adopters)

조기 수용자는 전체 수용자의 13.5 %에 해당한다. 이들은 상품수명주기의 초기에 수용한다. 이들은 집단규범이나 가치에 보다 의존적이다. 또한 이들은 집단에 밀접한 영향을 주기 때문에 의견 선도적이다.

### (3) 조기 다수자(early majority)

조기 다수자는 전체 수용자의 34 %에 해당한다. 이들은 새로운 상품을 수용하는데 신중을 기하는 경향이 있다. 많은 정보를 수집하여 많은 브랜드를 평가하기 때문에 새로운 상품의 수용과정이 비교적 오래 걸린다. 이들은 새로운 상품의 정보를 집단에 의존한다.

### (4) 후기 다수자(late majority)

후기 다수자 역시 전체 수용자의 34 %에 해당한다. 이들은 새로운 상품을 수용하는데에 회의적인 경향이 있다. 이들은 주변 친구의 대부분이 이미 수용한 이후에 수용한다. 또한 이들은 집단규범에 의존하므로 새로운 상품의 수용은 집단규범과의 일치에 대한 압력의 결과이다. 이 집단은 비교적 나이가 많고 소득과 학력이 평균적으로 낮다. 이들은 대중매체보다는 구전(mouth to mouth)에 주로 의존한다.

### (5) 느림보 집단(laggards)

느림보 집단은 전체 수용자의 16 %에 해당한다. 이들은 혁신자처럼 집단규범에 의존하지는 않으므로 새로운 상품의 수용은 전통(과거의 조건)에 의하여 이루어지는 경향이 있다. 이들이 새로운 상품을 수용할 시기에는 그것이 다른 것에 의해 교체되게 되는 시기이다. 이들은 최하의 사회경제적 신분이다.

## 3. 스포츠 상품의 믹스

마케팅 관리자는 스포츠 상품을 개발하는 과정에서 상품믹스의 개발을 이해하고 있어야 한다. 대개의 스포츠 용품의 제조업자는 다수의 스포츠 상품을 생산한다. 스포츠 용품의 제조업자가 그것들을 상품계열(product line)과 상품품목(product item)으로 구성되는 집합으로 나타낼 때, 그 상품들은 소비자들에게 유용해진다.

상품믹스란 스포츠 용품의 제조업자가 고객에게 유용하도록 모든 상품계열과 상품품목을 나타낸 집합이라고 할 수 있다. 상품계열은 상품믹스 내의 상품집단을 말하고, 상품품목은 상품믹스 내에서의 명확한 단위를 말한다.

<표 9-1> 스케이트 용품점의 상품믹스

| | 스케이트 | 스틱 | 보호대 | 장갑 |
|---|---|---|---|---|
| 서비스 품목A | 가죽 | 나무 | 어깨 | 정규용 |
| 서비스 품목B | 주형 | 유리섬유 | 턱 | 골키퍼용 |
| 서비스 품목C | 아이스하키 | 흑연 | 골키퍼 | |
| 서비스 품목D | 피겨 | 골키퍼 | | |

깊이

폭(width)

예를 들어, 빙상경기장 내의 스케이트 용품점의 상품믹스를 보면 〈표 9-1〉와 같다. 스케이트 용품의 상품라인은 스케이트, 스틱, 보호대, 장갑 등이 있고, 상품계열에는 각각의 라인별로 다른 항목들이 있을 수 있다. 스케이트는 스피드 스케이트 선수용이나, 아이스하키 스케이트 선수용이나 또는 골키퍼용이냐 피겨스케이트 선수용이냐 등에 따라 가죽 또는 주물로 된 상품이 있다.

스케이트 용품의 상품믹스를 그림에서 보면, 상품계열은 4개이고, 상품품목은 4개이어서, 상품믹스의 평균 깊이는 13/4가 된다. 여기에서, 평균깊이가 13/4라 함은 상품계열 당 평균 13/4개의 상표로 구성되어 있음을 말한다.

일반적으로, 상품계열이 추가되면 스포츠 용품점은 안정성을 추구하는 것이 되고, 상품품목이 증가하면 스포츠 용품점은 수익성을 추구하는 것이 된다, 스포츠 용품점이 어느 정도의 수익성(안정성)을 추구하느냐에 따라 상품계열과 상품품목의 믹스가 달라진다. 스포츠 용품점의 성장률은 상품계열과 상품품목의 믹스를 통하여 나타나게 된다.

### (1) 상품계열의 길이

상품계열은 상품계열의 길이와 넓이로 구성된다. 상품계열의 길이는 특정 상품 내의 품목의 수를 말한다. 상품계열의 관리자는 상품계열을 구성하는 상표들의 수익성과 경쟁력을 분석한 후에, 새로운 상표를 추가하거나 폐지하는 등의 의사결정을 하게 된다.

이 경우, 최고경영자는 시장점유율 증대와 수익성 중에서 어디에 우선순위를 두는가에 따라, 상품계열의 길이가 달라진다. 어떤 상품계열에 어떤 상품품목을 추가하면, 상품계열의 길이가 확대되는 것이다. 상품계열의 길이를 확대하는 이유로서 다음의 2가지를 들 수 있다.

- 추가 이익의 기회가 있을 때
- 기존 설비(기기)의 활용을 위하여

### (2) 상품계열의 넓이

한편, 상품계열의 넓이는 특정 상품계열의 특정 상품품목의 수가 증가하는 것을 말한다. 예를 들어, 어떤 상품계열에서, 기존의 상품에 다른 상품을 새로이 추가하는 것을 말한다. 이 경우, 추가되는 신상품이 기존의 상품보다도 고가격-고품질의 상품이라면 상향적 확대전략이 된다. 반대로, 추가되는 신상품이 기존의 상품보다도 저가격-저품질의 상품이라면 하향적 확대전략이 된다. 일반적으로 상향적 확대전략을 추구하는 이유는 다음과 같다.

- 시장이 급격히 성장하는 경우
- 높은 마진을 얻기 위하여
- 다양한 품목을 취급하기 위하여

# 제 4 절 스포츠 상품의 수명주기

## 1. 상품수명주기

상품의 특성과 마케팅 전략이 항상 어느 때던지 최적일 수는 없다. 경제환경과 시장환경의 변화에 따라서 상품의 특성과 마케팅 전략을 조정하지 않으면 안 된다. 다시 말하면,상품의 특성과 마케팅 전략은 상품수명주기(Product Life Cycle)의 개념에 따라 조정이 이루어져야 한다.

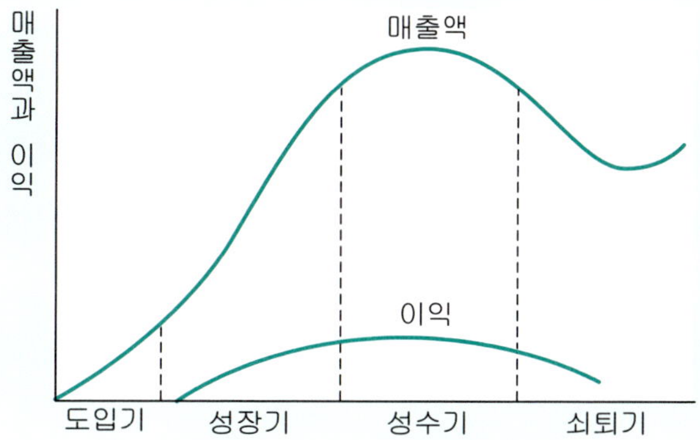


<그림 9-8> 상품수명주기

상품수명주기에 의하면, 상품도 생물학상의 수명주기를 가진다고 보고 있다. 인간이 태어나면 늙고 병들고 죽어가듯이, 스포츠 상품도 도입기, 성장기, 성숙기, 쇠퇴기 등의 과정을 거치게 된다. 상품수명주기의 전통적인 곡선은 〈그림 9-8〉과 같은 S자형을 이룬다. 상품수명주기의 단계별 특징은 〈표 9-2〉와 같다.

<표 9-2> 상품수명주기의 단계별 특징

| | 도입기 | 성장기 | 성숙기 | 쇠퇴기 |
|---|---|---|---|---|
| 매출 | 적음 | 고성장 | 저성장 | 쇠퇴 |
| 원가 | 높음 | 낮아짐 | 낮음 | 낮음 |
| 이익 | 마이너스 | 높아짐 | 많음 | 더 낮아짐 |
| 고객 | 혁신층 | 조기수용자 | 후기다수자 | 보수층 |
| 경쟁자 | 소수 | 증가 | 다수 | 감소 |

### (1) 도입기(introduction stage)

도입기는 소비자에게 유용한 새로운 상품이 시장에 맨 처음 도입되는 단계이다. 시장에 출시된 새로운 상품이 소비자의 반응을 얻기까지에는 상당한 시간이 소요되므로, 매출은 매우 적으며 가격 또한 매우 높다. 새로운 상품의 높은 가격으로 고소득층과 혁신자만이 그것을 이용하게 된다. 게다가 적정한 규모 이하의 생산과 한정된 매출로 비용이 이익을 초과하여, 이익은 마이너스가 된다. 도입기에는 새로운 상품의 수요는 한정되어 있어, 처음부터 많은 수요를 기대하기 어렵다. 도입기에 새로운 상품의 수요가 적다고 하여, 그것이 새롭지 않는 것으로 성급한 판단을 내려서는 안 된다.

### (2) 성장기(growth stage)

성장기는 시장에 출시된 새로운 상품이 소비자의 반응을 얻으면서 매출이 급증하는 단계이다. 매출이 급증함에 따라 상품의 생산 역시 급증하게 되어, 가격은 도입기보다 현저하게 낮아진다. 생산량과 매출의 급격한 증가로, 이익이 비용을 초과하여 최대의 이익이 실현된다.

### (3) 성숙기(maturity stage)

성숙기에는 급격히 매출이 증가하던 상품이 완만한 성장률을 보이다가, 서서히 떨어지기 시작하는 단계이다. 성숙기는 앞의 두 단계들보다 오랫동안 지속되는 경향이 있다. 매출증가는 둔화되고 마케팅비용은 급증하여, 이익은 성장기보다 급격하게 하락하게 된다. 매출이 줄어들고 구매자 또한 감소하게 되어, 스포츠 용품점(또는 스포츠 시설)간의 경쟁은 심화되고 원가는 최저로 떨어지게 된다. 성숙기에는 매출이 서서히 줄어들기 시작하므로, 이때부터 쇠퇴기에 대비하여야 한다.

### (4) 쇠퇴기(decline stage)

쇠퇴기는 상품의 매출이 급격히 하락하는 단계이다. 한때 성숙기를 누렸던 상품이 소비자 취향의 변화 또는 기술적 진보에 의한 대체상품의 출현으로 점차 쇠퇴하게 된다. 상품이 쇠퇴기에 접어들면, 스포츠 용품점은 시장에서 그것의 철수 여부와 시기를 결정하지 않으면 안 된다.

## 2. 상품수명주기의 변형

일반적인 상품수명주기는 S자 곡선을 이루지만, 여러 요인에 따라 다양한 변형된 곡선을 보이기도 한다. 상품요인이나 마케팅 환경요인에 따라 상품수명주기의 길이와 형태가 달라진다(〈그림 9-9〉 참조).

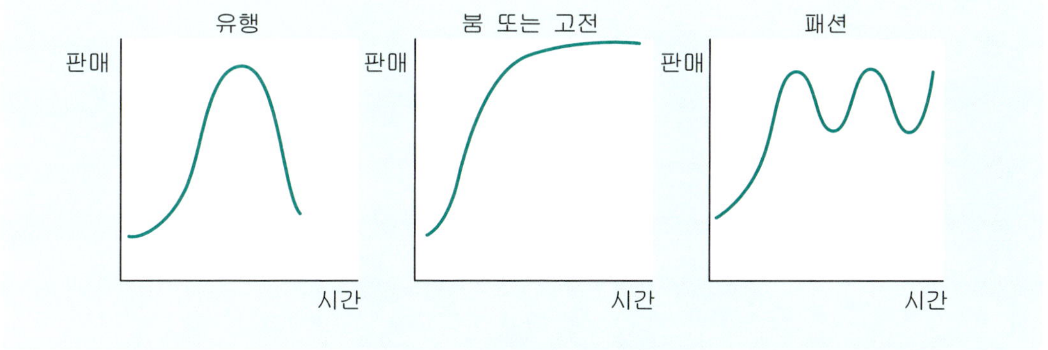


<그림 9-9> 상품수명주기의 변형

먼저, 성장기 이후 곧바로 쇠퇴기로 떨어지는 경우로서, 유행을 타는 상품이 여기에 해당한다. 예를 들어, 1986년 서울 아시안게임의 탁구경기에서 한국 팀이 우승한 이후, 탁구 라켓의 수요가 급증하다가 얼마 안 되어 수요가 급감한 사례가 있다.

둘째는 성숙기에 오랫동안 머물러 있는 경우로서, 미국의 야구용품은 비교적 성숙기에 오랫동안 머물러 있다.

셋째는 상품수명주기의 곡선이 수시로 변화하는 경우로서, 계절을 타는 스포츠가 여기에 해당한다. 대부분의 스포츠는 일 년 내내 경기가 이루어지지 않고 계절별로 이루어지는 경향이 있다.

넷째는 상품의 재질에 따라 상품수명주기가 달라진다. 예를 들어, 골프 용품은 타이타늄 우드, 메탈 우드, 일반 우드 등 3가지로 구분된다. 현재 타이타늄 우드는 성장기에 있지만, 메탈 우드는 성숙기에 있으며, 일반 우드는 쇠퇴기에 있다고 할 수 있다.

# 10

# 스포츠 가격

## 제 1 절 가격결정의 이해

### 1. 가격결정의 목적

가격을 결정하는 목적은 이윤의 극대화, 수입의 극대화, 이용의 극대화, 공중관계의 증진 등 4가지가 있다. 먼저 이윤의 극대화이다.

이윤은 총수입에서 총비용의 공제한 금액으로, 총수입이 총비용보다 클 때 이윤이 창출된다. 이윤의 창출은 총수입에 달려있고, 총수입은 가격에 의해 결정된다. 가격을 얼마로 결정하느냐에 따라 총수입의 규모는 달라진다. 대개의 경우, 영리성의 스포츠 시설은 이윤을 극대화할 수 있는 선에서 가격을 결정한다.

다음은 수입의 극대화이다. 스포츠 시설의 전형적인 수입은 시설의 제공(임대)를 통한 수입극대화에 있다. 시설의 이용에 따른 순수입의 극대화는 시설을 이용하는 고객 수를 극대화함으로써 가능하다. 마케팅의 관점에서 보면, 이는 단순한 고객 수의 증가가 아니라, 시설의 재정에 가장 매력적인 고객의 유치를 극대화하는 것이다.

그리고 스포츠 시설은 이용의 극대화를 추구할 수도 있다. 시설의 이용에 따른 순수입의 극대화는 이용의 극대화를 필연적으로 수반한다. 한번 이용한 고객을 다음번에도 이용하게 함으로써 수입극대화를 기할 수 있다. 특정 시설을 다시 이용하는 고객에게 가격을 인하하거나 할인해줌으로써, 재이용의 증대를 기할 수 있다.

끝으로 공중관계의 증진이다. 어떤 스포츠 조직은 공중관계 증진에 목적을 두고 가격결정을 하기도 한다. 시설의 이용률은 가격보다는 공중의 영향을 더 많이 받기 때문이다. 공중의 관점에서 운영하는 스포츠 조직들은 그들의 가격을 공중이 어떻게 보는지 생각해야 한다. 만일, 시설의 이용률이 그것의 홍보가치 때문에 낮은 수준이라면, 그 조직은 그러한 홍보의 영향을 받지 않는 다른 상품의 가격을 인상함으로써 보상할 수도 있다. 가격의 변화는 공중관계의 목적에 따라 이루어질 필요가 있다.

## 2. 가격결정의 복잡성

스포츠 가격의 결정은 시장의 지불능력에 달려있다. 시장이 얼마의 가격을 지불할 것인가에 따라 스포츠 가격은 결정된다. 스포츠 가격은 소비자들이 스포츠 상품의 구매를 위해 기꺼이 지불할 수 있는 것과 관련된 수치이다. 소비자들이 프로농구의 경기를 보기 위해 가격을 지불할 준비가 되어 있지 않다면, 그들은 그 경기를 보지 않을 것이다.

그러나 프로농구연맹은 프로농구의 여러 가지 대체물이 있음을 알아야 한다. 소비자들의 오락비용을 두고 프로농구와 경쟁을 할 수 있는 여러 스포츠 종목이나 영화, 연극, 레스토랑, 다른 오락 형태 등 수많은 스포츠 경기의 대체물이 있다.

이들 모두가 소비자의 오락비용을 두고 경쟁을 벌이는 것이다. 따라서 스포츠 조직은 이들 대체상품의 가격과 가능성을 고려하여 가격을 결정하지 않으면 안 된다. 스포츠는 너무나 복잡한 상품인 것이다.

스포츠 마케팅 관리자들은 자신이 속한 스포츠가 다른 종목의 스포츠와 비교했을 경우, 경쟁력이 있는지 그리고 어떻게 보이는지를 결정해야 한다. 농구가 다른 스포츠와 비교하여 더 가치가 있는 것으로 본다면, 프로농구연맹(스포츠 조직)은 상대적으로 높은 가격을 결정할 수 있다. 스포츠 상품의 경쟁력은 스포츠 소비자의 대한 훌륭한 인구통계 정보를 통해 알 수 있으며, 해당 스포츠를 어떻게 보는지는 여론조사를 통해 알 수 있다.

스포츠 조직은 경쟁이 심하지 않은 지역에서는 더 많은 가격결정의 자율권을 가질 수 있다. 만일 특정 지역에서 경쟁할 주요 스포츠 팀이나 다른 오락시설이 없다면, 마케팅 관리자는 해당 지역의 스포츠 가격을 보다 높게 결정할 수 있다.

이처럼, 스포츠 마케팅 관리자는 대체상품의 가격을 고려한 다음에, 해당 스포츠의 가격을 결정하여야 한다. 이러한 논의의 전략은 가격을 결정하고, 시장침투의 가격결정과 고가격 전략, 조달시간(소요시간), 사용자의 세분화, 시간과 장소의 세분화 등에 사용될 수 있다. 가격이 홍보와 촉진에 많은 영향을 준다는 점에서 가격결정은 중요하다.

## 3. 스포츠의 가격과 가치

마케팅에서 소비자의 지각은 중요하다. 일반적으로 스포츠 가격은 스포츠의 가치에 비례하는 경향이 있다. 스포츠의 가격이 높을수록, 소비자들은 그것의 가치가 높은 것으로 생각한다. 반대로 스포츠의 가격이 낮으면, 그것의 가치 또한 낮은 것으로 생각하는 경향이 있다.

이처럼 가격결정에서 소비자의 가치인식은 중요하다. 스포츠에 대한 소비자의 가치를 높이기 위해서는 가격을 높게 책정해야 하지만, 시장침투를 위해서는 낮게 결정해야 한다. 가격은 마케팅에서 자주 조작이 가능한 마케팅믹스 변수의 하나이다. 스포츠 상품의 마케팅에서 가격이 자주 조작(조정)이 가능한 이유는 다음과 같다.

- 가격의 변경이 용이하다.
- 특정 시장에서는 가격이 가장 효과적인 도구이다.
- 가격은 소비자의 눈에 가장 잘 보인다.

미국에서 신생 스포츠리그들은 고객의 유치(확보)를 위해 입장권 가격을 낮게 설정하였다. 그 결과, 소비자들은 그들의 상품가치를 낮은 것으로 인식하여, 이점을 극복하는데 많은 어려움을 겪었다고 한다. 특히 이들 리그와 기존의 리그가 비교가 가능하여 낮은 가치의 인식은 치명적인 실수이었다.

이와 대비되는 경우를 보자. 어떤 스포츠 조직이 처음에는 스포츠의 관람을 무료로 하였다가 뒤에 다른 경기장으로 옮겨가면서 쿠폰을 가져오면 무료로 입장을 할 수 있다는 광고를 시작하면서 많은 관중이 몰려들었다. 쿠폰을 가진 팬은 입장료를 면제받을 수 있지만, 이는 결국 입장료를 부과함으로서 상품에 가치를 부여한 것이 된다.

그리고 다음의 사항들은 조직의 본질(사설조직 또는 공공조직, 영리조직 또는 비영리조직)에 따라 마케팅 관리자들에게 영향을 미친다.

- 자원의 효율적 이용
- 소비자의 참여기회(참여확대)
- 사용자의 태도(긍정적 태도)
- 최대한의 상품노출
- 조직의 수익성

## 4. 스포츠 가격의 특성

스포츠 상품은 다른 상품과는 다른 특성을 가지고 있어, 가격에서도 다른 특성을 가지고 있다. 스포츠 상품의 가격은 다음과 같은 특성을 지니고 있다.

- 스포츠 가격은 탄력적인 시장 상황에서 매우 쉽게 변경될 수 있다.
- 스포츠 가격은 마케팅 믹스 중에서 가장 강력한 경쟁도구이다.
- 스포츠 가격은 소비자에게 매우 빠르게 전달되어 인식을 변화시킨다.
- 스포츠 가격은 모방하기가 쉽다.
- 스포츠 가격은 정형화된 일정한 체계의 구축이 어렵다.
- 스포츠 가격은 비교적 변동의 폭이 크다.
- 스포츠 가격은 예기치 않은 상황에 의해 결정될 수 있다.

# 제 2 절 가격결정의 방법

가격결정의 방법에는 3가지 – 원가중심의 가격결정, 수요중심의 가격결정, 그리고 경쟁중심의 가격결정 – 가 있다. 가격을 결정하는 방법으로 3가지가 있지만 실제로는 그중 어느 하나에 중점을 두는 가격결정을 하기는 매우 어렵다. 그것은 원가, 수요, 경쟁 중에서 가장 민감하게 변화하는 가격요소를 살펴보지 않으면 안되기 때문이다.

원가 중심의 가격결정 방법은 시대에 뒤떨어진 것이 되었으며, 지금은 소비자가 지각하는 가치를 기준으로 가격을 결정하고 그것에 입각하여 설계 · 운영 · 촉진방법을 결정하여야 성공을 기할 수 있다. 일반적으로 가격의 범위에는 〈그림 10–1〉에서처럼, 다양한 요소들이 있다. 이들 중에서 운영비용, 경쟁가격, 소비자의 지각가격 등은 가격설정의 범위에 포함되어야 할 중요한 요소들이다.

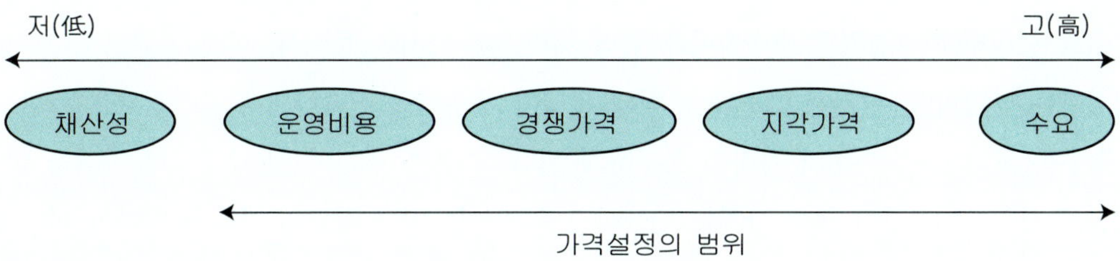


<그림 10–1> 가격의 범위

## 1. 원가 중심의 가격결정

원가 중심의 가격결정은 원가(cost)에 목표이익을 가산하여 가격을 결정하는 방법이다. 이 방법에 의하면, 원가가 비슷하면 가격 또한 비슷하게 된다. 하지만 스포츠 조직의 경우, 원가가 비슷하여도 가격이 비슷하지 않다.

따라서 가격은 원가를 중심으로 결정하는 방법이 곤란하다고 할 수 있다. 가격의 결정이 원가를 중심으로 이루어질 수 없는 데에는 몇 가지 이유가 있다. 첫째는 스포츠 상품은 단위당 원가의 구성내용이 명확하지 않고, 대면접촉에 의하여 가격이 결정되는 경향이 많기 때문이다. 둘째는 스포츠 상품은 효용 내지 편익을 구매하는 것이어서, 이는 가치와 마찬가지로 고객과 경쟁의 정도에 의하여 결정되기 때문이다. 셋째는 스포츠 상품은 저장이 불가능하기 때문에 가격의 변화가 심한 편이다.

그런데 스포츠 상품의 원가를 구성하는 요소는 상품의 유형에 따라 다르다. 참여스포츠 상품의 경우, 원가를 구성하는 요소로는 시설건축비, 인건비, 시설유지비, 장비구입비, 장비유지비, 제세공과금 등이 있다. 이 중 시설과 관련된 비용이 가장 큰 비중을 차지한다.

관람스포츠 상품의 경우, 원가를 구성하는 요소로는 선수 및 감독 등 팀 구성원에 대한 인건비(선수 연봉, 감독 및 코치 연봉), 팀 운영비, 경기장 사용료, 제세공과금 등이 있다. 이 중 선수 및 감독의 연봉이 가장 큰 비중을 차지한다.

그리고 스포츠 용품의 경우, 원가를 구성하는 요소로는 재료비, 인건비, 유통물류비, 기계 및 장비의 구입 및 유지비, 제세공과금 등이 있다.

## 2. 수요 중심의 가격결정

수요 중심의 가격결정은 소비자에게 특정 서비스의 가치를 물어서, 이를 기준으로 가격을 결정하는 방법이다. 따라서 스포츠 조직의 관행이 우수하고 신속하며 감응적인 서비스를 제공할수록 보다 높은 수준의 가격을 청구하게 된다. 스포츠 조직이 어느 정도의 가격을 받아야 하는가? 소비자들이 높은 가치를 인식하기 위해서는 어느 정도의 가격을 받아야 하는가?

재미있는 점은, 소비자들은 가격과 스포츠 질을 동등시한다는 점이다. 가격의 수준이 높으면 스포츠 질도 우수하고, 가격의 수준이 낮으면 스포츠 질은 형편없다고 여긴다는 점이다. 만일, 고객이 높은 수준의 서비스를 받기를 원한다면, 그들은 그 가격의 수준에 맞는 스포츠 상품을 선택할 것이다. 그렇다고 하여, 가격을 높게만 책정할 수는 없다. 높은 수준의 가격은 스포츠 시장을 제한할 것이고, 낮은 수준의 가격은 열악한 스포츠 질을 유도할 가능성이 있기 때문이다. 또한 가격을 너무 많이 할인하여 준다는 인식을 심어주어서도 안 된다.

고객이 평가하는 스포츠 상품의 가치는 객관적 요소에 의해 영향을 받지만, 궁극적으로는 고객의 주관적 평가에 의해 결정된다. 관람스포츠의 경우, 상품의 가치는 경기의 흥미, 경기장의 시설, 좌석의 위치 등에 따라 결정된다. 참여스포츠의 경우, 상품의 가치는 시설의 질적 수준과 제공되는 프로그램의 수준에 따라 결정된다. 그리고 스포츠 용품의 경우, 상품의 가치는 기능이나 브랜드 또는 이미지의 차이에 따라 결정되는 경향이 있다.

수요중심의 가격결정에서 수요가 증가하면 가격이 반드시 내려가야 하는 것을 의미하지는 않는다. 왜냐하면, 가격과 스포츠 질을 동등시하기 때문이다. 수요 중심의 가격결정은 스포츠의 가치를 중심으로 결정하는 만큼, 이에 따른 가격차별화를 실시할 수 있다. 가격의 차별화에는 다음의 3 유형이 있다.

### (1) 고객에 따른 가격의 차별화

소비자들은 소득수준, 교육수준, 연령 등의 인구통계적 변수에 따라 스포츠 상품의 가치에 대한 인식이 저마다 다르다. 스포츠 상품의 가치를 높게 인식하는 사람에게는 높은 가격을 지불하게 하고, 스포츠 상품의 가치를 낮게 인식하는 사람에게는 낮은 가격을 지불하게 할 수 있다. 예를 들어, 인근의 스포츠 조직이 가난한 주민들에게는 가격을 낮게 적용하는 경우이다.

### (2) 시간에 따른 가격의 차별화

스포츠 상품은 생산과 소비가 거의 동시에 이루어지기 때문에, 소비가 이루어지는 곳에서 상품을 생산하지 않으면 안 된다. 스포츠 상품은 고객이 스포츠 조직을 찾아 온 자리에서 생산되고 소비된다. 이에 따라, 공급에 알맞게 수요를 조절할 필요가 있다. 수요에 따라 가격을 달리 책정함으로써 수요를 조절할 수 있다. 예를 들어, 고객이 적은 한산한 특정시간대를 이용하는 고객에게 가격을 할인해주는 방법도 있다. 〈표 10-1〉은 스포츠 센터의 요일별에 따른 가격차별화의 예를 보여준다.

### (3) 상품에 따른 사용료의 차별화

이는 상이한 스포츠 상품에 대하여 가격을 다르게 책정하는 경우이다. 만일 동일한 스포츠 상품을 제공한다면, 이는 엄밀한 의미에서 가격의 차별화는 아니다. 하지만 거의 동일한 스포츠 상품을 제공하면서도 약간의 다른 서비스를 제공함으로서 가격의 차별화를 기할 수 있다.

<표 10-1> 스포츠 센터의 가격차별화

<table>
<tr><th rowspan="2">프로그램</th><th rowspan="2">요일</th><th rowspan="2">시 간</th><th rowspan="2">대 상</th><th rowspan="2">정 원</th><th colspan="2">사용료(1시간 기준)</th></tr>
<tr><th>회 원</th><th>비회원</th></tr>
<tr><td rowspan="3">수 영</td><td>월~토</td><td>12:00~13:00</td><td rowspan="5">성인<br>청소년<br>어린이</td><td>180명</td><td>성 인 : 2,000원<br>청소년 : 1,300원<br>어린이 : 1,000원</td><td>성 인 : 2,500원<br>청소년 : 1,700원<br>어린이 : 1,300원</td></tr>
<tr><td rowspan="2">일요일<br>공휴일</td><td>10:00~13:00</td><td>180명</td><td rowspan="2">성 인 : 2,500원<br>청소년 : 1,700원<br>어린이 : 1,200원</td><td rowspan="2">성 인 : 3,200원<br>청소년 : 2,200원<br>어린이 : 1,600원</td></tr>
<tr><td>14:00~17:00</td><td>180명</td></tr>
<tr><td rowspan="2">대체육관</td><td rowspan="2">일요일<br>공휴일</td><td>10:00~13:00</td><td>120명</td><td rowspan="2">성 인 : 1,800원<br>청소년 : 1,200원<br>어린이 : 1,100원</td><td rowspan="2">성 인 : 2,300원<br>청소년 : 1,600원<br>어린이 : 1,400원</td></tr>
<tr><td>14:00~17:00</td><td>120명</td></tr>
<tr><td>자유수영</td><td>월~토</td><td>12:00~13:00</td><td>성인</td><td>30명</td><td colspan="2">월 45,000원</td></tr>
<tr><td>배드민턴</td><td>월~토</td><td>21:00~22:00</td><td>성인</td><td>30명</td><td colspan="2">1,500원</td></tr>
</table>

## 3. 경쟁 중심의 가격결정

경쟁 중심의 가격결정이란 스포츠 조직이 주로 경쟁적 시설의 가격을 근거로 가격을 결정하는, 이른바 경쟁적 시설과 동일하게 또는 보다 높은(낮은) 수준에서 가격을 결정하는 것을 말한다. 이 방법의 뚜렷한 특징은 가격의 원가 또는 수요 간에서 고정된 관계를 유지하려고 하지 않는다는 점이다.

스포츠 상품은 같은 가치를 가지고 있더라도 경쟁이 심하면 높은 가격을 설정할 수 없다. 따라서 가격을 결정할 때는 경쟁상황에 따라 신중하게 고려하여야 한다. 일반적으로 경쟁상품과 비슷한 수준에서 가격을 결정하지만, 상품의 우수성을 강조하기 위해서는 경쟁상품보다도 높은 가격을 책정할 수도 있다.

# 제 3 절 스포츠 가격의 유형

## 1. 스포츠 가격의 유형

스포츠 산업에서 사용되는 가격의 유형은 다양하다. 스포츠의 가격은 스포츠의 특성상 용어를 다양하게 표현하고 있다. 스포츠 가격의 유형은 다음과 같이 다양하다(Pitts and Stolar, 1996).

- 라이선싱비(Licensing fee) : 팀의 로고를 상품에 부착하여 판매하는 대가로 지불하는 비용
- 입장료(Ticketing charge) : 시설을 사용하거나 경기장에 입장하면서 지불하는 비용
- 회원권(Membership fee) : 스포츠 센터의 시설을 장기적으로 이용하기 위해 지불하는 비용
- 대여료(Rental) : 장비를 사용하는 대가로 지불하는 비용
- 리그 참가비(League fee) : 리그 및 대회에 참가하기 위해 팀이 연맹에 지불하는 비용
- 스폰서십비(Sponsorship fee) : 스포츠 이벤트의 공식스폰서로 참여하기 위해 지불하는 비용
- 등록비(Registration fee) : 농구교실이나 축구교실 등 단기특별 프로그램에 참여하기 위해 지불하는 비용
- 연봉(Salary) : 팀이나 구단이 감독과 선수에게 지불하는 비용
- 수수료(Commission) : 스포츠 마케팅 대행사가 업무를 대행하고 팀이나 선수들로부터 받는 비용
- 상금(Purse) : 대회 주최 측에서 참가선수들에게 지불하는 격려금
- 입찰가(Bid) : 스포츠 전람회 개최권을 획득하기 위해 기업이 제시하는 비용
- 보증광고비(Endorsement fee) : 스포츠용품 제조업체나 기업이 유명선수를 광고에 활용하는 대가로 지불하는 비용

- 방송중계권료(Broadcasting rights fee) : TV 방송국이 스포츠 경기를 중계하는 대가로 스포츠 단체나 권리를 가지고 있는 단체에게 지불하는 비용
- 자문료(Consulting fee) : 기업이나 스포츠 단체가 스포츠 마케팅 대행사에 시장(환경)분석 등을 의뢰하고 지불하는 비용
- 리그 가입금(Franchise fee) : 프로 스포츠 리그에 가입하기 위해 팀이 연맹에 지불하는 비용

## 2. 스포츠 상품의 유형별 가격

스포츠 상품의 가격은 스포츠 상품의 유형만큼이나 다양하게 나타난다. 스포츠 상품의 가격은 관람스포츠의 가격, 참여스포츠의 가격, 스포츠 용품의 가격 등으로 나누어 생각할 수 있다.

### (1) 관람스포츠의 가격

관람스포츠의 가격은 경기관람료 또는 입장권의 가격을 말한다. 윔블던 테니스 대회의 지정석 가격은 여간해서 구입하기 어렵다. 준결승이나 결승전의 입장권은 프리미엄을 붙여야만 구할 수 있을 정도로, 그 상품의 가치는 매우 높다. 경기관람료는 스포츠 소비자와 관련된 구단의 직접적인 수입원이며, 관람스포츠의 가격에 영향을 미치는 요인들은 다음과 같다.

#### 관중

관중은 입장권을 구매하는 직접적인 스포츠 소비자이다. 선수의 가치를 결정하는데 중요한 영향을 미침은 물론 구단이나 이벤트, 투자자, 영상 · 인쇄매체, 그리고 기업에게 가치평가의 기준을 제공하는 매우 중요한 요인이다.

#### 매체 수용자

매체 수용자는 영상매체와 인쇄매체를 통해서 스포츠를 접하는 간접적인 스포츠 소비자이다. 선수나 구단, 리그 및 이벤트, 중계권료 등의 가격결정에 영향을 미치는 중요한 요인이다.

#### 선수

선수는 관중과 매체수용자들에 미치는 영향과 팀 내에서의 역할과 기여도를 중심으로 가치가 결정된다. 선수는 스포츠 상품을 구성하는 최소 단위로서, 선수 개개인의 가치는 곧 팀의 가치로 직결된다.

#### 구단

구단은 관중과 수용자의 영향을 받아 소속 선수와 능동적인 가격체계를 구축한다. 반면에 투자자, 영상 · 인쇄매체, 기업 그리고 관중과는 수동적인 가격체계를 구축한다.

#### 투자자

투자자는 스포츠 구단의 가치를 인정하고 구단 매각 시 관심을 보이는 일종의 기업을 말한다. 구단의 가치평가에 영향을 미치는 요인은 관중과 매체 수용자이다. 즉 스포츠 소비자들의 구단에 대한 관심도가 구단의 부가가치를 결정하는 것이다.

#### 기업

기업은 스포츠 소비자와 간접적인 관계 하에서 선수, 구단 및 이벤트, 영상 · 인쇄매체와 능동적인 가격체계를 구축하고 있다. 선수와는 선수보증광고 형태로, 구단/이벤트와는 스폰서십 형태로, 그리고 영상 · 인쇄매체와는 광고나 홍보와 같은 촉진도구 형태로 관계를 맺고 있다.

#### 영상 · 인쇄매체

영상 · 인쇄매체는 선수, 구단, 그리고 리그/이벤트를 매체 수용자에게 연결하는 작용을 한다. 게다가 매체 수용자들에게 스포츠의 진면목을 보여줌과 아울러 기업이 광고효과까지도 함께 제공하여 기업의 효과적인 촉진도구로서 스포츠의 가치를 극대화시킨다.

### (2) 참여스포츠의 가격

참여스포츠의 가격 역시 상품마다 차이가 크다. 비싸게는 수천만 원이 넘는 골프 회원권이나 스포츠 센터 회원권에서부터 싸게는 비영리 목적의 공공단체의 최저 이용가격에 이르기까지 가격 차이가 심하다. 이러한 차이는 주로 스포츠 서비스의 질적인 차이에 기인한다.

### (3) 스포츠 용품의 가격

스포츠 용품의 가격도 그것을 사용하는 사람마다 다르다. 운동선수들이 사용하는 것과 일반 소비자(스포츠의 참여자)들이 사용하는 용품의 가격은 차이가 있다. 동일한 브랜드라 하여도 선수들이 사용하는 용품은 일반 소비자들이 사용하는 용품과는 달리 특수 제작된다. 국내의 대표적인 마라톤 선수들이 신는 신발은 1억 원에 달한다고 한다.

그리고 스포츠 장비의 제조업체는 해당 스포츠 단체가 공인하는 용품을 생산하여 대회의 공식용품으로 지정받고자 노력한다. 대회의 공식용품으로 인정을 받으면, 세계적 시장을 확대할 수 있으며 경쟁업체와 경쟁에서도 우위를 점할 수 있다.

스포츠 용품의 가격은 브랜드에 따라 차이가 나며, 동일 브랜드라 하여도 기능과 모양에 따라 차이가 난다. 일반적으로 선수 또는 전문가들을 대상으로 하는 용품의 가격은 높으며, 일반인들을 대상으로 하는 용품의 가격은 상대적으로 낮은 편이다.

## 3. 가격결정의 고려사항

가격은 스포츠 상품의 수요에 영향을 미칠 뿐 아니라, 스포츠 조직이 고객에게 어떠한 상품을 제공하고 있는지 알려주는 기능도 담당한다. 왜냐하면, 스포츠 상품은 고객에게 제시해 보일 수 있는 유형의 대상이 아니어서, 고객은 가격과 같은 부차적 근거를 기초로 자신들의 상품에 대한 기대수준을 결정하기 때문이다. 만일, 스포츠 조직이 제공하는 상품의 가격을 소비자들에게 알려준다면, 소비자들은 자신의 기대수준을 통하여 자신들이 어느 수준의 상품을 기대해야 되는지 결정할 수 있을 것이다.

이러한 점에서, 스포츠 조직은 상품에 대한 가격의 결정은 매우 중요하다. 가격의 수준이 스포츠 수요에 영향을 미침은 물론, 스포츠 상품에 대한 기대수준을 형성한다. 스포츠 조직의 가격결정과 관련된 중요한 문제들은 다음과 같다.

### (1) 표적고객은 누구인가?

표적고객에 적합한 상품의 개발도 중요하지만 가격의 결정 또한 중요하다. 예를 들어, 표적고객의 소득수준에 따라 동일한 상품이라도 가격은 다르게 책정되어야 한다. 아무리 우수한 상품이라고 하더라도 그들이 지불할 수 없는 수준의 가격이라면, 그것의 이용은 불가능하기 때문이다. 표적고객의 특성에 따라 가격의 결정이 이루어 질 필요가 있다.

### (2) 고객이 바라는 편익은 무엇인가?

바람직한 표적고객이 선정되었으면 그들이 원하는 편익이 무엇인가를 알아야 한다. 그들이 원하는 편익을 충족시켜 줄 때, 높은 수준의 가격을 책정할 수 있다. 고객의 편익요소에 따라 가격의 범위가 달라질 수 있다. 고객이 필요로 하고 원하는 편익요소를 충족시켜 주는 스포츠 상품의 개발을 통하여 상품의 부가가치를 높일 수 있다.

### (3) 편익에 대한 고객의 부가가치는 어느 정도인가?

고객이 원하는 편익요소의 충족은 스포츠 상품의 부가가치를 높여준다. 하지만, 스포츠 상품의 가치에 대한 고객의 인식은 스포츠 조직의 인식과는 다를 수 있다. 동일한 상품에 대하여 스포츠 조직은 그 가치를 높게 인식하더라도, 고객은 상대적으로 그 만큼 인식을 하지 않을 수도 있다. 스포츠 조직은 고객으로 하여금 높은 가치를 인식할 수 있도록, 스포츠 상품의 편익요소를 강조할 필요가 있는 것이다. 스포츠 상품에 대하여 고객이 인식하는 가치의 정도를 파악하여 그것을 높일 때, 스포츠 상품의 부가가치가 증대된다.

## 제 4 절 가격결정의 영향요인

앞에서 서술한 바와 같이, 스포츠 상품의 가격결정에 영향을 줄 수 있는 많은 요인들이 있다. 시장침투, 소요시간(조달시간), 이용자, 시간과 장소 등은 가격결정에 많은 영향을 준다.

### 1. 시장침투

시장침투와 관련된 가격결정은 저가전략과 고가전략이 있다. 이들 전략은 수요의 탄력성과 관계가 있다. 저가전략은 탄력적 시장이 존재하고, 저가격이 구매량을 증가시킬 것으로 판단되어 예상가격의 범위를 낮게 잡는 전략이다. 그리고 고가전략은 수요가 비탄력적이라고 생각하고 예상가격의 범위를 높게 잡는 전략이다.

높은 가격을 설정하면 보다 많은 수익을 얻을 수 있으며, 소비자로 하여금 높은 가치를 인식하게 할 수도 있다. 반대로 낮은 전략을 설정하면 시장침투는 용이하지만, 소비자가 상품의 가치를 낮게 인식할 가능성이 있다.

그래서 스포츠 조직들은 소비자의 가치인식을 낮출 수 있는 가격인하와 팬에 대한 무료제공은 좋아하지 않는다. 그들에게는 가격의 인하보다는 비가격 요소에 의한 촉진활동이 바람직하다. 미국의 야구구단들은 야구배트의 밤, 모자의 밤, 불꽃놀이, 음악회 등의 촉진활동으로 관중들을 모으고 있다.

### 2. 소요시간

스포츠의 구매에 필요한 소요시간(조달시간)도 가격전략에서 고려할 수 있는 요소이다. 경기 당일에 입장권을 판매하는 것과 예매를 하도록 하는 것에 따라 가격전략이 달라질 수 있다. 예를 들어, 야구 경기에서는 경기 당일에 입장권을 판매하는 것이 예매하도록 하는 것보다 효과적이다. 왜냐하면, 야구 경기는 게임 당 입장권의 가격이 낮고, 경기 수와 이용 좌석이 많아, 예매보다는 현장에서 더 많이 판매가 이루어진다. 한마디로 야구경기는 충동구매로 이루어진다고 할 수 있다.

스포츠를 실제로 구매하는 시간이 짧을수록, 관중은 많고 가격은 낮아질 수 있다. 경기 당일이나 현장에서 판매량과 충동구매가 더 많이 이루어진다. 현장에서 충동구매가 많은 상황에서, 경기 직전에 의사결정을 하는 소비자들에게 구매의 편리와 정보의 전달을 하는 방법으로 수신자 부담의 전화가 이용된다. 야구는 경기 당일에 광고하는 것이 보다 효과적이다. 구매를 편리하게 하면, 가격상승의 충격을 상쇄할 수도 있다. 한 스포츠 조직의 경영자는 입장권을 신용카드로 구입하도록 하였을 때 평균 관중의 수가 50% 증가하였다고 보고하였다.

## 3. 이용자

스포츠 상품의 가격결정에서 이용자의 세분화는 중요하다. 미국에서 대규모 관중을 동원하는 스포츠는 고객(이용자)에 따라 저마다 다른 반응을 보인다. 시즌 입장권의 구매기업은 자신들이 선택한 좌석이 확실히 배정된다면 가격인상에 크게 영향을 받지 않는 경향을 보였다. 그리고 단체입장권 구매자는 입장권을 구매할 때 가격 범위를 설정해놓는 경향이 있으며, 일회 구매자 또는 반복구매자는 가격인상에 가장 민감하게 영향을 받는 사람들이라고 한다.

또 다른 이용자의 세분화로 학교스포츠 프로그램을 들 수 있다. 미국의 대학체육프로그램은 학생들의 열렬한 지원을 받기 위해, 경기장 좌석의 10~20%가 할인된 가격으로 판매한다. 이는 잠재적인 수익감소가 있는 만큼, 수익의 기회비용도 크다는 것을 나타낸다.

## 4. 시간과 장소의 세분화

스포츠 조직의 경영자들은 시간과 장소에 따라 회비나 입장권을 차별화 한다. 먼저 스포츠 조직들은 고객이 적은 특정 시간대 또는 비주요 시간대에는 회비를 할인해줌으로써 성수기와 비수기의 수요가 비슷하도록 한다. 주요 시간대에 비어있는 코트는 스포츠클럽에게는 큰 비용부담이 된다. 즉 코트를 활용하지 못함으로서 기회비용이 발생하게 된다.

장소의 세분화도 입장권에 영향을 준다. 장소의 세분화가 뚜렷한 경우로 경기장과 체육관을 들 수 있다. 입장권의 가치는 근접도와 관람시설의 혼합물로서, 이들의 가격을 결정하는 것은 단순하지 않다. 오늘날 스포츠 조직들은 팬들로부터 처음에 주먹구구식으로 결정한 가격을 재조정할 것을 요구받고 있다. 미국의 한 스포츠 조직은 시즌 입장권을 일반좌석, 클럽좌석, 임원실 등의 3가지로 구분하여 입장권의 수준을 달리하고 있다.

# 11

# 스포츠의 유통

# 제 1 절 스포츠 마케팅의 유통경로

## 1. 스포츠 상품의 유통방법

스포츠 상품을 유통시키는 방법은 스포츠 참여의 수단만큼 다양하다. 스포츠의 유통방법은 스포츠의 참여를 통하여 발전되었다. 경기장의 입장, 라디오 청취, 신문구독 등의 오랜 방법부터 TV 시청과 인터넷 등과 같은 최근의 유통방법이 있다.

### (1) 경기장의 입장

스포츠 상품을 유통시키는 전형적인 방법은 입장권을 판매하는 것이다. 소비자는 입장권을 구매함으로서 스포츠를 관람하거나 참여할 수 있다. 최근에는 입장권을 스포츠 조직이 직접 판매하지 않고, 유통망을 지닌 유통회사에게 판매를 위임하고 있다. 예를 들어, 티크테론(Ticketron)의 경우, 여러 조직의 입장권을 한곳에서 판매함으로서 규모의 경제와 매표소의 가시성을 증가시키고 있다.

입장권의 판매를 전문적으로 하는 유통기업은 CRT(Computer Remote Terminal)이라는 전자 장비를 사용하여 관객들의 좌석을 관리하며, 고객에게 구매 당시 최고의 좌석을 보장할 수 있으며, 입장권을 즉석에서 인쇄할 수 있다.

이 유통시스템은 팬들에게 자신이 선택하는 좌석의 위치를 선택하게 해주고, 입장권의 인쇄비용을 감소시키며, 팔리지 않은 입장권을 해당 구단에게 돌려주는데 소요되는 비용을 감소시킨다. 하지만 이러한 유통방법은 스포츠 조직의 통제권 상실을 초래할 수 있다.

이러한 입장권의 유통시스템은 입장권의 구매가 항상 용이하도록 하는데 그 목적이 있다. 이를 위한 2가지 방법이 사용된다. 하나는 백화점이나 슈퍼마켓을 통한 판매로서, 사람들이 많이 다니는 곳에 유통망을 두는 방법이다. 다른 하나는 고객이 수신자 부담의 전화로 입장권을 구매하면 대금을 신용카드로 지불하고 입장권은 입구에서 받도록 하는 방법이다.

농구나 야구처럼 충동구매가 많은 스포츠는 두 번째의 방법이 유용하다. 특히 TV 광고와 결합한다면 이 방법은 매우 효과적일 수 있다. 실제로 미국의 한 구단은 이 방법을 이용하여 관중 수준이 10%증가를 보였다고 한다.

관람스포츠의 경우, 입장권의 구매가 용이하면 할수록 입장권의 판매량은 증가할 것이다. 입장권의 구매를 용하도록 하기위해 구매의 대안이 다양해져야 한다. 프로야구의 구단은 입장권을 전국의 주택은행, 무인발매기, 전화, 인터넷 등을 통해 예매가 가능하도록 하고 있다.

### (2) 인터넷

인터넷은 1960년대에 개발되어 급진적인 변화를 하고 있다. 오늘날 많은 사람들이 자유롭게 사용할 수 있으며, 사용자의 접근 또한 편리해지고 있다. 이러한 발전은 마케팅 담당자에게 새로운 유통의 기회를 제공한다. TV, 라디오, 신문 등의 대중매체는 일방적인 커뮤니케이션인 반면, 인터넷은 상호간의 대화를 가능하게 해준다.

인터넷은 커뮤니티를 자연스럽게 형성한다. 웹에서의 자연스런 만남은 스포츠 조직과 스포츠 팀에게 커뮤니티를 형성할 수 있는 기회를 제공한다. 인터넷을 통한 스포츠 관람은 커뮤니케이션의 촉진, 집단 활동의 유도, 의식과 심벌 등으로 인하여 집약적 동질감을 구축한다.

인터넷 커뮤니티는 소비자의 욕구에 따라 다음의 4가지 커뮤니티로 구분할 수 있다. 소비자는 이들 욕구를 커뮤니티에 둠으로서 기업들과 참여자가 긴밀한 관계를 구축한다.

- 상대방과 리그와의 연결을 통하여 선수들에 대한 정보를 제공한다(정보 커뮤니티).
- 참여자에게 다른 팬들의 시즌 티켓을 구매할 기회를 준다(상호교류 커뮤니티).
- 어떤 팀에게 다른 시합을 할 수 있는 기회를 제공한다(환상적인 커뮤니티).
- 참가자에게 팀이나 리그의 상품을 구매할 수 있게 한다(상거래 커뮤니티).

기업과 스포츠 참여자들 간의 긴밀한 관계와 상호교류를 극대화시키는 스포츠 기업이 ESP 사이다. ESP 사의 웹사이트(http://espnnet.sportzone com)는 웹사이트 중에서 접속이 가장 빈번한 사이트이다. 최근에 이 회사의 웹사이트는 채팅 룸을 통하여 다른 사람이나 유명선수들과 팬들이 교류할 수 있는 기회를 제공한다.

### (3) TV 시청

스포츠에 있어 매체상황의 변화는 상업TV방송과 위성방송의 등장이다. 상업TV방송으로는 유럽의 EBU(유럽방송연합)가 대표적이다. 그 조직을 보면, 영국의 BBC, 프랑스의 AZ, 이탈리아의 RAI 등 올림픽과 월드컵의 post TV를 담당하였던 방송매체들로 구성되었다. 이들은 모두가 국영TV방송으로 TV광고를 허용하지 않았으나, IOC 또는 FIFA와 방송계약권을 맺게 되면서 민간상업TV방송이 출발하게 되었다. 참고적으로 유럽의 상업TV방송사들은 〈표 11-1〉와 같다.

<표 11-1> 유럽의 상업TV 방송사 일람

| 국 가 | TV 방송사 |
|---|---|
| 오스트리아 | FS1/2 |
| 벨기에 | TVB, VTM |
| 덴마크 | TV2 |
| 핀란드 | MTV |
| 프랑스 | Antenne2, Canal Plus, FR3, M6, TF1 |
| 독 일 | ARD, Pro7, RTL Plus, Sat1, Tele5, ZDF |
| 그리이스 | Antenna TV, ET1, ET2, ET3, Mega |
| 아일랜드 | RTE1, Network2 |
| 이탈리아 | Danale5, italia1, Rete4, RAI1, RAI2, RAI3 |
| 네덜란드 | Ned1, Ned2, Ned3, RTL-4 |
| 포르투갈 | Antena3, Tele5, TVE1, TVE2 |
| 스페인 | TV3, TV4 |
| 스위스 | SRG |
| 영 국 | Anglia, Central, Granada, HTV, LWT, STV, Thames, TV-am, TVS, YTV |

위성방송은 현재의 스포츠 비즈니스에서 중요한 위치를 차지하고 있다. 국경파괴 또는 국제화가 그것이다. 이 새로운 매체의 등장으로 이제 국경을 폐쇄하는 것은 불가능하게 되었다. 베를린 장벽이 붕괴되기 이전에 동독에서는 80% 이상의 사람들이 서독의 TV를 수신하고 있었다는 사실이 이를 말해준다. 현재 제공되는 위성 채널은 다음의 7가지로 분류되고 있다(히로세 이치로, 1994).

- 일반대중에게는 제공되지 않고 통상 자국 내의 시청자를 대상으로 방송되고 있는 유료 TV 채널
- 자국 내의 벽지에 도달시키고자 위성을 이용하는 국내채널
- 해외에 거주하는 자국 계의 사람들에게 도달시키고자 하는 국내채널
- 해외 시청자들에게 도달시켜서 해외에서 문화적 정치적 홍보를 행하고자 하는 것
- 특정의 언어그룹을 대상으로 한 국제채널
- 복수 국의 시청자를 대상으로 하지만, 통상 한 가지 언어만 사용하는 상업채널
- 복수 국간의 협력에 의한 국제채널

## 2. 입장권의 판매

스포츠, 특히 관람스포츠는 관중이 없이는 존재의미를 상실한다. 스포츠에서 관람자의 입장은 티켓의 판매를 통하여 이루어진다. 입장권의 판매가 스포츠의 유통경로인 것이다. 전통적으로 입장권은 주로 경기장 입구의 매표소에서 판매가 이루어졌다. 최근에는 정보기술의 발달로 인터넷을 통하여 예매가 가능하게 되었다.

인터넷을 통한 입장권의 판매(구매)는 소비자는 물론 스포츠 조직에게도 많은 편익을 제공해준다. 먼저 소비자의 경우, 경기장에서 줄을 서서 기다리지 않고 편안하게 앉아서 인터넷을 통하여 구매를 함으로서, 경기장으로 가야 하는 불편함과 수고를 들어준다. 그리고 스포츠 조직의 경우에는 입장권의 예매를 통해 경기 당일 날 동원이 가능한 관중의 수에 대한 예측이 가능하게 되었다.

이처럼 입장권의 판매는 소비자와 스포츠 조직 모두에게 중요하다. 스포츠 조직은 많은 관중들이 참여할 수 있도록 입장권의 판매를 용이하게 해주어야 한다. 일반적으로 입장권의 판매는 다음의 3가지 경로를 통해 이루어진다.

### (1) 팀 관련 단체

프로스포츠 팀의 경우처럼 기업이 팀을 소유할 수 있다. 팀을 소유한 기업들은 자체적으로 지점 등을 전국에 두고 있어, 이를 통한 입장권의 판매가 가능하게 되었다. 설사 어떤 기업이 스포츠와 직접 간접적 관련이 없는 업종에 종사하더라도, 지점이나 영업소 등을 통한 입장권의 판매도 가능하다.

### (2) 전문 판매업체

전문 판매업체는 스포츠 조직으로부터 입장원의 판매를 위임받아 소비자들에게 티켓을 유통시킨다. 지금까지는 연극이나 극장 등 오락과 관련된 입장권이 주류를 이루었지만, 최근 들어 스포츠 경기도 이들을 통하여 판매되는 경우가 증가하고 있다. 전국에 수많은 지점들을 가지고 있는 은행은 입장권이 전문 판매업자로서의 역할을 수행하고 있다.

### (3) 스포츠 용품의 판매업자

입장권의 판매가 이루어지는 또 다른 경로는 스포츠 용품의 판매상이다. 스포츠 용품의 판매상은 스포츠와 관련성이 깊어 전문 판매업자로서의 활용가능성이 크다. 스포츠 경기의 관람자들은 스포츠에 관심이 많으며, 스포츠 용품점을 찾을 기회도 많다. 따라서 스포츠 용품점에서 입장권의 구매가 이루어질 가능성이 높다.

### (4) 인터넷과 전화판매

오늘날 인터넷을 통한 입장권의 판매는 일반 상품의 경우처럼 일반화되고 있다. 스포츠 팀과 스포츠 연맹은 홈페이지를 방문하는 고객들을 대상으로 티켓을 판매하고 있다. 스포츠 경기의 관중은 젊은 층들이 다수로서, 이들이 인터넷을 많이 사용함을 고려할 때, 인터넷을 통한 입장권의 판매는 매우 유용한 경로가 되고 있다.

그리고 전화도 입장권의 유용한 경로가 되었다. 인터넷처럼 전화를 이용하면, 소비자들이 입장권 판매소를 직접 찾아가지 않고서도 구매가 가능하다. 다만 전화판매는 인터넷의 경우처럼, 대금지불의 수단이 신용카드로 한정되어 소비자에게 불편을 안겨줄 수 있다.

## 3. 스포츠의 유통경로

### (1) 스포츠 상품의 유통경로

스포츠 시설은 스포츠 상품의 유통에서 중요한 요소이다. 다시 말하면, 스포츠 시설은 스포츠 상품의 유통경로이다. 유통경로는 경로구성원의 수에 따라 그 길이가 길어질 수도 있고 짧아질 수도 있다. 만일 스포츠 상품의 유통경로가 길어지면 스포츠 구단(또는 스포츠 용품

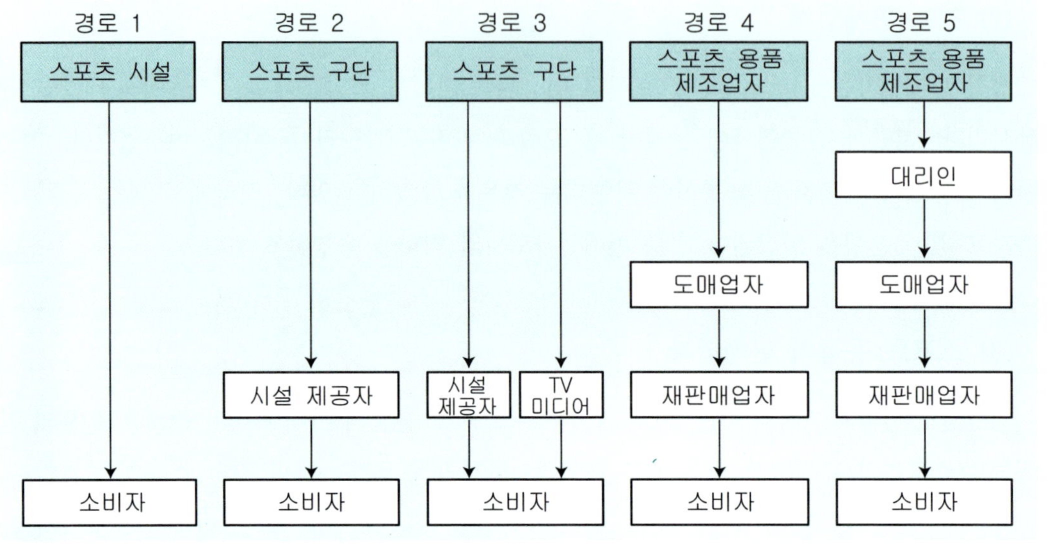


**<그림 11-1>** 스포츠 상품의 유통경로

의 제조업자)과 소비자의 사이에 많은 중개업자가 존재하게 된다.

스포츠 상품의 유통경로를 나타내면 〈그림 11-1〉와 같다. 그림의 좌측(경로 1)을 보면, 스포츠 시설과 소비자 간에 중간업자가 존재하지 않는다. 이러한 유통경로를 직접유통경로라 한다. 생산자가 소비자에게 스포츠 상품을 직접 판매하는 경우이다. 스키장, 테니스 클럽, 헬스클럽 등이 그러한 경우로서, 여기에는 물적 유통과정이 없고, 입장권이나 회원권의 유통도 없다.

한편, 생산자에서 중개업자를 거쳐 소비자에게도 이어지는 유통경로는 매우 다양하다. 생산자와 소비자 사이에 중개업자가 존재하는 유통경로를 간접유통경로(경로 2-5)라 한다. 입장권의 판매업체, 은행이나 스포츠 용품의 판매점을 통해 입장권을 판매하는 관람스포츠의 유통경로는 다양하다. 그림에서 경로 4와 5의 경우에는 다양한 소매상과 도매상이 존재한다. 사실 많은 제조업자들은 기존의 시장에 있는 다양한 모든 경로를 사용한다.

유통경로 상에 중개업자가 존재할 경우, 제조업자는 도·소매상들과 소비자를 통제할 수 있어야 한다. 유통경로 시스템에는 2유형이 있다. 하나는 제조업자가 소비자를 통제하는 시스템이고, 다른 하나는 중개업자가 소비자를 통제하는 시스템이다.

전자의 경우에는 제조업자가 상품, 가격, 촉진에 관한 의사결정을 직접 한다. 그리고 후자의 경우에는 제조업자가 자체적인 경로를 가지지 못하거나, 경로통제에 관심이 없거나 또는 신상품이거나 신 시장에 침투하는 경우이다. 이는 부대시설이나 주차시설의 운영권이 없는 시설 관리자의 경우로서, 상품, 가격, 촉진에 관한 의사결정의 주도권은 없지만, 새로운 시장을 관리하는 부담이 없어 잘만하면 경로관리에 능통한 기업과도 연결될 수 있다.

### (2) 스포츠의 시간표

소비자들이 스포츠를 관람하거나 참여할 수 있는 시간표의 작성은 스포츠의 유통에서 중요하다. 소비자들이 언제 어느 정도의 시간을 스포츠에 사용할 수 있는지를 예측하여, 그들에게 편리하도록 스포츠 시간표를 작성할 필요가 있다. 스포츠 소비자들이 사용할 수 있는 시간적 요인으로 하루 중 시간대, 주중 시간대, 일년 중 시간대(계절, 기간, 시간 등), 그리고 프로그램의 제공빈도 등이 있다.

어떤 사람은 스포츠 참여 또는 관람을 주중에 하기를 원하는가 하면, 주말을 선호하는 사람도 있다. 그리고 아이를 둔 전업주부들이 스포츠에 사용할 수 있는 시간대는 오전 10시에서 오후 4시 사이가 일반적이다. 소비자들이 사용할 수 있는 시간대를 예측하여 시간표를 작성하면, 보다 많은 사람들이 스포츠를 관람하거나 참여할 수 있을 것이다.

따라서 스포츠 서비스나 이벤트의 시간대와 경기시간을 소비자들로 하여금 예측이 가능하게 할 필요가 있다. 영국의 프리미어 프로축구 경기는 토요일 3시에 일정하게 시작하여 경기의 관람자들은 경기시간을 잘못 기억하는 경우가 거의 없다고 한다. 우리나라의 일부 프로스포츠는 연맹과 구단의 무책임과 방송사의 편의주의 때문에, 경기 일정이 조정되기 일쑤다. 가능한 한 스포츠 종목의 특성에 따른 시간대를 일정하게 해준다면, 스포츠 참여와 관람에 대한 접근이 용이해질 것이다.

# 제 2 절 스포츠 시설

## 1. 스포츠 시설의 입지

입지 할 장소의 결정은 여러 가지 면에서 중요하다. 그 이유는 이것이 장기적인 의사결정으로 상품, 가격, 촉진 등보다도 변경이 어렵기 때문이다. 스포츠 시설의 위치(입지)는 모든 스포츠에서 중요하다.

스포츠 산업에서 장소와 유통기능은 다른 사업과 차이가 있다. 스포츠 용품산업은 상품의 생산과 소비가 이루어지는 곳이 다르다. 하지만 이를 제외하고는 다른 스포츠 상품은 생산과 소비가 동일한 곳에서 이루어진다. 그러므로 스포츠 마케팅에서 유통기능은 유통경로보다는 주로 시설(장소, 배치, 접근의 편리성, 부대시설 등)을 중심으로 한다.

스포츠 산업에서 장소의 개념은 단순히 넓은 주차장의 확보와 현대식 건물로 스포츠를 제공한다는 차원에서 그치는 것이 아니다. 스포츠 상품이나 프로그램을 소비자의 상황에 적정하면서도 다양하게 제공하는 방법을 포함한다. 특히 마케팅 믹스의 다른 요소와는 달리 지리적 장소의 변경은 어려우므로, 장소의 결정은 신중하게 이루어져야 한다. 시설의 입지에 대한 주요 내용은 다음과 같다.

### (1) 접근 가능성

스포츠 시설은 무엇보다도 접근이 용이해야 한다. 스포츠 시설은 주요 도로나 대중교통 수단의 이용이 편리한 곳에 위치하여야 한다. 대중교통의 접근이 힘들고, 셔틀버스가 제공되지 않으며, 주차할 공간이 턱없이 부족하면 스포츠 시설에의 접근이 어려울 것이다. 특히 접근 가능성은 경제력이 낮은 집단의 고객을 유인하는데 효과적이다.

역사적으로 야구장은 접근용이성의 중요성을 잘 인식하고 있다. 스포츠 시설에서 접근용이성이 중요한 것은 스포츠 경험에 대한 소비자의 만족도, 첫인상, 재구매 등이 그 시설에 도착하기까지의 시간동안에 이루어지기 때문이다.

이러한 접근 가능성은 실제 거리나 여행시간과 같은 지리적 혹은 물리적 요소뿐만 아니라, 심리적으로 접근이 용이함을 인지하는 정도를 의미한다. 접근가능성은 단순히 지리적 변경으로만 결정되는 것이 아니라, 소비자들이 심리적으로 인지하는 접근의 편리성 또는 안전성을 포함한다.

### (2) 주차

주차장은 스포츠 시설의 접근과 관계가 깊다. 경기시간이 임박해지면 경기장 일대의 교통이 혼잡하여 경기장 인근의 주차장 탐색이 어렵다. 이 경우, 스포츠 시설에서 주차장을 소유하거나 확보하고 있다면, 관람객의 입장이 편리해 질 것이다.

관람객의 입장과 함께 그들의 퇴장도 중요하다. 경기가 끝난 후 관중들이 주차장을 빠져나감에 있어서도 편리해야 한다. 만일 그 과정에 접촉사고나 실랑이가 벌어진다면, 관중들은 불만을 경험하게 된다. 주차장에서 경기장으로 들어가거나 경기장에서 주차장으로 나가는데 불편이 있고, 경기장내의 출입구가 적절히 확보되어 있으면 관중들은 즐거움을 경험하게 될 것이다.

이처럼, 모든 시설과 마찬가지로 스포츠 시설은 충분한 주차공간을 확보하여야 한다. 스포츠 시설의 운영자는 주차장을 소유하거나 적어도 운영권을 가지고 있어야 한다. 주차장을 통제할 수 있을 때 스포츠 가격의 통제도 가능하며, 시설의 이미지에도 중대한 영향을 미친다.

### (3) 주변 환경

주변 환경은 스포츠 시설이 위치하고 있는 곳의 환경이다. 만일 고객이 위험을 느끼는 곳이라면 스포츠 시설의 이용이 어려울 것이다. 주변 환경은 스포츠 시설을 이용하는 횟수에서 매우 큰 비중을 차지한다. 그리고 시설이 도심지역에 있느냐 아니면 변두리지역에 있느냐도 시설의 이용에 영향을 준다. 만일 도심주변에 시설이 위치하면 그것을 이용할 수 있는 시간이 확대되어 보다 많은 고객을 유지할 수 있게 된다.

### (4) 디자인 및 배치

스포츠 시설의 물리적 요인은 스포츠 소비자들의 만족에 영향을 크게 미친다. 음악, 조명, 온도, 습도, 배치, 디자인, 전광판 등은 관중으로 하여금 시설의 반복 이용에 영향을 미친다.

스포츠 시설의 3요소로서 안전, 기능, 안락함 등이 제시되고 있다(Peterson and Tharrett, 1991).

스포츠 소비자와 직원의 안전과 건강을 위협하는 시설은 작업과 운동수행 능력을 떨어뜨리고, 결국에는 참여 회수와 수익에 결정적 영향을 미친다는 것이다. 안락함에 영향을 주는 요인으로 온도, 습도, 소음, 빛, 청결함, 장식, 가구배치 등이 포함된다.

이 외에 경기장의 디자인과 서비스가 관중들이 경기장에 머무르게 하는데 영향을 미치며, 경기장의 공간구조와 배치, 그리고 전광판이 관중의 반복 구매에 영향을 미친다는 연구결과가 보고되고 있다. 그리고 경기장이나 시설의 혼잡성도 스포츠 참여와 관람에 부정적 영향을 미치는 요인이다. 혼잡성은 스포츠 참여자나 관람자의 구매시간을 감소시키고, 재구매 의도를 저하시키는 요인으로 작용한다.

## 2. 스포츠 시설의 배치

사회 · 문화적 변화와 인구통계학적 변화는 스포츠 시설의 변화를 유발하고 있다. 관람객과 참여자의 요구에 맞는 시설을 요구하고 있다. 좌석과 가까운 거리에 편의시설을 배치하거나 등받이가 있는 의자 등을 고객들이 요구하고 있다.

배치는 스포츠 시설의 물리적 공간을 시간 · 비용 · 기술의 제약 하에서 최적으로 배열하는 것을 말한다. 스포츠 시설을 최적으로 배열하여 효율적인 운영 · 관리는 물론 이용자의 편의성을 증대시킬 수 있어야 한다. 특히 관람스포츠의 경우, 시설물의 배치는 스포츠 질의 평가사항이 된다.

### (1) 배치의 고려사항

스포츠 시설의 효율적 운영 · 관리와 고객의 편의성 증대를 위해서는 다음 사항들을 고려하여야 한다.

#### 자본투자

최소의 비용으로 시설을 배치하기보다는 시설의 효율적 운영과 고객의 편의성을 증대시킬 수 있도록 경제적이고 효과적인 투자를 하여야 한다.

#### 업무의 능률

경기장에는 운동선수, 직원 그리고 고객들이 상호작용을 하고 있다. 이들이 수많은 접점에서 상호접촉이 원활하도록 시설물이 배치되어야 한다. 예를 들어, 운동선수는 휴식시간에 그라운드와 가까운 곳에서 몸을 풀거나 휴식을 취할 수 있도록 해주어야 한다.

#### 유연성

스포츠 시설은 특정 경기만이 아닌 다양한 경기를 소화할 수 있도록 배치의 수정이 용이해야 한다. 스포츠 시설의 유연성은 다음과 같은 방향으로 할 필요가 있다.

- 대기하는 동선을 단축하는 입장과 퇴장의 용이성
- 편의시설(식당, 매점, 화장실 등)의 접근용이성
- 대규모 관중의 관리와 통제
- 다양한 스포츠 행사에 대한 유연성

#### 편의성

시설의 배치에서 중요한 것은 무엇보다도 고객의 편의성 확보이다. 시설이 아무리 우수하여도 동선이 길거나 편의시설의 이용이 불편하다면 소비자의 만족도는 크게 떨어지게 된다.

#### 심미성

과학적이고 효율적인 시설의 배치 못지않게 스포츠 시설의 미적 아름다움도 중요하다. 비자들이 사회적 경제적 수준이 향상됨에 따라 그들은 일차적인 즐거움보다도 고차원적인 아름다움에서 만족을 추구한다.

### (2) 배치의 기준

일반적으로 종합 스포츠센터는 각 활동군의 접근을 용이하게 하기위해, 현관에서 다목적 중앙 홀까지를 축으로 하여 정보자료실, 판매점, 관리사무실 등의 공간을 배치한다. 다양한 기능을 제공하는 종합 스포츠센터는 소비자들이 시설물을 이용함에 있어 동선의 마찰, 소음 및 정적 활동의 방해요소를 완화시키는 것을 최종목표로 한다.

## 3. 스포츠 시설의 이미지

스포츠 시설이 가지는 이미지에 따라서도 시설의 이용이 달라질 수 있다. 시설의 안전성, 접근성, 주차시설 외에도 시설의 이미지도 시설의 이용에 영향을 미친다. 시설의 이미지 형성에 직접적인 영향을 주는 요인으로 시설의 외양, 부대시설의 제공, 직원 등이 있다.

### (1) 시설의 외양

스포츠 시설의 내적 · 외적인 모양은 이미지에 큰 영향을 준다. 시설의 내부 · 외부의 모습이 아름다워야 한다. 팬들은 경기장의 벽면, 좌석의 색상, 경기장 내의 광고판 등에 의해서도 영향을 받는다. 특히 경기장 시설의 디자인과 관련하여 전광판도 시설의 이미지에 많은 영향을 준다. 전광판이 보여주는 모든 것이 관중들이 느끼는 스포츠 경험의 중심에 있다.

최근에 설치된 스포츠 시설은 경기장에 필요한 각종 연습실과 폐쇄회로 TV 장치, 동시통역장치, 최신의 전광판 등 각종의 설비가 갖추어져 있다. 이에 따라 오래된 스포츠 시설은 유지를 잘하지 않으면 안 된다. 오래된 시설이라도 유지와 보수를 잘하면 현대적 시설보다 매력적이고 비용이 적게 소요될 수도 있다.

### (2) 부대시설의 제공

스포츠 시설에서 제공되는 부대시설은 완벽하면서도 다른 기능과 조화를 이루어야 한다. 예를 들어, 단일코트(pure court)시설은 완전한 코트라인뿐만 아니라 건강관리를 위한 헬스 프로그램, 라운지, 탁아소, 사우나 시설 등을 갖추고 있어야 한다. 그리고 시설의 모든 요소는 상호보완적으로 구성되어야 한다.

### (3) 직원

스포츠 시설에서 근무하는 직원도 이미지에 영향을 준다. 직원의 태도는 특히 고객만족에 영향을 준다. 그것은 그들이 고객과 직접적으로 접촉하기 때문이다. 이를 위해 시설의 직원은 많은 훈련을 받은 정규직원으로 할 필요가 있다.

## 제 3 절 스포츠 시설의 접근가능성

### 1. 물리적 접근

물리적 접근(physical access)의 결정 시에는 스포츠 시설의 위치를 고려하여야 한다. 스포츠를 제공하는 스포츠 조직은 소비자와 가까운 곳에 있어야 한다. 서비스의 수요처는 여러 곳에 분산되어 있으므로, 스포츠 시설은 여러 곳에 위치하여야 한다. 스포츠 시설을 여러 곳에 위치하기 위해서는 분원이나 가맹점을 활용한다.

소비자의 물리적 접근을 용이하게 하기 위하여, 소비자와 지리적으로 가까운 여러 지역에 스포츠 조직 내지 스포츠 시설을 입지시키면, 스포츠 시설의 이중성이 비용을 상승시키는 요인으로 작용한다. 그 결과, 스포츠의 생산성이 낮아진다면, 여러 곳에서 운영되는 스포츠 시설을 한 곳으로 모아서 중앙 집중적으로 운영하지 않으면 안 된다.

이를 위하여, 스포츠 조직은 분원이나 가맹점의 수를 줄이거나, 보조적 서비스를 중앙의 시설에 병합시키는 전략이 필요하다. 먼저, 분원의 수를 줄이게 되면, 소비자는 스포츠 시설과의 지리적 거리가 멀어서 장거리를 이동하여야만 서비스를 이용할 수 있다. 따라서 스포츠 조직이 소비자들로 하여금 장거리를 이동하여 찾아오도록 하기 위해서는, 사용료 내지 회원비 인센티브를 제공하거나 양질의 서비스를 제공할 수 있어야만 한다. 따라서 스포츠 조직은 분원을 여러 곳에 설치하지를 않고 소수의 한정된 곳에만 분원을 운영하는 경우가 많다.

다음은, 보조적인 서비스를 중앙시설에 병합시키는 전략이다. 보조적 서비스를 중앙시설에 병합시키면, 서비스 시설을 여러 곳에 입지시킬 수 있다. 대형 스포츠 센터가 좋은 경우이다. 스포츠의 제공자인 각 스포츠 조직은 중앙시설의 분담된 비용에서 이점을 누릴 수 있다.

이처럼, 스포츠 조직의 위치선정은 스포츠 마케팅의 중요한 결정사항이다. 왜냐하면, 스포츠 구매자의 시장은 스포츠 조직과의 근접여하에 따라 세분되기 때문이다. 그리고 스포츠 조직을 선정하는 차선의 중요한 이유는 가구와의 근접성이다.

일반적으로, 스포츠 조직의 위치선정에 있어서 소비자와의 거리는 중요하다. 하지만, 스포츠 조직과 지리적 거리의 중요성은 소비자의 교육수준이나 소득수준에 반비례하는 경향이 있다. 즉 소비자의 교육수준이나 소득수준이 향상됨에 따라, 소비자들은 스포츠 조직과의 지리적 거리를 중요하게 여기지 않는 경향이 있다. 교육수준과 소득수준이 높은 소비자들은 장거리를 이동하여서라도 특정 스포츠 조직을 찾아간다는 것이다.

## 2. 시간적 접근

스포츠 조직에서 행해지고 있는 시간적 접근(time access)은 어떤가? 시간적 접근에서 가장 중요한 것은 영업시간과 대기시간일 것이다. 스포츠는 불특정의 시간에 이용하기 때문에, 소비자들은 언제라도 자유롭게 스포츠 시설을 이용할 수 있어야 한다. 사실 많은 스포츠 조직들이 사용자(고객)들에게 유리한 시간적 접근을 제공해오고 있다. 이처럼, 많은 스포츠 조직들이 소비자의 시간적 접근을 용이하게 해주는 노력을 경주하고 있다.

최근에는 시간적 접근의 장애에서 발생하는 문제들을 개선하기 위해서는 많은 새로운 유통경로가 개발되고 있다. 24시간 운영을 하는 스포츠 조직이 생겨나고 있으며, 많은 스포츠 조직들이 영업시간을 연장하고 있다.

## 3. 정보적 · 촉진적 접근

스포츠는 소비자가 스포츠 조직이나 스포츠 시설을 찾아가야 접근이 가능하다. 소비자가 스포츠 조직에게 어떻게 다가가도록 하느냐가 중요하다. 왜냐하면, 스포츠는 생산과 소비의 동시성과 저장이 되지 않는 관계로, 소비자가 스포츠 시설을 찾아가야 하기 때문이다.

일반적으로 유형의 상품(제품)은 생산이 이루어진 다음에 유통경로 상에 올려지지만, 스포츠는 유통과정상의 끝에 이르러서야 생산과 소비가 이루어진다. 환언하면, 스포츠 조직의 직원과 소비자가 함께 하는 자리에서 스포츠가 생산되고 소비된다. 이 때, 직원의 정보전달과 촉진이 소비자의 시설의 이용에 영향을 미친다.

스포츠에서 분명한 중간상은 직원이다. 스포츠 조직은 직원에게 의존하여 스포츠를 소비자에게 전달하고 촉진한다. 스포츠 조직의 직원들은 또한 스포츠 연맹의 중간상이기도 하다. 스포츠 연맹은 그들에게 의존하여 어떤 스포츠를 소비자에게 촉진한다.

스포츠 조직에서 중간상의 역할을 하는 직원들을 이용하여 스포츠를 촉진한다면, 그것은 인적판매를 이용한 밀어내기(push)전략이 된다. 스포츠 조직은 중간상인 직원들을 통하여 마케팅 전략을 실시하는 능력을 인식하기 시작하고 있다.

직원의 조언(권고)은 소비자로 하여금 스포츠 시설을 再이용하도록 함에 있어서 중요한 역할을 한다. 권고의 효과적인 이용을 위해서는, 권고의 과정을 의식적으로 개발할 필요가 있다. 직원들은 그들이 제공하는 촉진적 · 정보적 접근을 통하여 스포츠 조직의 이익을 가져다 줄 수 있어야 하고, 스포츠 조직은 그들에게 가치를 제공해 주어야 한다.

12

# 스포츠의 촉진

# 제 1 절 스포츠 조직의 촉진활동

촉진이란 소비자의 구매결정에 직·간접으로 영향을 미칠 수 있는 사람을 통하여 잠재적 이용자들에게 스포츠 조직이 스포츠 상품에 대하여 우호적·설득적인 정보를 커뮤니케이트 할 수 있는 모든 기법을 말한다.

따라서 촉진의 목적은 먼저 스포츠 조직이 소비자들에게 상품과 서비스를 알리고 우호적인 태도를 형성하는데 필요한 우호적 정보를 제공하는데 있다. 그 다음으로는 상품을 이용하도록 설득할 수 있는 설득적 정보를 제공하는데 그 목적이 있다.

이러한 촉진활동은 명확한 촉진활동과 함축적 촉진활동이 결합되어 수행되어야 한다. 명확한 촉진(explicit promotion)이란 촉진의 수단들인 광고, 인적판매, 판매촉진, 그리고 홍보를 통한 촉진을 말하고, 함축적 촉진(implicit promotion)이란 마케팅의 4P 중에서 촉진을 제외한 3P, 즉 상품, 가격, 유통경로를 통한 촉진을 말한다.

따라서 스포츠 조직이 수행하는 마케팅 믹스상의 촉진은 촉진의 수단 이외에도 상품과 가격, 상품을 접할 수 있는 접촉경로의 형태 또한 소비자에게 정보를 커뮤니케이트 할 수 있어야 한다.

## 1. 촉진활동의 필요성

스포츠 상품의 특성인 무형성과 생산과 소비의 동시성으로 인하여, 스포츠 조직의 직원은 고객이 있는 자리에서 그들의 상호작용 속에서 상품이 생산되고 고객에게 전달된다. 따라서 서비스 질의 향상과 고객만족은 직원의 태도, 능력, 노력 등의 영향을 받는다. 직원의 스포츠 상품의 촉진을 위한 활동이 중요하게 다루어져야 하는 것이다.

여기에서, 직원의 관리 차원을 넘어서 대고객 커뮤니케이션의 일환으로 직원의 촉진활동을 관리할 필요성이 대두된다. 스포츠 조직의 촉진활동은 외부고객은 물론, 내부고객에 대해서도 이루어져야 한다.

## 2. 촉진활동의 목적

스포츠 조직의 촉진활동이 궁극적으로는 정보전달(informing), 설득(persuading), 기억(reminding)을 통하여 상품의 이용을 촉진한다는 점에서는 동일하다. 스포츠 조직은 어떠한 정보를 소비자들에게 전달하여 그것으로 설득을 하고 기억을 하게 만들어 스포츠 상품을 이용하게끔 만들어야 한다. 스포츠 조직의 촉진활동 목적을 구체적으로 표현하면 다음과 같다.

- 스포츠 상품이나 스포츠 조직에 대한 지각이나 관심을 형성하기 위하여.
- 경쟁적 스포츠 조직과 자원의 서비스 및 조직을 차별화하기 위하여.
- 이용 가능한 스포츠 상품 편익을 구체화하여 고객에게 전달하기 위하여.
- 스포츠 조직에 대한 이미지와 명성을 구축하고 유지하기 위하여.
- 고객으로 하여금 스포츠 상품을 이용하도록 설득하기 위하여.

## 3. 촉진의 수단

고객이 스포츠 상품의 이용에 이르기까지에는 많은 의사결정 과정이 존재한다. 일반적으로, 소비자들은 주의(attention), 관심(interest), 구매욕구(desire), 구매동기(motion), 구매행동(action) 등의 태도변화의 과정을 거치게 되는데, 이를 AIDMA 모델이라 한다.

잠재적 소비자를 설득적 커뮤니케이션을 통해 구매행동으로 이어지게 하려면, 먼저 소비자에게 그 상품을 인지시켜 주의(Attention)를 끈 다음, 관심(Interest)을 유발하고, 그 다음 구매하고 싶은 욕구(Desire)를 자아낸 다음, 그것을 기억(Memory)시켜, 구매행동(Action)으로 이어지게 하여야 한다.

이와 관련하여, 스포츠 조직에서 중요한 것은 현재 우리의 고객은 어느 단계에 있으며, 그들은 어떠한 커뮤니케이션 수단에 의해 상품을 이용하게 할 것인가라는 점이다. 상품을 전달하는 직원으로서는 잠재고객에 대한 주의를 환기시켜, 관심을 갖게 하고, 구매욕구를 자극하고, 구매동기를 부여하여, 스포츠 상품을 경험하도록 하는 행동을 일으킬 수 있는 메시지를 전달하지 않으면 안 된다. 이러한 소비자의 태도변화에 따라 촉진을 위한 목표도 달라져야 한다. 소비자의 태도변화 과정에 따른 촉진의 목표는 〈표 12-1〉와 같다.

<표 12-1> 소비자의 태도변화에 따른 촉진의 목표

| | 고객의 심리 | 촉진의 목표 |
|---|---|---|
| 주의(attention) | 상품의 존재를 알지 못함 | 인지도 향상 |
| | 알고 있더라도 생각나지 않음 | 지명도 향상 |
| 관심(interest) | 관심이 없음 | 질평가 관련정보의 제공 |
| 구매욕구(desire) | 이용하고 싶은 마음이 생기지 않는다. | 상품의 이용욕구 자극 |
| 구매동기(motion) | 기회는 있어도 이용할 마음이 생기지 않음 | 상품의 이용의도 형성 |
| 구매행동(action) | 상품의 이용을 망설인다 | 자신감을 가질 수 있는 커뮤니케이션 |

## 4. 스포츠 이용의 촉진믹스

스포츠 조직의 마케팅관리자가 관리할 수 있는 촉진수단은 다양하지만, 일반적으로 판매촉진, 인적판매, 광고, 홍보의 4가지가 있다. 이러한 촉진수단의 효과는 소비자의 심리과정의 변화에 따라 다르기 때문에, 촉진수단들을 언제 · 어떻게 · 사용하는 것이 가장 효과적인지 고려하여 촉진믹스가 이루어져야 한다.

스포츠 상품의 이용을 촉진하기 위한 믹스에서는 상품의 특성 및 소비자의 심리적 변화를 고려하여 결정할 필요가 있다. 상품의 이용을 촉진하는 유효한 수단들은 소비자가 가지는 심리단계에 따라 달라진다.

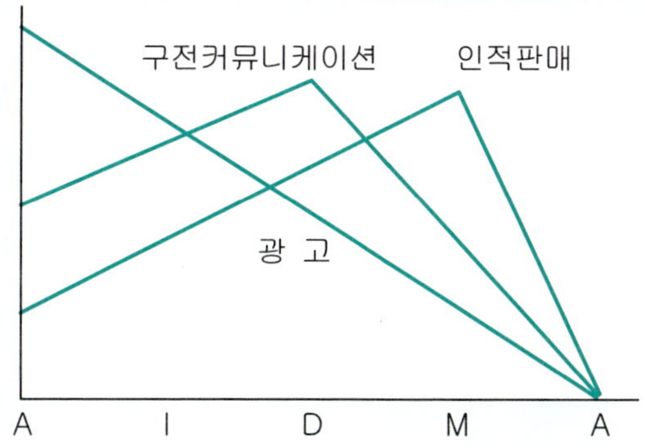


<그림 12-1> 소비자의 심리단계별 촉진효과

소비자가 스포츠 조직이 제공한 정보를 통하여 상품을 이용하기까지의 심리적 변화에 대한 촉진효과를 보면 〈그림 12-1〉과 같다. 먼저 상품에 대한 소비자의 주의를 끄는 데는 광고가 가장 효과적이고, 관심을 유발시켜 구매욕구를 자아내는 데에는 입에서 입으로 전달하는 구전 커뮤니케이션이 효과적이고, 소비자의 머리 속에 기억된 것을 구매행동(이용)으로 이끄는 데에는 직원의 인적판매가 가장 효과적임을 알 수 있다.

## 제 2 절 스포츠 상품의 광고

### 1. 스포츠 광고의 수행과제

소비자들은 스포츠 광고를 원하고 필요로 한다. 스포츠 광고의 문제는 광고를 할 것인가 말 것인 가보다는, 광고를 어떻게 수행하느냐에 있다. 즉 스포츠 광고의 효율적인 대중매체는 무엇이며, 어떠한 내용을 광고할 것이며, 그리고 어떤 상품을 제공받을 수 있으며 그것을 선택하는데 필요한 정보는 무엇인가? 등이 스포츠 상품의 광고에서 수행되어져야 할 과제일 수 있다.

#### (1) 광고매체

우리나라에서 스포츠에 이용할 수 있는 광고매체는 다양하다. TV, 라디오, 인터넷은 물론 전화번호부, 인쇄물, 우편, 옥외광고 등 모두가 이용 가능한 광고매체이다. 효율적인 광고를 위해 이들의 매체믹스가 필요하다.

#### (2) 광고내용

스포츠 광고의 내용으로 해당 스포츠 조직의 특성을 다룰 수 있다. 이것은 해당 스포츠 조직을 다른 스포츠 조직과 차별화 시켜주기도 하며 해당 스포츠 조직의 이미지를 부각시켜주기도 한다. 게다가 소비자들의 스포츠 상품에 대한 지식의 욕구에도 도움을 준다.

#### (3) 상품의 내용과 정보

해당 스포츠 조직에서 제공하는 스포츠 상품은 어떠한 것들이며, 그러한 상품을 제공받기 위한 조건, 시간, 내용 등에 관한 정보가 소비자들에게 제공되어져야 한다. 스포츠 조직은 광고를 통하여 미래의 잠재적 스포츠 소비자들에게 이용 가능한 상품의 내용을 알리는 동시에, 그것을 이용하는데 필요한 여러 정보를 제공해주어야 한다.

소비자들은 스포츠 상품의 가치와 수혜가능성, 특정의 서비스(예 ; 고객상담, 시기적절한 서비스, 독특한 시설이나 교육프로그램 등)에 대한 교육을 받음으로서 잠재적 스포츠 구매자들이 그러한 상품에 용이하게 접근할 수 있다.

## 2. 스포츠 상품의 광고지침

스포츠는 서비스 상품이다. 스포츠 상품의 효율적인 광고활동을 위한 지침으로 다음의 7가지를 제시할 수 있다. 스포츠 상품의 효율적인 광고를 위한 지침을 설명하면 다음과 같다.

### (1) 명백하고 분명한 메시지의 사용

무형의 스포츠를 소비자에게 알리기 위해서는 명백하고 분명한 메시지를 사용하여야 한다. 환언하면, 스포츠 상품은 추상적이기 때문에 효과적이고 간결한 메시지를 구성하는데 많은 어려움이 따른다. 이를 위해, 심볼, 그림, 표식 등을 적절히 사용하여 의미의 전달이 가능하도록 하는 창의성이 필요하다.

### (2) 편익의 강조

특정의 스포츠 상품을 이용함으로서, 어떠한 효과 내지 편익이 있는가를 강조할 필요가 있다. 상품의 효과 내지 편익이 고객욕구를 충족시킬 수 있는 메시지일수록 소비자에게 효과적으로 전달된다.

### (3) 제공 가능한 서비스의 약속

스포츠 상품은 직원과 고객과의 상호작용에 따라, 스포츠 질이 달라질 수 있는 가변성을 지닌다. 그러므로 실제로 제공 가능한 최소 수준의 서비스만을 고객에게 약속하여야 한다. 과도한 약속은 고객불만을 야기 시킨다.

### (4) 직원에게 사전 광고

직원은 스포츠 조직의 내부고객이다. 외부의 고객에게 스포츠 상품의 광고를 행하기 전에,

이들 내부고객에게 먼저 광고를 행함으로서 고객만족을 기할 수 있다. 내부고객이 만족하고 이해할 수 있는 상품이라면, 그 상품은 외부고객에게도 이해를 시킬 수 있고 만족도 줄 수 있다.

### (5) 구전 커뮤니케이션의 활용

스포츠 상품의 이용에 영향을 주는 주요 정보원천은, 과거 이용해 본 경험이 있는 사람들이 다른 사람들에게 입으로 전달하는 인적 · 경험적 정보원천 이다. 그러므로 만족을 느낀 고객으로 하여금, 잠재고객에게 호의적인 말을 전할 수 있게 하면서, 기존고객과 잠재고객의 상호접촉관계를 강화시키는 장치가 필요하다

### (6) 유형의 실마리 제공

소비자는 스포츠의 실제 이용에서 구매위험을 인식한다. 스포츠 조직의 물리적 환경의 요소를 강조함으로서 구매위험을 줄일 수 있다. 물리적 환경의 요소들을 살펴봄으로써, 소비자들은 스포츠 상품의 수준을 어느 정도 짐작할 수가 있다. 물리적 환경의 요소는 소비자가 서비스 질을 평가할 수 있는 단서를 제공하여 준다. 소비자들이 스포츠 상품의 이용 전에 탐색할 수 있는 유형의 실마리를 제공함으로서 구매위험을 줄일 수 있다.

### (7) 광고의 지속

스포츠 상품은 무형의 상품이기 때문에, 이것에 대한 특정 이미지를 형성하거나 경쟁조직과 차별화를 기하기 어렵다. 하지만, 이미지의 형성이나 차별화가 전적으로 불가능한 것은 아니다. 심벌이나 테마, 형식 등을 광고에 지속적으로 이용함으로써, 스포츠 조직은 특정 이미지의 구축이나 차별화가 가능하다. 고객으로 하여금 특정 스포츠 조직을 연상할 수 있게 하는데, 심벌이나 테마, 형식 등을 이용하여 지속적으로 광고하는 것이 필요하다.

## 4. 스포츠 광고의 관리

스포츠 조직이 촉진활동의 하나로 광고를 행한다면 다음의 5가지 – 광고목적의 설정, 광고예산의 설정, 메시지의 작성, 매체의 선정, 광고효과의 측정 – 를 결정해야 한다.

### (1) 광고목적의 설정

광고의 목적으로는 알릴 것인가? 설득을 할 것인가? 생각나게 할 것인가? 등의 3가지 대안 중에서 어느 것인지를 결정하여야 한다. 또한 스포츠 조직이 성과를 측정하는 것이 어렵기는 하지만, 일정한 목표의 수준을 설정해 둠으로써 성과의 측정이 용이해진다.

### (2) 광고예산의 설정

광고의 목적이나 매출액 목표의 달성에 필요한 예산을 책정하여야 한다. 광고 효과의 측정과 마찬가지로 광고예산의 책정도 어려운 일이지만, 일반적으로 매출액의 일정률이나 경쟁조직과 동일하게 하는 경우가 많다.

### (3) 메시지의 작성

특정의 스포츠 상품을 포지셔닝 함에 있어서 소비자들에게 그것을 인지시키고 전달시킬 수 있는 가장 효과적인 메시지를 작성하여야 한다. 스포츠의 이용을 촉진할 수 있는 메시지의 작성을 크리에이티브 전략이라 한다.

### (4) 매체의 선정

스포츠 상품의 메시지를 가장 효과적이면서 효율적으로 전달할 수 있는 매체를 선정하여야 한다. 광고매체의 선정을 매체 전략이라 한다.

### (5) 광고효과의 측정

보다 효과적인 스포츠 상품의 광고활동을 지속적으로 하기 위해서는 광고의 목적과 예산이라는 두 측면에서의 평가가 필요하다.

## 5. 스포츠 광고의 전략

스포츠 광고의 전략은 앞에서 설명한 바와 같이, 크리에이티브 전략과 매체 전략이 있다. 전자는 스포츠의 이용을 촉진할 수 있는 메시지를 작성하는 전략이고, 후자는 스포츠를 가장 효과적으로 전달할 수 있는 매체의 선정을 위한 전략을 말한다.

### (1) 크리에이티브 전략

크리에이티브 전략(creative strategy)의 시작은 스포츠 조직이 전달하고자 하는 스포츠의 속성을 선정하는 것에서 이루어진다. 이를 위해, 스포츠 상품의 컨셉을 결정하여야 한다. 일반적으로 스포츠 상품의 표지셔닝이 어려운 만큼, 스포츠 조직의 마케팅 목표를 달성하고 표적고객에게 스포츠 상품의 속성을 가장 효과적으로 전달할 수 있는 메시지의 작성이 필요하다.

따라서 스포츠 조직은 해당 스포츠 상품의 속성을 소비자가 관심을 가지고 받아들일 수 있도록 광고 표현을 하지 않으면 안 된다. 스포츠 광고의 표현이 스포츠 조직이 전달하고자 하는 상품 속성의 직접적 전달이 중요하지만, 스포츠 조직이 전달하고자 싶은 메시지를 고객이 주의를 기울이고 관심을 가지도록 할 수 있는 메시지의 전달이 보다 더 중요하다.

### (2) 매체 전략

매체 전략(media strategy)은 표적고개의 프로필, 규모, 지역에 맞추어서 한정된 예산 안에서 가장 효과적인 미디어 믹스를 찾아내는 활동이다. 광고의 매체는 〈표 12-2〉에서처럼, 여러 특성들이 있어 각각의 특성을 살릴 수 있는 미디어 전략이 이루어지지 않으면 안 된다.

<표 12-2> 광고매체의 특성

| | 이 점 | 한 계 |
|---|---|---|
| 신 문 | 신뢰성이 높으며, 지역에 따른 분할이 가능하다. 잡지에 비하여 독자층이 광범하며 시의적절한 광고원고의 제출이 가능하다. | 매체가치가 하루 만에 상실하며, 정독률이 낮다. 잡지에 비해 지질과 색상의 구현이 취약하며, 인구에 따른 분할이 어렵다. |
| 잡 지 | 인구의 수명주기에 따른 분할이 가능. 장기간에 걸쳐 매체가치를 보유하여, 색상구현의 우수성이 높으며 정독률 또한 높다. | 시의적절한 광고원고의 제출이 어려다. 신문에 비해 독자층이 낮으며, 게재할 지면이 지정이 어렵다. |
| T V | 시청각의 감각에 호소가 가능하며, 광범한 시청자와 주목도가 높다. | 비용이 많이 소모되며, 많은 정보의 전달이 어렵다. |
| 라디오 | 지역·인구·수명주기에 의한 분할이 가능하다. | 시각적 호소가 어려우며 청취자 또한 한정적이다. |
| 옥외광고 | 지역에 따른 분할이 가능하여, 큰 공간의 사용이 가능하고 반복 접촉률이 높다. | 인구·수명주기에 따른 분할이 어려우며, 광고표현의 잦은 변화가 어렵다. |

예를 들어, 한 번에 많은 정보를 전달하는 광고의 매체에 TV가 적절하지 않지만, 특정의 스포츠 상품이나 스포츠 조직의 이미지를 오감(五感)에 직접 호소하는 경우에는 TV가 절대적이다.

## 6. 스포츠 광고매체의 대안

스포츠 조직이 광고에 사용할 수 있는 매체는 다양하다. 여러 매체 중에서 스포츠 조직은 어느 하나 또는 그 이상을 선택하여야 한다. 광고매체에는 인쇄매체, 방송매체, 옥외매체 등이 있다.

### (1) 인쇄매체

인쇄매체로는 신문, 잡지, 포스터, 직접우편광고 등이 있다. 신문은 매일매일 발행되어 적시성을 가진다. 그 날의 경기일정과 결과, 회원에 대한 촉진활동 등을 원하는 일자에 게재할 수 있다. 신문의 스포츠 란은 소비자들을 유인할 수 있는 선호되는 부분이 되고 있다.

잡지는 인쇄의 질과 색상은 우수하지만, 주간 또는 월간으로 발간되어 비용 면에서는 비싼 편이다. 그리고 포스터는 스포츠 조직에서 어느 정도의 통제권(배포의 시기와 장소 등)을 가지며, 포스터의 공간을 판매함으로서 자금조달의 수단이 되기도 한다. 포스터는 사람의 왕래가 잦고 시선을 끌 수 있는 장소에 제시되어야 하며, 장소에 따라 많은 영향을 받는다.

직접우편광고는 스포츠 산업에 매우 광범위하게 사용된다. 스포츠 조직이 접근하고 싶은 고객에게만 다가갈 수 있는 장점은 있으나, 광고내용에 관심을 가지지 않는 고객에게는 접근할 수 없는 단점이 있다. 미국에서 시즌 입장권과 경기장 입장권은 주로 직접우편광고를 통해 촉진된다.

### (2) 방송매체

방송매체에는 라디오, TV, 대중발표시스템 등이 있다. 특히 팀의 홈 경기장에서 행하는 대중발표시스템은 매우 중요하다. 이를 통해 발표내용이 지방 사람들에게 판매될 수 있으며, 장래의 경기 혹은 촉진활동에 대한 내용을 발표할 수 있다.

라디오는 TV에 비해 비용이 상대적으로 저렴하다. 특히 배경음악을 지원하는 훌륭한 광고 문안은 경기장이나 스포츠클럽에 청중을 동원하는 것과 거의 유사한 효과를 얻을 수 있다.

텔레비전은 다수의 사람에게 접근할 수 있으며, 영상과 음악을 동시에 전달하여, 공을 치는 소리와 관중의 환호성을 현장감 있게 들을 수 있다.

### (3) 옥외매체

옥외광고는 빌보드(billboard) 혹은 버스광고판 등에 게재된다. 이것은 상대적으로 비용이 저렴한 광고이면서 매우 시각적이다. 옥외광고는 오랜 기간 동안 게재되어 소비자들이 반복적으로 메시지에 노출됨으로써 그 메시지를 강화시킨다. 따라서 빌보드에 보이는 범위 안의 소비자들만이 광고메시지에 노출되므로, 입지의 선정은 매우 중요하다. 스포츠 행사장 자체는 옥외광고의 좋은 예이다.

# 제 3 절 인적판매

인적판매(대면판매)는 직원과 고객과의 직접적인 대면을 통하여 이루어지는 촉진활동이다. 스포츠 상품의 이용을 위해서는 어떤 촉진수단들보다도 스포츠 조직의 직원들이 큰 역할을 한다. 왜냐하면, 스포츠 상품은 직원이 상품의 일부이고, 직원과 고객들과의 커뮤니케이션을 통하여 이용에 따른 불확실성과 위험 등을 줄일 수 있기 때문이다. 직원을 통한 스포츠 상품의 이용촉진은 고객들을 확신시키고 설득시킬 수 있는 주요한 수단이 되고 있다.

## 1. 인적판매의 중요성

스포츠 상품의 이용에서 인적판매는 매우 중요하다. 스포츠 조직에서의 인적판매는 직원을 통하여 이루어진다. 직원인은 고객으로 하여금 상품을 이용하게 하고 고객으로부터 대가를 받는 스포츠 조직에 고용된 판매원인 것이다.

이처럼, 스포츠 조직에서 직원을 통한 스포츠 상품의 이용촉진은 매우 중요하다. 스포츠는 무형상품이고, 생산과 소비가 거의 동시에 이루어지기 때문에 인적판매가 절실하다. 스포츠 상품은 상품의 생산자인 선수나 직원이 직접 판매하는 것이 효과적이다. 직원(선수)이 대표하는 스포츠 조직에 의한 스포츠의 이용촉진은 고객에게 많은 가치를 제공해 줄 수 있다. 스포츠 상품에 있어서 인적판매의 중요성은 다음과 같다.

### (1) 스포츠 상품의 특성

고객과 직원(선수)의 상호작용에 따라 생산되고 소비되는 무형의 스포츠를 고객에게 널리 알리기 위해서는 인적판매가 가장 효과적이다. 스포츠 상품의 내용은 스포츠의 생산자인 직원(선수)이 가장 잘 알고 있어, 그들이 직접 스포츠를 전달함으로써 이용의 촉진을 효과적으로 할 수 있다.

### (2) 고객욕구의 충족

스포츠 상품은 직원(선수)이 생산하며 그들에 의해 고객에게 전달된다. 직원(선수)은 고객에게 스포츠를 전달하면서 상품에 대한 그들의 욕구충족을 위한 시장조사를 행할 수 있다. 시장조사에서 얻은 정보를 토대로 고객욕구가 충족될 수 있는 상품을 생산하고 제공할 수 있어, 스포츠 상품의 생산에서 직원(선수)의 인적판매는 무엇보다도 중요하다.

### (3) 스포츠 환경의 변화

스포츠 산업에서 가장 효과적인 촉진수단은 직원(선수)에 의한 인적판매이다. 즉 직원(선수)들이 고객들에게 스포츠팀을 다시 찾도록 권고하거나, 또는 고객으로 하여금 만족을 느끼게 하여, 그들이 잠재고객들에게 자원에 대하여 호의적인 말을 전하게 할 수 있는 것이다.

## 2. 직원의 자질

직원은 스포츠 조직에서 판매원으로의 중심적 역할을 한다. 직원과 고객 간의 상호작용이 스포츠의 이용에 영향을 미치므로, 직원과 고객 간의 상호작용에 따라 스포츠 상품의 성공적인 이용이 이루어진다. 직원이 생산한 스포츠의 이용을 성공적으로 이끌어내기 위해서는, 판매원으로서의 자질이 있는 사람의 선발과 그들의 지속적이고 집중적인 훈련이 필요하다. 판매원의 자질로서 공감성(empathy)과 자아동인(self drive)을 들 수 있다.

고객이 생각하고 느끼는 것에 대하여, 직원도 고객과 동일한 감정을 공유하고 있음을 고객들이 느낄 수 있어야 한다. 이를 위하여, 직원은 고객이 느끼는 것을 거의 자동적으로 감지하는 능력이 있어야 하는데, 이를 공감성 또는 감정이입이라고 한다. 직원이 공감성을 가질 때, 고객과의 상호작용이 잘 되어, 성공적인 스포츠의 이용이 이루어진다.

또한, 직원은 찾아온 고객에게 스포츠를 성공적으로 이용하도록 하겠다는 강한 욕구를 가져야 한다. 직원 스스로 스포츠를 성공적으로 이용하고자 하는 욕구가 없으면, 고객을 만족시키기 어렵다. 스포츠 상품의 성공적 이용을 위한 욕구가 있을 때, 직원은 고객을 만족할 수 있다. 즉 고객의 만족을 위해서는, 직원은 그들 스스로 이용을 위한 욕구를 가져야 하는데, 이를 자아동인이라고 한다.

따라서 스포츠 조직의 직원이 마케팅 담당자로서의 역할을 성공적으로 수행하기 위해서는 판매경험을 가진 직원의 확보가 필요하다. 스포츠 상품의 이용에는 직원의 판매경험이 반드시 필요한 것은 아니지만, 판매경험이 있으면 고객과의 상호작용을 보다 잘 할 수 있기 때문이다.

## 3. 직원의 보상

직원이 판매원의 자질을 구비하였고 훈련을 잘 받았다고 하여도, 이들에 대한 보상이 제대로 이루어지지 못하면 판매성과를 기대할 수 없다. 직원에 대한 보상은 유능한 직원을 유인하고 스포츠의 이용을 자극하는 중요한 요인이다. 직원에 대한 매력적인 보상계획의 개발을 위해, 마케팅 관리자는 다음의 사항을 결정하여야 한다.

### (1) 보상의 수준

직원에 대한 보상은 시장의 일반적 수준에 따라 결정되어야 한다. 그런데 대개의 스포츠 조직은 일반기업의 수준보다도 적은 보상을 실시하고 있다. 스포츠 조직의 직원에 대한 낮은 수준의 보상은 유능한 직원의 유인과 매출증대에 상당한 영향을 끼칠 수 있다.

### (2) 보상방법

직원에 대한 보상방법에는 고정급의 방식인 철저한 급여계획, 수수료에 의해 지불되는 철저한 수수료계획, 그리고 이들이 결합된 조합계획이 있다. 대부분이 조합계획을 실시하고 있다. 스포츠 조직의 경우, 대부분의 직원은 철저한 급여계획을 적용하고 있으나, 이러한 현상은 서서히 변화하고 있다.

## 4. 인적판매의 지침

스포츠 상품의 효율적인 인적판매를 위한 지침은 다음과 같다. 아래의 6가지 지침에 따라 스포츠 상품의 효율적인 인적판매를 위한 지침을 살펴보자.

### (1) 고객과의 개인적 친분관계 형성

직원이 스포츠의 이용을 촉진하기 전에 고객과의 개인적인 친분관계를 형성함으로써 상호간의 원활한 의사소통이 이루어지고, 고객욕구를 파악하여 그것을 충족시켜 고객만족을 가져올 수 있다.

### (2) 전문가로서의 자질함양

고객이 생각하기에 스포츠에 이해가 깊은 직원 같다고 느끼는 태도, 용모, 지식, 기술 등을 갖춤으로써 고객에 대한 신뢰도를 형성하여야 스포츠 상품의 이용촉진이 용이해진다. 스포츠 상품의 이용은 곧 직원의 선정에서 시작된다. 직원이 고객에게 신뢰를 주지 못한다면 스포츠의 이용은 불가능한 것이 된다.

### (3) 간접적 이용

스포츠 상품의 직접적인 이용도 중요하지만, 간접적인 방법으로 스포츠의 이용을 유도하는 것도 필요하다. 스포츠 상품의 이용에 영향력을 행사할 수 있는 의견선도자(opinion leader)나 추천장 등을 이용하거나, 대중연설이나 모임참여 등을 통하여 스포츠 상품의 이용을 자극할 수도 있다. 또한 어떤 스포츠 상품을 선택할지 모르는 고객들에게 도움(궁금증에 대한 해답제공)을 줌으로써 간접적인 스포츠의 이용이 가능하게 된다.

### (4) 호의적 이미지의 구축 · 유지

스포츠 상품의 이용에서 스포츠 조직의 호의적인 이미지는 매우 중요하다. 스포츠 상품은 눈으로 확인할 수 없는 관계로 소비자의 주관적 판단, 인상, 명성 등이 그들의 이용에 영향을 미친다. 또한 그들은 구전의 영향을 받아 스포츠를 이용한다. 구전이 스포츠의 이용에 영향을 미침은 인적정보 원천에 대하여 신뢰성을 가지기 때문이다. 따라서 스포츠 상품의 이용에 영향을 줄 수 있는 호의적인 이미지를 구축하고 유지하는데 인적판매를 활용해야 한다.

### (5) 부가상품의 이용

직원은 스포츠의 핵심 상품 외에, 그것에 수반되는 부수적인 부가상품의 판매에도 노력하여야 한다. 핵심상품을 이용하게 하면서도 그것에 관련되는 부가상품의 이용이 이루어지도록 주의를 기울여야 한다.

### (6) 구매과정의 편리성

스포츠 상품은 무형성과 동시성을 지니기 때문에 스포츠의 전달과정은 매우 중요하다. 게다가 관람스포츠 상품은 이용 회수도 빈번하지 않으며, 참여스포츠는 이용 전에 두려움, 불확실성, 의심 등의 구매위험을 느낄 수도 있다. 그러므로 소비자들이 스포츠를 이용하는 과정에서 위험을 인식하지 않도록 보다 편리하고 보다 안락한 상황에서 스포츠를 구매할 수 있는 여건이 갖추어야 한다. 그리고 이러한 여건의 구비는 인적판매로 활용 가능하게 한다.

## 5. 전화를 통한 판매

인적판매는 광고와는 달리 비인적 의사소통의 수단으로, 많은 스포츠 조직들이 이를 이용하여 그들의 상품을 직접적으로 판매한다. 마케팅 담당자들이 인적판매에 참여하는 것은 실제의 고객들과 자주 접촉하는 것이다. 관중과 참여자를 대상으로 한 스포츠의 판매에서 가장 큰 변화는 전화를 통한 판매의 증가이다.

스포츠 상품의 판매는 관람스포츠를 위한 인적판매와 참여스포츠를 위한 인적판매의 2가지로 구분하여 설명하면 다음과 같다. 먼저 관람스포츠의 인적판매는 기업고객과 단체판매에 적용된다. 기업고객에게는 입장권의 구매를 통하여 고객들을 즐겁게 하며, 세금공제의 혜택도 받으며, 지역사회에 공헌할 수 있다는 가치를 강조하게 된다. 한편, 단체판매는 입장권 할인과 주차 우선권, 그리고 점수판에 대한 인지 등이 강조해야 하는 편익들이다.

참여스포츠의 인적판매는 라켓클럽, 헬스클럽, YMCA 등과 같은 곳에서 스포츠를 판매하는 중요한 기능이다. 이들 조직에 근무하는 사람들은 제일먼저 고객과 접촉한다. 이들은 고객들에게 친절하며, 도움을 주고, 전화예절을 갖추어 클럽의 모든 편익을 설명할 수 있어야 한다. 이 경우, 전화판매는 이러한 스포츠 조직의 참여스포츠에서 중요한 판매기법이 된다. 전화판매의 담당자는 앞으로 참여할 가능성이 있는 친구들을 추천하는 회원들에게 특별 할인요금을 제공함으로서 잠재고객의 명단을 작성할 수 있다.

# 제 4 절 판매촉진

판매촉진은 단기간에 한하여 중간상이나 고객을 상대로 하는 비인적 수단의 촉진활동을 말한다. 스포츠 조직에서 보면, 중간상은 직원이 되며, 직원과 고객을 대상으로 하는 비인적 수단의 촉진이 판매촉진인 것이다. 스포츠 조직에서의 판매촉진은 내 · 외부 고객을 대상으로 하는 촉진수단으로, 스포츠 조직에서는 홍보활동이 주로 이와 비슷하다.

## 1. 스포츠 이용촉진의 필요성 및 한계

스포츠의 이용촉진은 다음의 경우에 효과적으로 실시할 수 있다.

- 새로운 스포츠 상품을 소개할 때
- 기존 스포츠 상품의 질적 개선이 이루어졌을 때
- 경쟁이 심할 때
- 고객접촉경로를 다양화했을 때
- 기존 스포츠 상품의 광고가 이미 이루어졌을 때

하지만, 스포츠 상품의 판매촉진은 많은 한계점을 가진다. 판매촉진이 반복이용을 어렵게 할 수도 있으며, 다른 촉진수단들과의 협조가 없이는 효과가 없다. 효과 또한 단기적이고 일시적이다. 지나친 판매촉진은 스포츠 조직이 상품의 이미지를 해치기도 한다. 따라서 스포츠 상품의 판매촉진은 제한적으로 신중히 이루어 질 필요가 있다.

## 2. 스포츠 상품의 판매촉진

가격 또는 비가격 전술형태를 가진 판매촉진은 모든 스포츠 조직의 마케팅 전략에서 필수적인 부분이다. 많은 스포츠 조직들이 가격할인으로 팬들을 유인하지만, 가격할인에 의한 판매촉진은 상품의 이미지를 값싸게 보이게 할 수 있으므로 바람직한 방법이 아니다.

기본상품의 무료제공은 소비자들에게 상품의 가치가 있다는 인식을 줄 수 있고 또는 그것을 실제로 구매한 소비자들을 화나게 할 수 있어 피해야 한다. 가족의 밤, 어린이의 밤, 하루의 가격으로 이틀을 지내게 하는 등의 아이디어는 효과적인 촉진전략이 될 수 있다.

현재 미국에서 야구배트의 날, 헬멧의 날, 맥주의 날 등과 같은 유형의 비가격 촉진방법이 관람스포츠에서 많이 실시되고 있다. 이러한 무료경품의 제공은 독창적이고 창조적이며 유머가 있을 때 보다 효과적으로 보일 수 있다. 또한 이러한 것들은 광고와 홍보를 통해 잘 계획되어지고 의사소통이 되어야 한다.

## 제 5 절 홍 보

홍보(publicity)는 일반적으로 공중관계(Public Relation)라고 부른다. 스포츠 조직들이 행하는 홍보활동에는 두 가지가 있다. 하나는 비촉진적인 것으로서, 보도진에 의해 신문이나 TV 등에 보도하는 스포츠 조직에 관한 뉴스를 말한다. 다른 하나는 촉진적인 것으로서, 이는 스포츠 조직 측에서 촉진활동의 일환으로 보도진에게 뉴스가 될 정보를 제공하는 활동을 말한다. 일반적으로 말하는 홍보활동은 바로 후자, 즉 스포츠 조직에 의해 수행되는 촉진적인 정보제공 활동을 말한다.

이러한 홍보활동을 PR이라고 하는 이유는 무엇일까? 엄밀한 의미의 공중관계란 스포츠 조직과 공중의 사이에 존재하는 하나의 상태를 말한다. 스포츠 조직이 조직활동을 수행하는 한 원하든 원하지 않던 간에 공중과의 관계를 맺지 않을 수 없다. 왜냐하면, 조직활동과 관련이 있거나 이에 영향을 미치는 사람들은 어떠한 형식으로든 공중을 형성하게 되기 때문이다.

따라서 스포츠 조직과 공중 간에 바람직한 관계가 형성되어야 한다. 양호한 관계가 형성되어 있는 경우에는 이를 지속적으로 수행하게 된다. 하지만, 만일 바람직한 관계가 형성되지 못하면 스포츠 조직은 조직목적의 달성이 어렵게 되어, 이의 개선을 위해 PR활동을 수행하지 않을 수 없다.

### 1. 홍보의 대상

홍보의 대상은 사업의 방향과 내용에 따라 대내적 홍보과 대외적 홍보로 구분된다. 대내적 홍보란 스포츠 조직의 직원들에 대한 홍보이고, 대외적 홍보란 고객들에 대한 홍보활동이 된다.

#### (1) 대내적 홍보

스포츠조직 내부의 고객들에게 홍보를 위해서는, 직원의 이해와 협조를 구하여 그들이 적극적으로 홍보활동에 임할 수 있도록 하여야 한다. 직원들이 스포츠 조직을 신뢰하고, 스포츠 조직은 그들을 신뢰하는 가운데, 스포츠 조직의 홍보에 적극성을 띠고 홍보활동을 하게 되고, 그들의 업무에도 긍지와 보람을 갖게 된다.

직원들에 대한 홍보활동의 매체로서 사내보, 안내게시판, 강연회, 직원 연수회, 신문, 체육대회 및 단합대회 등이 있다. 이들 매체를 통하여, 스포츠 조직의 경영자는 리더십을 발휘하여 인화단결과 화목을 유지하여 조직의 발전을 도모해야 한다.

### (2) 대외적 홍보

스포츠 조직의 대외적 홍보는 스포츠 조직 자체의 프로그램에 의해 수행되거나, 경기단체나 경기연맹에서 대행한다. 스포츠 조직 외부의 고객에 대한 홍보활동이 효과적으로 이루어져야, 스포츠 조직과 지역주민과의 인식의 격차를 줄일 수 있다. 주민(고객)은 스포츠 조직의 공식적인 대외적 활동을 이해하고 지원하게 되며, 스포츠 조직이 어려움에 처할 때 스포츠 조직을 도와주게 된다. 만일, 주민이 스포츠 조직의 대외적 활동을 이해하지 못하고 부정적 생각을 하게 될 경우에는, 스포츠 조직은 지역 주민들로부터 소외되게 된다.

대외적 홍보의 주요 대상으로 지역주민, 각종 사회단체, 보도기관, 기타 스포츠 조직, 경기단체와 감독관청 등을 들 수 있다. 이들의 우선순위는 역시 지역주민과 사회단체 등의 순이다. 이 외의 대외적 홍보활동의 매체로서 공중에 대한 집필이나 연설, 세미나 개최, 뉴스 제공, 자동응답시스템(ARS), 인터넷의 홈페이지 개설, 자원 봉사활동, 강연회, 공개강좌, 교육 등이 있을 수 있다.

## 2. 홍보활동의 유형

스포츠 조직의 장래성이나 이미지를 향상시키기 위한 홍보활동에는 다음의 여러 유형이 있다. 스포츠 조직이 홍보활동을 강화하기 위해서는 매체를 적절히 이용할 수 있어야 한다. 이를 위해서는, 전국적인 관점에서 기사거리가 될 만하고, 스포츠 구매자들에게 스포츠 조직이 스포츠정보 제공자로서의 역할을 수행할 수 있어야 한다. 홍보활동의 유형은 다음과 같다.

- 공중에 대한 연설이나 집필
- 세미나의 개최

- 공중관계(PR)
- PR 광고(이는 광고의 형식을 빌어 수행되는 PR 활동)
- 지역주민과의 커뮤니케이션
- 뉴스 제공(news release)
- 특집 기사의 제공(feature article)
- 기자회견
- 레코드와 필름의 제공
- 자원봉사 활동
- 기타(강연회, 공개강좌, 건강교육 등)

## 3. 홍보활동의 기능

홍보활동이 효과적이기 위해서는 공중들인 입법기관, 대중매체, 금융기관, 스포츠기관 등의 유관기관과 같은 구체적 청중들을 명확히 하여야 한다. 스포츠의 사용자 및 스포츠 조직에 영향을 미칠 추세의 흐름을 파악할 필요가 있다. 홍보활동을 담당하는 기능으로 다음 사항들이 있다.

- 스포츠 조직의 직원 자격을 실무, 산업, 정부 및 교육에 있어 가장 바람직한 자질로서 홍보한다.
- 해당 직원에 대한 호의적이고 긍정적인 이미지를 구축한다.
- 해당 직원이 제공하는 서비스에 대한 인지도를 제고한다.
- 해당 직원의 객관성 및 한계에 대해 교육한다.
- 해당 직원의 공적 이익(public interest) 보호를 위한 자율적 규제를 대중에게 이해시킨다.
- 정부 및 규제기관과의 긍정적 · 공헌적 관계를 유지한다.

## 4. 효과적인 홍보활동

스포츠의 홍보활동을 위한 대상은 4가지 – 고객, 대중매체, 정부, 지역사회 – 로 분류되는데, 이를 중심으로 효과적인 홍보활동의 방안을 살펴본다.

### (1) 고객 관계

대고객 홍보활동을 효율적으로 수행하는 방안으로 다음사항이 있다.

- 회의, 세미나, 공청회의 개최
- 소책자, 회람의 발행
- 해당 스포츠와 관련된 전문잡지 무료배포

### (2) 대중매체 관계

고객의 입장에서 대중매체는 비교적 객관적이어서 제3자에게 신뢰성을 줄 수 있다. 효과적인 대중매체를 이용함으로서 홍보목표의 달성이 가능하다. 대중매체를 호의적으로 유지하기 위해서는, 인터뷰와 좌담회의 참석, 뉴스 배포(press release), 강연회참석 등이 있다.

### (3) 정부 관계

정부기관은 스포츠 조직의 좋은 홍보기관이 될 수 있다. 정부기관은 스포츠와 관련된 법규제정이나 규제활동의 수행 등을 통하여, 청중의 권익보호를 담당하여 청중들이 정부기관의 활동을 가장 신뢰하기 때문이다. 호의적 정부관계의 유지를 위해, 정부기관의 움직임에 민감해야 하며 입법기관에도 적극적인 로비가 필요하다.

### (4) 지역사회 관계

지역사회에의 홍보를 위해 유예자원의 기능을 담당하는 주요 인사들과의 긴밀한 관계유지, 강연회 개최, 장학제도 지원, 지역봉사활동, 출판 등이 있을 수 있다. 이 외에도, 상공회의소, 종교단체, 시민단체, 정당, 전문인 협회 등과의 관계유지도 중요하다.

## 5. 홍보전략

홍보(PR)가 중요한 이유는 홍보가 조직 활동의 성패가 달린 공중들을 효과적으로 관리하는 기능을 담당하기 때문이다. 스포츠 조직은 조직의 주요 공중인 언론, 지역사회, 정부, 소비자 등과의 관계 정도에 따라 조직의 성패여부가 결정된다.

스포츠 조직이 주요 공중들과 효과적인 의사소통을 하기 위해서는 홍보 전략의 수립이 중요하다. 홍보 전략은 언론관계, 소비자 관계, 지역사회 관계, 정부관계, 직원관계 등과 같은 공중별 관리전략과 문제관리, 위기관리, 명성관리 등 상황별 관리전략으로 분류할 수 있다(〈표 12-3〉 참조).

<표 12-3> PR전략의 예

| | PR 전략 | PR 프로그램 |
|---|---|---|
| 공중별전략 | 언론관계 | 보도자료 배포, 대변인 성명, 기자회견, 기자 간담회 |
| | 소비자 관계 | 고객불만 처리, 소비자 대상이벤트 |
| | 지역사회 관계 | 지역사회에의 기여, 주민과의 갈등 해결 |
| | 직원 관계 | 사보발행, 사내 교육, 의견수렴제도 |
| 상황별전략 | 문제관리 | 성차별 예방, 문제의 진단, 직원불만 처리 |
| | 위기관리 | 피해대책센터의 운영, 언론센터의 설치 |
| | 명성관리 | 이미지 향상, PI, CI |
| | 홍 보 | 팜플렛 제작· 배포, 뉴스자료의 배포 |
| | 캠페인 | 각종 이벤트, 기금모금, 낙태예방 캠페인 |

우리나라의 스포츠 조직은 그 동안 언론관계, 고객만족 캠페인, 이미지 관리, 사내보 제작 등과 같은 홍보활동을 주로 행하여 왔다. 하지만 세계적인 스포츠 조직으로 성장하기 위해서는 이러한 홍보활동의 전면적인 수정이 절대적으로 필요하다. 앞으로 스포츠 조직들은 대언론 관계, 소비자 관계, 지역사회 관계, 종사자 관계 등의 공중별 관리전략과 위기관리와 명성관리, 캠페인 등의 상황별 관리전략을 효과적으로 수행하여야 할 것이다.

## 6. 홍보의 기능

스포츠 분야에서 적용할 수 있는 홍보의 다양한 역할에 따른 기능은 무엇인가? 홍보의 역할에 따른 기능으로 조직정보의 제공, 조직의 홍보, 지역사회와의 관계, 모집 및 사업개발, 교육, 이미지의 향상(보호) 등이 있다.

### (1) 조직정보의 제공

이는 가장 일반적이며 잘 이용되는 홍보의 기능이다. 이 기능은 상품이나 조직정보를 편집 · 공개 · 유포하는 것을 말한다. 그 대상으로는 일반대중이나 동창회, 신문, 전자매체 등의 특정 집단이 될 수 있다. 정보는 야구경기의 기록통계처럼 간단할 수도 있고, 전문 해설가에게 제공되는 것처럼 복잡한 것일 수도 있다.

### (2) 조직의 홍보

이는 스포츠 조직의 홍보담당자가 마케팅 관리자와 함께 새로운 프로그램, 주제, 캠페인, 판매 및 촉진방법 등을 소개하는 것을 말한다. 특히 새로운 프로그램 및 상품에 관한 홍보의 창출, 특정 프로그램 혹은 조직과의 제휴, 대중전달 등은 홍보의 핵심적 기능이다.

### (3) 지역사회와의 관계

스포츠 조직은 지역사회와 좋은 관계를 유지할 때, 긍정적 인식은 물론 금전적 이익도 얻을 수 있다. 이 기능은 일반대중의 지원을 얻어내고 그것과의 연계를 유지하는데 사용된다. 대학 간의 운동경기에서 지역주민을 관람하게 하거나, 그 지역출신의 우수선수에 관한 기사거리의 제공은 좋은 예이다.

### (4) 모집 및 사업개발

스포츠 조직의 홍보가 잘 되어있으면, 전국순회 또는 학교방문을 통한 선수의 선발(모집)이 용이해진다. 정기적으로 신인 또는 신입 선수를 모집해야 하는 스포츠 조직의 홍보담당자들은 이때 자신의 능력을 발휘할 수 있는 기회를 가지게 된다. 운동선수의 모집 외에 다음이 경우에도 스포츠 조직의 홍보기능은 유용하다.

- 프로선수와 신인선수 또는 자유계약선수의 선발
- 스포츠 조직이 각종 경기 및 이벤트의 유지
- 후원, 상품, 선수, 행사 등에 대한 기업참여의 유도
- 스포츠 조직의 스폰서 기업의 확보

### (5) 교육

홍보의 주요 기능은 정보제공 뿐만 아니라 교육에도 있다. 교육을 통한 홍보는 스포츠 조직의 출판물을 통하여 이루어진다. 국제이벤트그룹에서는 Special Event Report를 발간하여 이벤트 스폰서십과 생활방식 마케팅에 대한 국제적인 소식을 알려준다.

### (6) 이미지의 향상(보장)

이는 홍보의 복합적 기능으로서 자신의 상품이 우수하며, 우리 조직은 책임 있는 시민의 일원으로 지역사회의 공헌자로서의 역할을 다하고 있음을 대중매체에게 알리기 위한 스포츠 조직의 노력이다. 맥도날드는 자선사업의 확대를 통해 이미지의 구축과 향상 및 보호의 관점에서 기업 활동을 하는 좋은 예이다. 드라이브 인 체인(drive-in-chain)에 대한 부정적 이미지의 극복을 위해 맥도날드 하우스 운동을 벌여, 미국 각 지점 인근에 위치한 소아과 병원에서 병원치료가 필요한 어린이 환자와 그 가족을 위한 무료 또는 저렴한 비용으로 병실과 식사를 제공하였다.

## 제 6 절 촉진 라이선싱

### 1. 촉진 라이선싱의 이해

#### (1) 촉진 라이선싱의 개념

우리들은 기업들의 마케팅 행위와 관련된 다양한 활동들을 볼 수 있다. 특정 기업에서 자사와 관련 없는 상품을 판매 한다던가 또는 기업의 특정 스포츠 행사를 지원하고 대회명칭에 자사의 상호를 함께 사용하는 것을 볼 수 있다. 피자헛(Pizza Hut)에서 닌자 거북이 음악앨범의 판매, 삼성 LPGA 대회 등이 그것이다. 이러한 기업의 마케팅 활동을 촉진 라이선싱이라 한다.

촉진 라이선싱은 기업이 이익을 목적으로 특정 상품이나 스포츠 행사와 관련된 권리를 획득하는 것을 말한다. 이들 권리에는 상품판매의 기회, 매체 시간의 구매, 자격부여(대회명칭에 후원자의 이름을 넣는 것) 또는 고객초대 행사 등이 있다. 많은 마케팅 연구문헌을 보면, 촉진 라이선싱을 단순히 영리목적으로 하는 기업의 촉진활동으로 보고 있다. 즉 상업적 목적을 위하여 영리조직이 특정 활동에 재정적 지원이나 기타 지원을 하는 것으로 정의하고 있다.

이러한 촉진 라이선싱은 기업의 다른 촉진요인인 광고, 인적판매, 판매촉진, 홍보 등과 차별화 하여야 한다. 기업들은 촉진 라이선싱을 저마다 상이한 촉진 커뮤니케이션 믹스의 요소로서 사용하고 있어, 그 위치와 기능에 따라 명확히 규정할 필요가 있다고 말한다. 다시 말하면, 오늘날의 촉진 커뮤니케이션 믹스에 광고, 인적판매, 판매촉진, 홍보 외에 촉진 라이선싱을 별도로 추가시키지 않으면 안 된다.

따라서 촉진 커뮤니케이션 믹스의 요소들 사이에서 촉진 라이선싱이 차지하는 위치를 명확히 해주면서 기업의 광범위한 마케팅 활동을 설명하는 개념은 다음과 같다. 촉진 라이선싱은 특정 기업이 기업의 이름이나 상품을 각종 행사(스포츠 또는 예술)나 사회적 관심사(교육 또는 환경) 와 직접 제휴할 목적으로 이들 행사를 직접 도와주는 모든 종류의 자원제공을 말한다. 촉진 라이선싱에는 다음과 같은 규정이나 효과를 얻을 수 있다.

- 상품이나 서비스의 범주 내에서 상품 또는 서비스와 독점적으로 결합할 수 있는 권리
- 대회나 시설에 이름을 붙일 수 있는 권리
- 상품이나 대회에 공식후원자, 공식공급자, 공식상품 등의 다양한 명칭을 사용할 수 있는 권리
- 경영대회나 촉진활동과 같은 라이선싱 계약과 연계된 특정 촉진활동을 할 수 있는 권리

### (2) 촉진 라이선싱의 위치

스포츠 마케팅 믹스에서 핵심의 하나는 촉진의 4요소를 어떻게 믹스하느냐의 문제이다. 촉진의 4요소를 흔히 촉진믹스 또는 커뮤니케이션 믹스라고 한다. 기업의 촉진활동은 소비자에게 정보를 제공하고 설득함으로서 그들의 구매의사 결정에 영향을 미치게 하는 것이다. 전통적으로 광고, 인적판매, 판매촉진, 홍보 등의 4요소를 촉진 커뮤니케이션 믹스의 요소로 인식해왔다.

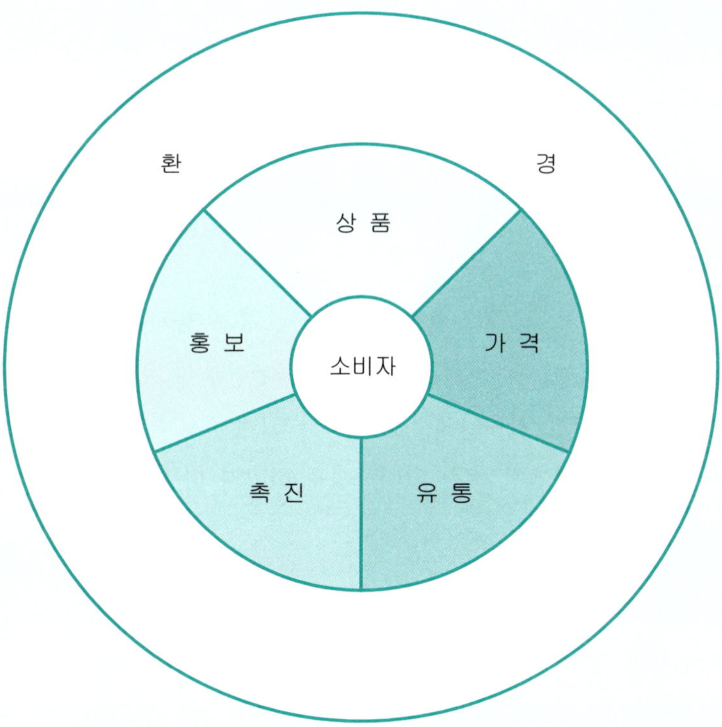


<그림 12-2> 마케팅 믹스의 요소

하지만 마케팅 기능의 변화와 표적고객의 욕구충족을 위해, 마케팅 믹스의 요소들은 〈그림 12-2〉과 같이 나타낼 수 있다. 상품, 가격, 유통(장소), 그리고 촉진을 홍보와 분리하여 마케팅 믹스의 요소들을 표시할 수 있다. 기업들은 촉진 라이선싱을 기존의 촉진요소와는 다른 기능을 하는 추가적인 촉진요소로 보게 되었다.

예를 들어, 촉진 라이선싱을 판매증대의 기회로 사용하는 기업이 있는가 하면, 기업과 상품의 인지도를 높일 수 있는 기회로 사용하는 기업도 있다. 전자의 경우, 촉진 라이선싱은 인적판매로, 후자의 경우는 광고로 볼 수 있다. 그리고 자동차회사가 자동차 경주를 지원할 경우, 촉진 라이선싱은 판매촉진이 되며, 은행 등이 사용하는 촉진 라이선싱은 홍보로 볼 수 있다.

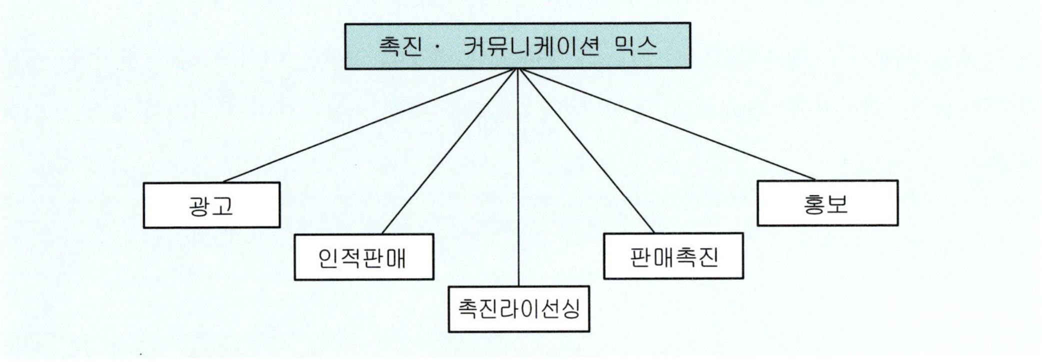


<그림 12-3> 광범위한 촉진 커뮤니케이션 믹스

이처럼 촉진 라이선싱은 광고, 인적판매, 판매촉진, 홍보 등과는 상이한 촉진요소의 위치에 있어, 〈그림 12-3〉과 같이 광범위한 촉진믹스를 나타낼 수 있다. 촉진 라이선싱은 기존의 촉진요소와는 다른 상이한 커뮤니케이션 요소가 되어, 그 위치와 기능에 따라 규정되지 않으면 안 되는 것이다. 기업에서 촉진 라이선싱을 하고자 할 때, 다음과 같은 문제들을 고려할 필요가 있다.

- 시장에서 촉진 라이선싱은 어떤 기능을 하는가?
- 촉진 라이선싱의 평가기준은 무엇인가?
- 촉진 라이선싱을 사용하는 목적은 무엇인가?
- 촉진 라이선싱이 촉진믹스에서 차지하는 위치는?

## 2. 촉진 라이선싱의 성장

### (1) 스포츠 촉진 라이선싱의 성장

기업이 각종활동에 후원하는 비용은 1980년대부터 급격히 증가하였다. 1980년대의 후반은 전반보다도 훨씬 많은 비율로 증가하였으며, 기업이 사용한 금액도 훨씬 많이 증가하였다. 이처럼, 촉진이 중요해짐에 따라, 촉진 라이선싱은 마케팅 믹스에서 중요한 위치를 차지하게 되었다.

기업들은 촉진 라이선싱에 지출하는 규모가 매년 꾸준히 증가하고 있다. 기업이 행사를 후원할 때, 지출하는 금액은 스포츠를 통한 마케팅 비용의 일부에 지나지 않는다. 스포츠를 통한 촉진 라이선싱이 성장하고 있는 것이다. 1980년대부터 기업의 스포츠를 통한 촉진 라이선싱이 증가하는 이유는 다음과 같다.

- 계속 인상되는 TV광고비에 대한 새로운 대체경로의 개발
- 여가시간과 스포츠에 대한 관심증대
- TV의 상업화
- 새로운 매체(비디오, 유선방송, 위성방송 등)의 성장
- 스포츠 활동에 대한 정부의 자금지원
- 마케팅 활동의 세계화

### (2) 스포츠 촉진 라이선싱의 영향요소

기업들은 촉진 라이선싱을 어떠한 이유에서 사용하는 것일까? 미국의 통신회사 MCI는 헤리티지 골프 클래식(Heritage Golf Classic)과 기타 스포츠 행사를 위해 매년 수백만 달러를 투자한다. 그리고 매달 일백만~삼백만 달러를 소비하는 고객에게는 헤리티지 골프클래식을 통신서비스로 보상하고, 그것을 고객을 접대하는 자리로 활용한다.

기업들이 후원하는 목표는 상업적 이익에서부터 사회적 책임까지 다양하다. 한 연구에 의하면, 기업들은 한 가지 목표만으로 후원 여부와 후원 대상을 결정하지 않는다고 한다. 스포츠 촉진 라이선싱의 계약 체결에 영향을 미치는 요인들은 다음과 같다.

### 기업과 상품의 인지도 증대

촉진 라이선싱은 특정 기업이나 상품의 인지도를 높이는데 사용된다. 1980년대 초반 영국의 캐논사는 자국에서 기업에 대한 인지도가 낮고, 일본의 캐논사와 혼동하고 있다는 사실을 발견했다. 그 해 5월 영국의 미식축구리그와 촉진 라이선싱 계약을 체결하고, 6개월 후 인지도 수준이 종전의 19%에서 85%로 증가하였다.

### 기업 상품에 대한 소비자 인식의 변화와 강화

기업들은 자사나 상품에 대한 소비자의 인식을 변화시키는 도구로서 촉진 라이선싱을 사용한다. 특정의 속성을 가진 스포츠 대회의 선택은 기업이나 상품에 대한 소비자의 인식을 강화하거나 친밀한 기업이미지를 형성하도록 도와준다. 1986년 세계적인 전자회사 필립스는 멕시코 월드컵에서 필립스의 비디오카메라가 대회를 녹화하며, 필립스가 이 대회를 후원한다는 광고를 하였다. 그 결과 월드컵 전후로 실시한 조사결과 이미지와 관련이 있는 것으로 밝혀졌다.

### 기업의 세분시장 식별

촉진 라이선싱은 기업의 세분시장을 식별하는데 사용되기도 한다. 앞에서 예로 든 MCI는 골프대회를 후원함으로서 다량소비자에 대한 고객접대를 하고 있다. 표적시장에 적합한 촉진 라이선싱은 기업에게 상당한 도움이 됨을 보여준다.

### 기업의 지역사회에 대한 책임

촉진 라이선싱은 지역사회에 직접적으로 영향을 미친다는 점에서 다른 촉진도구들 보다도 성공할 가능성이 높다. 국제마라톤 대회에는 많은 기업들이 후원하고 있는데, 그들은 수 천 명의 주자, 코스 주변에서 응원하고 구경하는 관중, 광범위한 TV 시청자 등에게 많은 영향을 미친다.

### 매체 이익의 창출

매체가 가져다주는 이익은 상품이나 대회를 둘러싼 촉진과 관련된 광고와 홍보 모두를 포함한다. 상품이나 대회가 매체 광고의 도달범위와 결합되어 있으면, 매체이익은 촉진 라이선싱의 중요한 목표가 된다.

### 판매목표의 달성

기업의 후원이라는 요소는 촉진의 다른 요소와 더불어 소비자의 구매행위에 영향을 준다. 기업들은 판매에 직접적 영향을 주기 위해 촉진을 사용한다. 미국의 발보린 석유회사(Valvoline Oil Co)는 텍사스에서 그들 상품이 잘 팔리지 않는다는 사실을 알고, 로데오 경기를 후원한 이후 판매량은 28% 상승하였다고 한다.

### 경쟁우위의 창출

촉진 라이선싱 계약에서 중요한 것은 독점권의 확보이다. 특히 촉진 라이선싱의 비용이 높거나 기간이 길어지면 독점권의 확보는 중요해진다. 예를 들어, 청량음료 기업에 대한 독점권의 보장은 대회 또는 상품이 제휴한 유일한 기업으로서, 경기장 내의 음료수는 그 기업만이 판매한다는 것을 보장한다. 이러한 독점권을 이용하여 마케팅 관리자는 상표나 상품을 대회나 특정 팀의 노력을 지원하는 것으로 포지셔닝 할 수 있으며, 결국에는 소비자들로 하여금 그 상품의 구매에 돈을 지불하도록 유도하게 된다.

### 고객초대의 행사와 접대

촉진 라이선싱에서 중요한 역할은 고객초대의 행사와 접대이다. 예를 들어, 미국의 대학운동 프로그램에서 고객초대의 행사는 촉진 라이선싱 계약의 중요한 부분이다. 후원하는 기업은 고객초대 행사를 통하여 고객으로 하여금 더 많은 구매와 소비를 하도록 계약을 유도한다. 대학운동 프로그램은 텐트, 음식, 다른 편의시설을 갖춘 행사를 주요 장소에서만 개최하고, 그 곳에서만 입장권을 구매하도록 하는 것이다.

13

chapter

# 스포츠 브랜드의 관리

## 제 1 절 승리의 효과

브랜드 가치는 소비자들의 마음속에 만들어지는 상품에 대한 추가되는 가치이다. 스포츠 관련 산업에서 상당한 브랜드 가치를 가지는 팀이 있다. 예를 들어, 미국의 Notre Dame 대학의 풋볼 팀은 일반적인 방송권의 판매 외에 독자적으로 TV방송국과 중계권 협상을 하는 유일한 대학이다. 이 대학이 이러한 권한을 가지는 것은 시장에서 브랜드 가치를 가지고 있기 때문이다.

이러한 브랜드 가치는 예외는 있지만, 팀의 승리에 기인한다. 스포츠 브랜드의 가치는 팀의 승리와 밀접한 관련이 있다. 스포츠 브랜드의 가치에서 팀의 승리는 매우 중요하다. 오늘날의 스포츠 조직은 수입을 늘리고 마케팅 활동을 자극하기 위한 방법으로 경기에서의 승리를 가장 중요한 것으로 설정하고 있다.

### 1. 머천다이저의 수입

스포츠 경기에서 승리는 다음의 2가지로 정의될 수 있다. 하나는 그 해에 승리한 팀이며, 다른 하나는 플레이오프/포스트 시즌에의 참가이다. 경기에서 승패는 머천다이저의 판매에 어떤 영향을 미칠까? 경기의 승리가 수입에 영향을 미칠까?

<표 13-1> 승리가 NFL 머천다이저 판매에 미친 영향

| | 1994 | 1995 | 비율 |
|---|---|---|---|
| 승자 | 112.4 | 115.6 | + 2.8 |
| 패자 | 40.2 | 32.3 | - 19.7 |
| 차이 | 72.2 | 83.3 | |
| 플레이오프 | 121.5 | 133.4 | + 9.8 |
| 비 플레이오프 | 52.0 | 40.9 | - 21.3 |
| 차이 | 69.5 | 92.5 | |

자료 : 조연철 외 3인 옮김(2002), p.43.

〈표 13-1〉는 미국의 NFL에서 승리와 플레이오프 진출이 스포츠 팀의 총수입에 미치는 영향력을 보여준다. 경기에서 승리한 팀의 머천다이저 평균판매금액은 1994년의 112.4백만 달러에서 1995년에는 115.6백만 달러로서 2.8% 증가하였다. 반대로 경기에서 패한 팀은 머천다이저 평균판매금액이 19.7% 감소하였다.

이 결과는 플레이오프에 진출한 팀과 그렇지 못한 팀 간에 나타난 결과와도 유사하다. 즉 플레이오프에 진출한 팀의 머천다이저 판매는 9.8% 성장한 반면에, 플레이오프의 진출에 실패한 팀의 머천다이저 판매는 21.3% 감소하였다. 이러한 결과는 NFL에서 머천다이저의 판매는 승리에 의해 크게 영향을 받는다는 사실을 보여준다.

승리한 팀은 관중들로부터 사랑을 받으며, 승리의 기쁨을 팀과 선수, 관중 모두가 함께 나눈다. 자신이 응원한 팀이 승리하면 팬들은 팀과 관련된 의상을 많이 입음으로서 승리자의 이미지를 만든다. 승리자의 이미지를 유지함으로서 머천다이저 상품의 판매는 증가하고 수입도 증가한다.

## 2. 관람

경기의 승리는 더 많은 팬들의 관람을 유도한다. 더구나 승리는 입장권의 판매와 가격에도 영향을 미친다. 〈표 13-2〉는 승리가 경기장에 많은 관중을 불러들이는 중요한 요소임을 보여준다. 미국에서 승리한 팀의 입장권의 가격은 시즌마다 리그마다 상당한 차이를 보인다. 그 결과 추가수입이 가능한 것이다.

<표 13-2> 승리/플레이오프 진출이 관중증가에 미치는 영향(1991–1994)

| | 승리 | 플레이오프 |
|---|---|---|
| NBA | $ 1.9 | $ 1.6 |
| NFL | $ 3.7 | $ 3.6 |
| NHL | $ 4.7 | $ 4.9 |

자료 : 조연철 외 3인 옮김(2002), p.44.

승리한 팀은 보다 많은 수입을 보장받으며, 오락적인 가치를 지닌다. 이것은 고급좌석의 판매나 임대에도 영향을 주며, 이러한 좌석은 기업이 고객에게 오락적인 보상을 하거나 장래에 유망한 고객을 유치하고자 할 때 구매된다.

## 3. 미디어의 수입

미디어 수입은 스포츠에서 매우 중요한 수입원이다. 경기에서 승리한 팀은 그 다음해에 보다 많은 미디어 수입을 가져다준다. 〈표 13-3〉를 보면, NBA의 경우, 시즌에 승리한 팀은 승리한 시즌의 다음 해에 미디어로부터의 수입이 13.6% 증가하지만, 패배한 팀은 8.5%의 수입증가만을 가져왔다.

<표 13-3> 리그에서 우승한 팀과 패한 팀의 미디어 수입의 변화

| | 승리 | 패배 |
|---|---|---|
| NBA | 13.6 | 8.5 |
| NFL | 10.0 | 5.5 |
| NHL | 7.0 | 13.5 |

자료 : 조연철 외 3인 옮김(2002), p.44.

미디어 수입의 증가에 영향을 주는 요소는 무엇인가? 미국의 프로스포츠 팀에서 미디어 수입의 증가는 다음의 자원들에 의하여 이루어진다.

- 지방방송국으로부터의 높은 방송 수수료
- 중계하기에 적당한 경기의 증가
- 라디오/TV 네트워크의 지역적 범위의 증가와 이로 인한 스폰서 풀의 확대

## 제 2 절 브랜드 가치의 요소

브랜드 가치는 여러 요소로 구성되며, 이들 요소는 브랜드 가치를 강화시켜준다. 따라서 스포츠 마케팅 관리자는 이들 요소들을 주의 깊게 관찰하여, 그 팀의 이미지와 인지도를 증가시켜야 한다. 브랜드 가치를 창조하는 요소로서 인지된 품질, 브랜드 인지도, 브랜드 관련성, 브랜드 로열티 등 4가지가 있다(Aaker, 1991).

### 1. 인지된 품질

스포츠 상품의 질에 대한 소비자의 인식은 브랜드 가치의 중요한 요소이다. 스포츠의 경우, 인지된 품질은 팀의 승리와 관련이 깊다. 소비자로부터 상품의 질이 나쁘다는 인식에서 벗어나는 것은 매우 어렵기 때문에, 소비자가 한번 인식한 품질은 매우 중요하다. 그러므로 팀이 승리하지 못하면, 그 기간이 길면 길수록 시장에서 인지되는 품질은 낮은 평가를 받을 수 있다.

인지된 품질은 브랜드 명의 확대에도 영향을 미친다. 인지된 품질이 우수하면 보다 성공적으로 브랜드를 확장할 수 있다. 하지만 동일한 브랜드를 가진 상품의 품질을 잘못 관리하면 브랜드 확장에 부정적 영향을 받는다. 따라서 스키리조트가 다른 종목을 추가하고자 할 때, 추가종목을 결정하기 전에 그것이 기존의 이미지에 미치는 영향을 고려하지 않으면 안 된다.

### 2. 브랜드의 인지도

브랜드 인지도는 품질과 밀접한 관련이 있다. 품질이 우수하다고 여기면 여길수록, 브랜드 인지도 또한 높다. 스포츠에서 브랜드의 인지도는 특별한 팀에 대하여 소비자가 가지는 친밀함을 말한다. 소비자들이 모두 인지하고 있는 스포츠 팀일수록, 브랜드의 인지도가 높다. 브랜드 가치에서 브랜드의 인지도가 중요한 역할을 하는 이유는 다음과 같다(Keller, 1997).

- 인지도는 브랜드가 소비자들에게 충분히 고려될 수 있을 가능성을 증가시킨다.
- 인지도는 브랜드 상품의 범위결정에 영향을 미친다.
- 인지도는 브랜드와 관련된 것들의 깊이와 개발에 영향을 미친다.

## 3. 브랜드 관련성

브랜드 관련성은 앞의 두 경우와는 달리 브랜드 가치의 무형적 요소이다. 브랜드 관련성은 특별한 스포츠 팀에 의해 제시된 경험적이면 상징적인 속성을 제시한다. 경험적 속성은 상품에 사용될 수 있을 것 같은 느낌이 드는 것이고, 상징적 속성은 사회적으로 입증되고 개인적으로 표현된 욕구를 만족시키는 것을 말한다.

스포츠가 이러한 속성을 지닐 때, 브랜드 관련성이 있게 된다. 다시 말하면, 어떤 팀과의 감정적 동질감이 생겨 스포츠 행사에 참여하고 싶은 의욕이 브랜드 관련성이 된다. 스포츠의 무형적인 속성과 유형적인 속성을 함께 만들어낼 때, 브랜드 관련성이 확실해진다.

## 4. 브랜드 로열티

브랜드 로열티는 고객을 끌어들이고 유지할 수 있는 능력을 말한다. 일관성이 있는 속성을 가진 스포츠 상품일수록 브랜드 로열티를 가진다. 브랜드 로열티를 형성함으로서 소비자의 반복구매가 이루어지고, 소비자 만족을 이룰 수 있다. 스포츠 상품은 대부분이 무형적 만족을 제공하기 때문에, 소비자 만족을 유도하기는 어려운 편이다. 그러나 고객 로열티가 브랜드 가치의 유지에 중요한 이유는 다음과 같다.

- 브랜드 가치를 약화시킬 수 있는 강력한 경쟁상대로부터의 방어
- 예측이 가능한 판매수준의 확신제공

## 제 3 절 브랜드 가치의 평가

스포츠는 다른 상품과 마찬가지로 소비자들과 관람자들의 기본적 욕구를 만족시킨다. 하지만 스포츠 자체의 만족욕구는 유형적인 건강, 오락, 사회적 교류 등의 욕구보다는 적다. 이는 스포츠는 만족을 얻기 위해서보다는 건강, 오락, 사회적 교류를 위한 것임을 의미한다.

스포츠를 관람하는 주요 동기는 무엇일까? 그것은 경기의 결과를 예측할 수 없기 때문이다. 경기의 결과를 예측할 수 없기 때문에, 스포츠 경기를 관람하는 것이다. 경기에 대한 기대와 결과의 불일치가 경기를 관람하게 하는 것이다.

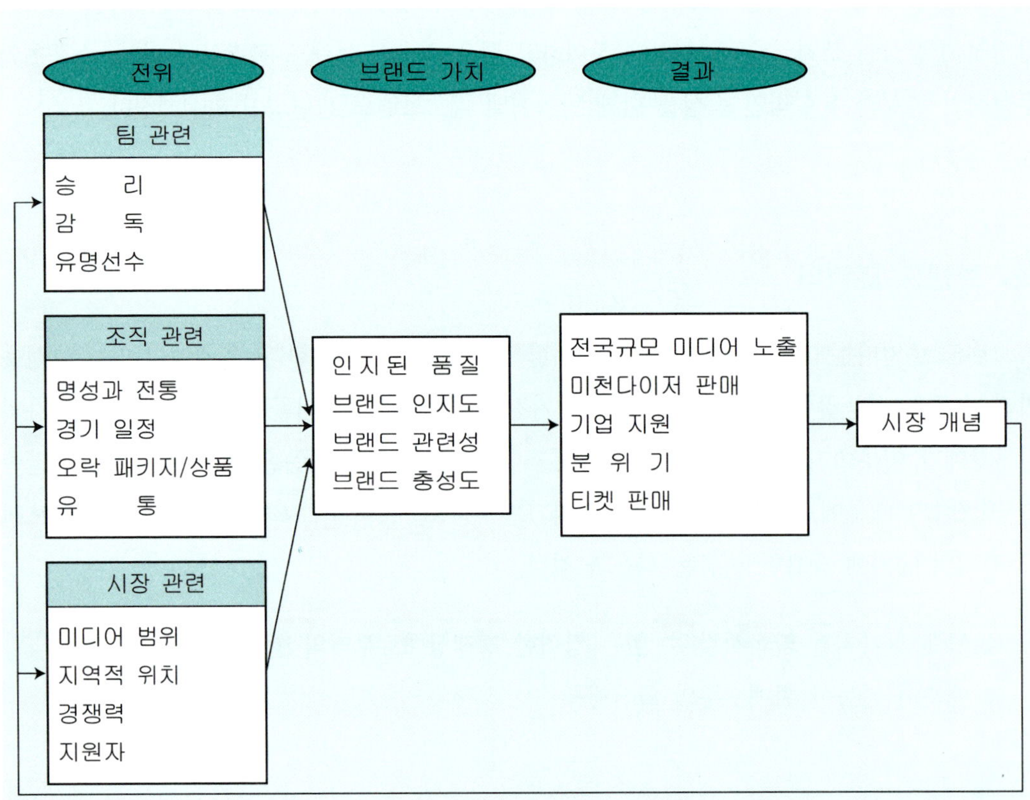


자료: 조연철 외 3인 옮김(2002), p.50.

<그림 13-1> 브랜드 가치평가를 위한 개념적 틀

경기 자체, 즉 스포츠의 핵심 상품에 대한 통제가 불가능하기 때문에, 스포츠 상품에는 많은 변화가 발생하며, 그것의 가치는 소비자의 스포츠에 대한 인식에 달려있는 것이다. 〈그림 13-1〉은 스포츠 브랜드의 가치평가를 위한 개념적 틀을 보여준다.

그림에서 보면, 스포츠 팀 · 조직 · 시장과 관련된 과거의 상태가 브랜드 가치에 영향을 미치며, 그 가치의 평가가 결과로 나타난다. 그리고 이 결과는 다시 브랜드 가치의 요소에 영향을 미치게 된다. 브랜드 가치의 결과는 과거의 산물이며, 브랜드 가치를 형성하였으며, 형성된 가치의 결과인 것이다.

## 1. 과거의 상태

브랜드 가치에 영향을 미치는 과거의 상태와 관련된 사항으로 스포츠 팀, 스포츠 조직, 스포츠 시장 등이 있음은 앞에서 살펴보았다. 이들과 관련된 내용들을 살펴보면 다음과 같다.

### (1) 스포츠 팀

스포츠 팀과 관련된 과거의 상태로는 승리, 감독, 유명선수 등이 있다. 경기에서 가장 중요한 것은 승리이다. 경기에서 승리와 포스트 시즌의 진출기회를 얻는 것보다 중요한 것은 없다. 승리는 티켓판매의 증가를 가져오며, 머천다이저 판매와 기부금 등의 증가를 유동하며, 결과적으로 브랜드 가치를 높이게 된다.

감독도 브랜드 가치에 영향을 미친다. 과거 화려한 경험을 가진 코치는 그의 지명도와 시즌승리의 기대감 형성으로 브랜드 가치를 강화할 수 있다. 최근 미국의 대학스포츠 감독들은 기업과 미디어로부터 광고제의를 받고 있다. TV와 라디오 방송국으로부터 보증광고 계약은 감독들의 연봉을 높여준다. 또한 우승을 경험한 감독의 팀 프로그램은 브랜드 실체의 높은 가치수준을 인식하게 될 것이다.

유명선수(슈퍼스타)도 감독과 마찬가지로 팀의 브랜드 가치에 많은 영향을 미친다. 스카웃이나 드래프트를 통하여 유명선수를 보유하게 된 팀은 전국적인 규모의 미디어로부터 관심을 받게 된다. 미국의 죠단(Michael Jordan)과 같은 유명선수가 속한 팀과 소속도시는 전국적인 조명을 받았다. 이러한 슈퍼스타의 영입과 유치는 경기의 분위기, 머천다이저 상품의 판매, 티켓의 판매량 등을 증가시킨다.

### (2) 스포츠 조직

스포츠 조직과 관련된 과거의 상태로는 명성과 전통, 경기일정, 오락패키지/상품의 유통 등이 있다. 먼저 스포츠 조직의 명성과 전통은 브랜드 가치를 높이는데 필수적이다. 재능을 가진 선수와 감독을 보유한 스포츠 조직은 오랫동안 경쟁력 있는 브랜드 이미지를 구축할 수 있다. 스포츠에서 승리는 돌아가며 하더라도, 침의 주요 위치에 있는 사람들은 항상 경쟁력을 가지고 있다고 해도 지나치지 않다.

협회나 경기일정도 브랜드 가치에 영향을 미친다. 협회와의 친밀도와 경기일정의 고려는 스포츠 조직에게는 매우 중요하다. 대부분의 팀들은 전국적인 TV 방송국과 경기의 중계를 계약하거나 독자적인 경기일정을 잡지 못한다. 만일 그렇게 할 수 있는 스포츠 팀들은 엄청난 브랜드 가치를 지닌다.

그리고 프로스포츠에서 라이벌 관계에 있는 리그는 관중의 수입과 방송 중계권의 수입에 많은 수익을 가져다준다. 미국 프로야구의 Boston Red Sox, New York Yankees, Boltimore Orioles 등은 오랜 전통과 라이벌 관계로 대규모 시장을 가지고 있다.

오락 패키지/상품의 유통도 브랜드 가치에 영향을 미친다. 스포츠는 최소한 오락적 속성을 가지고 있어야 관중을 끌어들일 수 있다. 경기 자체에 대한 통제는 하지 못하더라도, 오락패키지/상품의 유통은 통제할 수 있다. 관중들이 느끼는 전체적인 분위기의 경험은 브랜드 가치에 영향을 미치게 할 수 있다. 취주악대, 마스코트, 경기장 음악, 화려한 선수입장 등은 관람자들에게 경기에 대한 경험과 기억을 긍정적으로 만드는 역할을 한다.

### (3) 스포츠 시장

스포츠 시장과 관련된 과거의 상태로서 미디어 범위, 지역적 위치, 경쟁력, 지지자 등이 있다. 먼저 전국적인 규모를 가진 미디어와의 중계합의는 팀에 대한 친밀감을 증진시켜 브랜드가치를 창출한다. 지역범위로 하는 TV의 녹화중계나 라디오 방송은 팀의 인지도와 로열티 형성에 도움이 된다. 특히 독립적인 미디어 계약은 경기장을 찾을 수 없는 팬들과의 접촉을 가능하게 한다.

지역적 위치도 브랜드 가치에 영향을 준다. 특별한 스포츠 종목에 대한 선호는 지역적 영향을 많이 받는다. 그 결과 미국의 어떤 지역은 특별한 스포츠 종목에 의해 새로이 인식되기도 한다. 이처럼 브랜드의 동질성은 지역적 위치에 의해 만들어 지기도 하는 것이다.

경쟁력은 브랜드 가치의 창조에서 가장 중요하다. 라이벌 관계는 팀의 브랜드 가치를 얼마나 높일 수 있는지 보여주는 좋은 보기이다. 만약 대학 팀이 프로팀과 경기를 가지거나, 보다 높은 브랜드 가치를 가진 팀과 경기를 한다면, 기업의 지원이나 티켓의 판매는 줄어들게 될 것이다.

지지자들도 브랜드 가치를 높여준다. 팀 브랜드 가치의 중심에는 경기의 관람자들과 재정적 도움을 주는 지지자가 있다. 지지자들은 특정 팀을 따르는 규모와 로열티에 의해 만들어진다. 이들이 티켓의 소유자, 고급좌석의 구매자, 경기의 시 · 청취자들이다.

## 2. 브랜드 가치의 결과

브랜드 가치는 지각된 팀의 수준, 인지도, 관련성 등을 통하여 만들어지며, 로열티는 미디어 노출의 증가, 팀의 머천다이저 상품의 판매, 기업의 지원, 티켓의 판매 등의 결과로 나타난다.

### (1) 미디어 노출

전국적 규모의 미디어 노출은 브랜드 가치를 높여준다. 전국적 규모와 노출에 대한 스포츠팀의 관심은 과거 경력에 영향을 주며, 브랜드 가치도 높여준다. 일반적으로 TV는 대규모 경기장에서 벌어지는 경쟁력 있는 팀 간의 경기만을 중계하므로, 전국을 커버하는 방송은 특별한 팀에게만 관심을 가지며 그 팀의 지지도를 높여준다.

머천다이저의 판매도 브랜드 가치의 결과이다. 팀이나 선수의 이름이나 로고가 새겨진 상품을 구매하는 사람들은 그것에 그들이 중요하게 여기는 이미지가 있다고 여기며, 그것의 사용에서 동질감을 느낀다. 로고가 있는 의류를 구매하는 사람은 그들이 선호하는 팀을 위하여 걸어 다니는 광고를 함으로서 브랜드 가치를 강화시킨다.

### (2) 기업의 지원

기업의 지원은 브랜드 가치가 있는 팀들에게 집중된다. 기업들은 팀의 명성이 그들의 상품과 이미지에 전이될 수 있도록 하기위하여 브랜드 가치가 높은 팀들과 계약을 체결한다. 기업의 스폰서십은 주도적인 상품과 관계를 구축하고 오락패키지를 강화하려는 기업촉진을 통해 브랜드 가치를 강화하고 있다.

### (3) 경기장의 분위기

스포츠 행사에 참여한 소비자가 인식하는 경기장의 분위기는 브랜드 가치에 중요한 역할을 한다. 분위기는 스포츠 행사에 참여한 소비자들의 경험과 기억으로서, 에너지가 넘치는 경기는 분위기의 개선에 영향을 미치고, 그것은 팀이 기업의 지원을 얻어내는데 중요한 영향을 미친다.

### (4) 티켓의 판매

경기에서 분위기는 관중의 증가를 가져온다. 경기장을 가득 채울 정도로 브랜드 가치가 향상되었다면, 팀은 기부자들에게 고급좌석의 구매를 요구할 수도 있어 티켓의 총판매량을 높일 수 있다. 관중이 많을수록 역동적이며 열광적인 경기를 경험할 수 있고, 스포츠 상품의 유통도 개선할 수 있을 것이다.

14

# 스포츠 스폰서십

## 제 1 절 스포츠 스폰서십의 이해

### 1. 스폰서십의 개념

스폰서십(sponsorship)은 기업(스폰서 기업)이 스포츠 경기나 이벤트에 자금 또는 물자를 제공하고, 그 대가로 기업의 이미지 제고, 제품광고 등의 사업기회를 얻을 수 있는 권리를 말한다.

이러한 스폰서십은 스포츠를 활용한 마케팅의 일종으로 기업에 대한 광고가 대표적이다. 스폰서십은 삼자간 - 스폰서 기업, 스포츠 행사의 주최자, 방송사 - 에 이루어진다(〈그림 14-1〉 참조). 스포츠 팀 또는 스포츠 단체 등의 스포츠 행사 주최자와 스폰서 기업이 스폰서 계약을 맺으면, 스폰서 기업은 행사주최자를 홍보하고 지원해주며 그들로부터 스포츠 자산을 사용할 권리를 부여받는다.

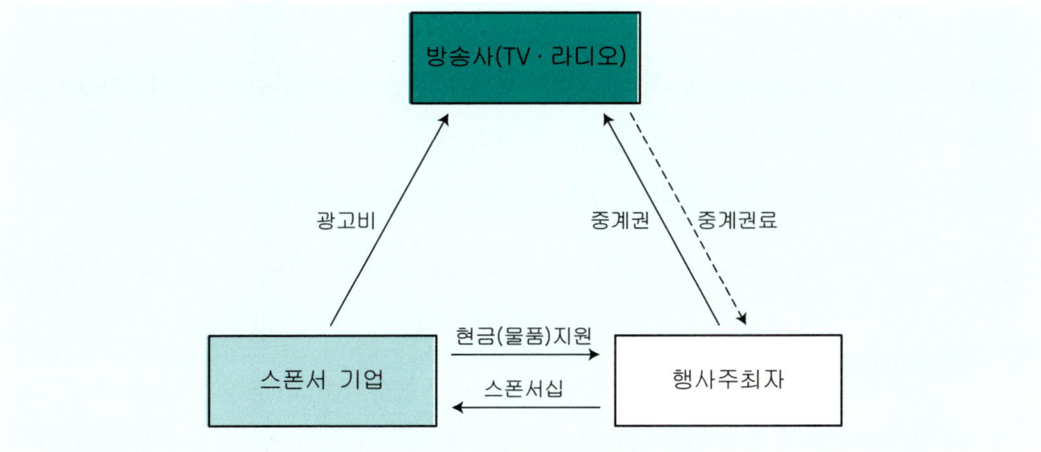


<그림 14-1> 스폰서십의 모형

한편 스폰서 기업이 스포츠 행사의 주최자와 스폰서 계약을 맺으면, 스폰서 기업은 행사주최자에게 스포츠 활동을 현금이나 물품으로 지원하고, 그 대가로 행사주최자로부터 스폰서

십을 획득한다.

그리고 스포츠 행사의 주최자는 방송사와 중계권 계약을 맺으면, 행사주최자는 방송사에게 중계권료를 받기로 하고 그 대신 방송사에게 중계권을 넘겨준다. 그러면 방송사는 스포츠 행사주최자에게 지급할 중계권료를 스폰서 기업과 행사주최자간의 공식스폰서 계약에 따라, 스폰서 기업이 방송사가 지급할 중계권료에 해당하는 광고비를 스폰서 기업으로부터 받으면, 방송사는 스폰서 기업이나 그 제품의 광고를 행하게 된다.

## 2. 스폰서십의 등장배경

상업적 의미의 스포츠 스폰서십은 19세기부터 시작되었다. 1960~70년대 기업들은 경기장 주위의 테두리 광고를 위해 스포츠 스폰서십에 참여하기 시작하였으며, 1980년대에 이르러 체계적이고 전문적인 스폰서 활동이 이루어지기 시작하였다. 이처럼 스폰서십에 기업들이 관심을 가지는 이유는 다음과 같다.

첫째, 스포츠 스폰서십을 통하여 사회적 책임을 충실히 이행하고 있다는 이미지를 보여줄 수 있다.

둘째, TV, 라디오, 인터넷 등 매체의 급속한 발전과 광고의 범람으로 광고효과가 점차 약화되고 있기 때문이다.

셋째, 유선채널의 등장에도 불구하고 TV를 통한 광고료가 인상하고 있기 때문이다.

넷째, 술이나 담배 등에 대한 TV 광고가 금지되었다.

다섯째, 제품에 대한 시장세분화로 차별적인 광고수단이 필요하게 되었다.

## 3. 스폰서십의 발전

스포츠 스폰서십은 역사적으로 보면 1986년 제1회 아테네 올림픽에서 Kodak이 처음으로 스폰서로 참가하였다. 그러나 스포츠 스폰서십의 발전은 미국에서 시작되었다. 미국에서는 1960년대 후반부터 기업과 스포츠간의 마케팅협력이 시작되었으며, 1984년 LA 올림픽 이후 스포츠 상업화와 함께 스포츠 스폰서십이 활성화되었다.

한 보고서에 의하면, 전 세계 스폰서십의 지출규모는 28억 달러이며, 이중 미국의 지출규모는 11억 달러에 달한다. 한국의 경우, 특히 2002년 월드컵은 많은 기업들이 스폰서십에 대한 인식을 높여주는 계기가 되었다. 미국의 스폰서 기업이 비교적 성공할 수 있었던 계기를 살펴보면, 다음과 같다.

- 정부의 술과 담배 광고의 금지
- 스포츠 단체의 경제적 어려움
- 소비자들의 생활수준의 향상
- 새로운 매체의 등장과 성장(케이블과 위성TV)
- 기업의 필요성

## 제 2 절 스포츠 스폰서십의 유형

스폰서십은 스폰서의 내용에 따라 공식스폰서와 공식공급업체로 구분된다. 공식스폰서는 현금으로 스포츠 행사를 후원하는 스폰서이고, 공식공급업체는 매회 스포츠 행사에 필요한 물품을 지원하는 스폰서이다.

그리고 스폰서의 대상에 따라 분류하면 〈표 14-1〉과 같이 스포츠 단체 스폰서십, 팀 스폰서십, 스포츠 이벤트 스폰서십 등으로 나눌 수 있다. 이외에 스포츠 스타에게 현금과 물품을 후원하는 엔도스먼트 활동도 스폰서의 한 유형으로 볼 수 있다.

이상은 스폰서의 내용에 따른 스포츠 스폰서십의 분류이다. 스포츠 스폰서십을 스폰서 하

**<표 14-1>** 스폰서십의 대상과 형태

| 대 상 | 스폰서십의 유형 |
|---|---|
| 스포츠 스타<br>스포츠 팀 | 유니폼 광고<br>경기용품 또는 운동복의 광고<br>매체광고<br>판촉활동(사인회, 신제품의 소개 등) |
| 스포츠 이벤트 | 타이틀 스폰서십<br>공식명칭 사용권<br>펜스 및 입간판 광고<br>유니폼 및 운동복 광고(선수, 코치, 진행요원)<br>경기용품 및 기구 광고<br>출발번호 광고(Bib)<br>전광판 광고<br>경기장 외벽, 깃발, 현수막 광고<br>VIP 라운지<br>기자 회견장 광고<br>대회의 조직적 서비스 제공(자동차, 전산처리 pc, 시계 등) |
| 스포츠 단체 | 라이센싱/머천다이징(로고, 마스코트, 엠블렘 등)<br>공식명칭 사용권(용품업체, 공급업체, 후원업체, 스폰서, 파트너 등)<br>경기용품 또는 기구광고 |

자료 : 박현종, 박영옥(1988).

는 대상에 따라 분류하면 선수 스폰서십, 팀 스폰서십, 스포츠 이벤트 스폰서십 등 다음과 같이 나눌 수 있다.

## 1. 공식스폰서

스포츠 행사의 주최자에게 현금으로 후원하는 공식스폰서로서 독점스폰서, 타이틀 스폰서, 제품부문 스폰서 등으로 다시 세분할 수 있다. 먼저 독점스폰서는 경기 이벤트나 팀과 관련하여 스포츠 상품의 모든 권리를 갖는 스폰서이다.

삼성전자는 2005년부터 2010년까지 5년 간 영국의 축구클럽 첼시구단과 공식스폰서 계약을 맺었다. 삼성전자는 이 계약으로 첼시의 유니폼과 경기장 광고권, 선수단 이미지 사용권 등 독점적인 권한을 획득하였다. 그리고 우리나라의 프로구단에 소속된 기업들의 권리도 이러한 독점적 스폰서 계약에 해당한다.

이러한 독점스폰서는 스폰서 기업이 행사주최자로부터 독점권을 얻는 만큼 많은 비용을 지불하게 된다. 그 결과 스포츠 이벤트가 실패하게 되면 이로 인한 모든 피해는 스폰서 기업이 부담하게 된다.

타이틀 스폰서는 스포츠 경기의 명칭 즉 타이틀에 대한 스폰서이다. 예를 들어, 삼성네이션스 컵 승마대회는 삼성이 독점적으로 후원하는 세계적인 승마대회이다. 삼성은 1997년부터 스폰서 기업으로 참여함에 따라 네이션스 컵 승마대회가 삼성네이션스 컵 승마대회로 바뀌게 되었다. 타이틀 스폰서는 독점적 스폰서보다는 권리가 약한 스폰서이지만, 스포츠 행사의 주최자에게 강한 영향력을 행사하며 비용 또한 많이 소요되는 스폰서이다.

제품부문 스폰서는 다수의 기업이 스폰서로 참여하는 스폰서로서, 올림픽이나 월드컵 등에서 많이 이용되는 공식스폰서이다. 예를 들어, 현대자동차는 2002년 한일 월드컵에서 자동차부문의 공식스폰서로 지정되어, FIFA가 주관하는 13개 대회에 공식차량을 제공하였다. 그리고 이 경기에서 KT는 정보통신 부문의 공식스폰서로 선정되었다.

## 2. 공식 공급업체

스포츠 행사의 주최자에게 물품을 지원하는 스폰서 기업은 장비/기술의 제공업체와 용품/용구의 제공업체로 나누어 살펴볼 수 있다. 먼저 장비/기술의 제공업체는 스폰서 기업이 스포츠 경기의 행사에 필요한 장비나 기술을 제공하고, 경기와 관련된 로고나 명칭을 사용할 수 있는 권리를 가지는 스폰서이다. 현대자동차의 공식스폰서가 여기에 해당되지만, 주로 통신과 전산 운영에 필요한 소프트웨어 부문의 기업들이 많다.

용품/용구의 제공업체는 스포츠 경기에 필요한 스포츠 용품이나 용구를 제공하는 기업들의 공식스폰서로서, 자신들이 제공하는 부문에 한정하여 독점적 권리를 가지게 된다. 2002년 월드컵에서 아디다스(ADIDAS)는 피버노바 축구공의 공식 공급업체로 선정되었다.

## 3. 선수 스폰서십

선수 스폰서십은 특정 선수, 특히 스타플레이어를 스폰서 기업의 광고에 등장시키는 조건으로 하는 스포츠 활동을 지원하는 스폰서이다. 나이키는 한국축구 대표 팀의 공식스폰서로서 1998년부터 5년 간 380억 원의 후원금을 지원하였으며, 심마니는 2000년부터 4년 간 150억 원의 후원금을 지원하기로 하였다.

## 4. 팀 스폰서

팀 스폰서는 스포츠 기업이 스포츠 구단(팀)을 대상으로 스포츠 활동을 지원하는 스폰서이다. 우리나라의 각 종목 프로팀들은 대기업의 소속으로 되어있고, 이들 기업들은 소속팀에 대하여 스폰서십을 갖는다. 그리고 아마추어 팀들은 기업이나 지자체에 소속되어, 운영재원을 스폰서십의 형태인 구단의 광고비로 충당한다.

## 5. 엔도스먼트(인증)

스폰서 기업이 선수들을 자사와 제품의 광고에 등장시키거나 자사의 로고가 부착된 유니폼을 착용하거나 사용하도록 하는 것을 엔도스먼트(endorsement, 인증)라 한다. 삼성전자는 첼시구단과의 공식스폰서 계약에서 선수들의 푸른색 유니폼의 상의에 삼성 모바일(SAMSUNG Mobile)의 로고가 새겨진 유니폼을 착용하도록 하였는데, 이것이 엔도스먼트 이다.

엔도스먼트를 활용하여 스폰서 기업은 선수나 팀(구단)의 이미지를 기업과 제품의 이미지를 향상시킬 수 있다. 그래서 스폰서 기업들은 선수나 팀을 후원하여 그들을 자사제품의 광고에 등장시키거나 선수의 유니폼에 로고나 상표를 부탁하도록 계약을 하는 것이다.

광고에 등장하는 선수의 입장에서는 엔도스먼트가 대가 이외의 부수적 수입원이 되며, 기업의 입장에서는 매출증대를 위한 자사제품의 광고비에 해당한다. 축구 황제 펠레는 1994년 미국 월드컵 대회에서 월드컵 홍보대사로 활동하면서, 스폰서 기업들로부터 3000만 달러에 달하는 엔도스먼트 수입을 올렸다. 그리고 한국 축구를 4강으로 이끈 히딩크 감독은 삼성카드와 100만 달러에 달하는 전속계약을 맺었다.

## 제 3 절 스폰서십의 효과

### 1. 스폰서십의 효과

스포츠 스폰서십에 참여하는 기업들은 다른 커뮤니케이션 믹스를 통하여 얻을 수 있는 특별한 효과를 기대한다. 특히 세계시장을 표적으로 하는 다국적 기업들은 올림픽이나 월드컵 축구대회를 비롯한 각종 국제스포츠 경기대회에 수십억에서 수백억 원에 이르는 막대한 비용을 들여서 스폰서십에 참여한다.

이러한 막대한 비용의 지출에도 불구하고 기업이 스폰서에 참여하려는 이유는 무엇일까? 표춘이 선정한 100개 기업을 대상으로 한 조사에서 스폰서에 참여하는 이유들은 다음과 같다(Kuzma, Shanklin and McCally, 1993).

- 기업 인지도의 증가
- 기업 이미지의 개선
- 지역사회에 대한 책임감
- 특정 상품의 인지도 증가
- 상품이미지의 개선
- 장 · 단기적 판매증가
- 직원의 자부심과 동기육성

기업들이 스폰서에 참여하는 이상의 여러 이유들을 보면, 많은 기업들은 스폰서십을 그들 기업과 브랜드에 대한 호의적 이미지의 형성, 인지도의 증가. 판매촉진의 기회, 그리고 판매증진의 기회 등을 활용하고 있음을 알 수 있다. 다시 말하면, 기업들은 커뮤니케이션 목표를 달성하는 수단으로 스폰서십을 이용하고 있음을 알 수 있다. 소비자에 대한 기업의 마케팅 커뮤니케이션은 AIDA 모형으로 설명이 가능하다.

소비자의 주의를 끄는 주의(attention)단계에서는 스폰서십을 통하여 기업이나 제품의 인지도가 자연스럽게 이루어진다. 관심(Interest)단계에서는 기업이나 제품에 대한 이미지의 개선으로 소비자의 관심에 보다 강화된다. 기업이나 제품에 대한 소비자의 관심이 강화되면, 제품에 대한 구매욕구(desire)는 증대되고, 그 결과 행동(action) 단계에서는 제품을 실제로 구매할 가능성이 커지게 되는 것이다. 스폰서십 프로그램을 통해 기대할 수 있는 효과와 기업의 촉진전략(AIDA)의 관계를 보면 〈표 14-2〉와 같다.

<표 14-2> 스폰서십의 효과와 촉진전략의 관계

| 스폰서십의 효과 | | 촉진전략 |
|---|---|---|
| 기대효과 | 전략적 목표(활용) | |
| 인지도 증가 | 매체노출<br>독점성 확보 | 주의(A) |
| 이미지 개선 | 촉진원리 활용<br>특정 라이프스타일과의 일체감 조성<br>직원 고객 기업 파트너와의 유대관계<br>기업의 시민정신 함양으로 지역사회 역할증진<br>긍정적 태도의 형성 | 관심(I) |
| 판매촉진 기회 | 표적시장에의 접근<br>시장에의 침투<br>판매촉진 활동 | 욕구(D) |
| 판매증진 기회 | 표적시장의 공략 | 행동(A) |

## 2. 스폰서십의 효과측정

많은 기업들이 스폰서십에 참여한다. 기업들의 스폰서십의 성과에 대한 평가(측정)는 어떻게 하는가? 기업이 스폰서십에 투자한 자금의 가치에 대한 구체적 파악이 어렵고, 성과를 측정하는 방법과 기준이 다양하여 객관적인 평가가 어려운 실정이다. 스폰서십의 효과를 측정하는 방법은 다음과 같다.

### (1) 매체 노출량의 측정

이는 스폰서십에 참여한 기업의 이름이나 상표가 여러 매체에 등장한 회수 또는 관련 스포츠의 중계방송 시간에 기업의 이름이나 상표가 노출된 시간을 측정하는 방법이다. TV와 라디오 광고의 경우, 스폰서의 노출시간을 1회당 광고비와 곱하면 스폰서의 효과를 계산할 수 있다.

### (2) 소비자의 태도변화 측정

이는 기업의 스폰서십에 참여하기 전에 표적고객으로부터 기업의 이름이나 상표를 얼마나 알고 있는지 측정하는 방법이다. 기업이 스폰서십에 참여하기 전과 후의 결과를 비교함으로서 스폰서십의 성과를 측정할 수 있다. 주로 5점 척도를 사용하여 스폰서에 대한 이미지가 어떤지 물어보는 방법이 많이 사용된다.

### (3) 스폰서십에 따른 매출액 변화의 측정

스폰서십을 통한 매출액의 변화를 정확히 측정하기 어렵다. 이는 후원할 때 스폰서십 비용의 2배가 보충하는 촉진활동 비용으로 쓰이고 또한 후원하기 전에 사용되었던 여러 촉진활동과 기업 외부환경의 변화가 매출에 영향을 줄 수 있기 때문이다.

## 3. 스폰서십 참여의 결정기준

기업의 스포츠 스폰서십 참여의 결정은 스폰서의 스포츠 이벤트에 대한 확신이 있을때 이루어진다. 스폰서는 스폰서십이 기업의 입지를 강화해주며, 소비자는 그들이 관심을 가지는 스포츠를 지원하는 기업이나 상품에 대한 친밀감과 동질감을 느낄 수 있다는 확신이 있어야 한다.

이러한 확신을 바탕으로 기업이 스폰서십에 참여하기 위해 고려해야 할 일반적인 기준은 다음과 같다.

- 참여능력
- 스포츠 이벤트의 가치
- 스폰서십의 참여비용
- 비용에 대한 기대효과
- 담당자의 전문성

- 계획수립의 시간적 여유
- 매체노출의 효과
- 대중의 선호도
- 이벤트의 장소
- 표적시장
- 계절성
- 기업이미지의 제고
- 이벤트의 지속성 여부

# 제 4 절 앰부싱 마케팅

기업이 스포츠 활동을 현금 또는 물품으로 지원함으로서 이상의 많은 효과들을 얻을 수 있다. 이러한 효과들을 얻기 위하여, 스폰서가 아닌 기업들이 소비자들로 하여금 스폰서 기업인 것으로 착각을 하게 만드는 마케팅 활동을 하기도 한다. 이러한 기업의 마케팅 활동을 앰부싱 마케팅(ambushing marketing, 매복마케팅)이라 한다.

스폰서십 계약을 맺은 기업만이 올림픽 마크나 올림픽 단어, 국가대표선수단 등과 같은 용어를 사용할 수 있다. 이런 규제에도 불구하고 광고카피에 올림픽이나 국가대표선수단 등을 연상할 수 있는 용어를 사용하거나, 올림픽을 위한 이벤트를 진행하거나 또는 다수 업체가 국가대표선수단의 선전을 기원하는 공동광고 등의 앰부싱 마케팅이 이루어지고 있다.

## 1. 앰부싱 마케팅의 특징

앰부싱 마케팅을 활용하여 높은 광고효과를 얻은 대표적인 기업이 SK이다. 이 기업은 "붉은 악마"를 광고모델로 사용하였는데, 그들의 활약상이 소비자로 하여금 SK를 월드컵 스폰서 기업으로 착각하게 만들 정도였다. 이러한 앰부싱 마케팅에는 다음과 같은 특징이 있다.

- 사전에 철저하게 계획된 의도적인 활동이다.
- 경쟁관계에 있는 공식스폰서에 못지않은 비용이 든다.
- 특정 상품의 판매촉진을 목적으로 한다.
- 공식스폰서가 얻을 수 있는 효과는 상대적으로 약하게 한다.

## 2. 앰부싱 마케팅의 방지노력

공식스폰서들은 막대한 비용을 들이면서 권리를 획득한다. 그것은 그만한 효과를 기대하기 때문이다. 그 효과를 극대화시켜주기 위해서는 앰부싱 마케팅을 차단하여 공식스폰서의 독점성을 높여주어야 한다.

국제올림픽위원회(IOC)는 앰부싱 마케팅을 방지하기 위하여 많은 노력을 한다. 1992년 동계올림픽 기간에 영국의 스포츠 마케팅 회사로 하여금 대규모 TV 방송채널을 24시간 감시하였으며, 개최도시의 상공에는 어떠한 광고용 비행선도 비행하지 못하도록 하였으며, 경기장 안에서는 어떤 형태로든 기업 및 상품이 TV에 노출되지 못하도록 하였다.

그 뒤, 미국올림픽위원회(USOC)는 2002년 솔트레이크 동계올림픽에서 올림픽 마크와 여러 가지 다른 로고의 사용을 엄격히 규제하기 위해 상표노출을 위한 조직이 공식출범하였다.

# 제 5 절 TOP 프로그램

## 1. 스폰서에 제공되는 권리

기업들이 막대한 비용을 들이면서 공식스폰서로 참여하는 것은 그만한 효과가 있기 때문이다. 기업이 스폰서십에 참여함으로서 얻을 수 있는 권리는 다음과 같다.

- 공식명칭과 로고 및 마스코트의 사용권
- 상표 및 서비스 영역에서의 독점성
- 보드광고의 기회
- TV 중계의 활용
- 초청장 및 입장권의 할당
- 이벤트 고지를 위한 인쇄물에 스폰서 소개
- 인쇄물 광고의 기회
- 티켓광고의 기회
- 스코어보드 광고
- 경품제공
- 전시장 및 매점에 독점적 물품제공
- 기자회견을 위한 배경막 설치
- 출입 카드의 제공
- 차량 주차권의 제공
- 각종 모임의 참석

그리고 우리나라의 대한체육회(KSC)와 대한올림픽위원회(KOC)는 여러 기업들과 스폰서 계약을 맺어, 이들 기업에게 다음과 같은 권리를 부여하고 있다.

- KSC 및 KOC의 휘장의 사용권

- KSC 및 KOC의 공식후원과 명칭 사용권
- KSC 및 KOC가 주관(파견)하고 국제경기대회 국가대표선수단의 공식후원 명칭 사용권
- KSC 및 KOC 행사 및 광고의 우선 참여권
- KSC 및 KOC 후원 또는 홍보성 기획행사의 주최권
- KSC 및 KOC 공식회보에 공식후원사명 명기
- 공식 후원사 자체 행사시 KSC 및 KOC 관련시설의 활용협조
- 동일 제품 카테고리 내의 독점성 보장

## 2. TOP 프로그램

세계 각 국의 국가올림픽위원회, 올림픽 팀, 국제올림픽위원회 등은 스폰서 기업인 여러 후원사들에게 독점적인 스폰서십의 권리를 제공하는 프로그램을 운영하고 있다. 대표적인 것이 TOP(The Olympic Program)이다. 이것은 IOC에 의해 1985년에 시작되었으며, 현재 5번째 프로그램이 진행 중이다.

TOP 1 : 1985-1988(Seoul)

TOP 2 : 1989-1992(Barcelona)

TOP 3 : 1993-1996(Atlanta)

TOP 4 : 1997-2000(Sydney)

TOP 5 : 2001-2004(Athenes)

올림픽이 끝나면 마케팅을 대행한 ISL은 TOP 프로그램을 통해 얻은 이익금 중 20~25%를 공제하고, 나머지를 IOC에게 준다. IOC는 이 금액 중 50%는 개최지의 조직위원회에 배분하고, 10%는 교육사업과 올림픽 운동기금으로 활용하고, 나머지 40%는 각 NOC에 배분한다. TOP 프로그램을 통한 이익금의 배분 내용은 〈표 14-3〉과 같다.

<표 14-3> TOP 프로그램의 이익금 배분

| 구분 | 비율 | | 사용처 |
|---|---|---|---|
| ISL | 20~25% | | 대행료 |
| IOC | 75~80% | 50% | 개최지 조직위원회 |
| | | 10% | 올림픽 운동기금 |
| | | 40% | 각 NOC |

### (1) TOP 스폰서에게 주어지는 혜택

TOP 스폰서는 현금, 용품, 서비스 및 용역 등 대회 운영에 필요한 막대한 재정적 지원을 함으로써 대회의 성공적 개최에 기여한다. 그 대가로 대회의 조직위원회는 스폰서들에게 직간접으로 혜택을 제공한다. 스폰서들은 주어지는 혜택은 다음과 같다.

- 상품 영역별 독점성의 부여
- 마크와 명칭의 사용권
- 촉진기회의 제공
- 올림픽 기록보관소의 자료 활용
- 티켓과 의전
- 광고 선택권
- 전시관 활용
- 참여효과의 평가서 활용
- 차기 대회의 협상 우선권

### (2) NOC가 TOP 스폰서에게 부여하는 권리

국가올림픽위원회(NOC)는 앰부싱 마케팅을 방지하여 스폰서의 권리를 보장해주고 있다. 국가올림픽위원회가 TOP 스폰서에게 부여하는 권리는 다음과 같다.

- 국내에서 IOC 및 조직위원회의 국제적 마크 및 명칭의 사용권
- NOC 마크를 스폰서의 상품, 촉진, 광고 등에 사용할 수 있는 권리
- 참가 NOC의 명칭을 사용할 수 있는 권리(공식스폰서, 공식공급업체, 공식상품 등)

### (3) 장비에 대한 규제

올림픽 헌장 61조에 의하면, 올림픽대회에 사용되는 의복이나 장비의 광고(홍보)는 제조자 표시를 눈에 띄게 표시하지 않는 범위 내에서 허용되고 있다. 일반적인 광고의 규제내용은 다음과 같다.

- 제조자 표시는 하나의 의복/장비에 하나 이상 나타내지 못한다.
- 해당 국제연맹의 특별규칙은 예외 조항으로 IOC 집행위원회의 동의를 얻어 제청 및 개정할 수 있다.
- 이러한 문제와 관련된 IOC 규칙을 위반하였을 시에는 해당자에 대한 자격박탈과 인정을 철회한다.

# 제 6 절 스포츠 이벤트

스포츠가 소수가 이용하는 엘리트 스포츠에서 다수가 이용하는 레저스포츠로 이행함에 따라, 스포츠 이벤트가 증가하고 있다. 스포츠 이벤트는 스포츠라는 특정의 목적을 가지고 특정의 장소에서 특정의 사람들에게 스포츠를 통하여 각종 행사와 축제를 개최하는 것을 말한다.

이런 스포츠 이벤트를 개최하는 목적은 단체나 구성원의 결속을 다지기 위한 것과 이벤트를 통해 지역, 국가, 기업 등의 홍보를 함으로써 수익을 축적하기 위한 것의 두 가지로 나눌 수 있다. 현대사회에서 스포츠 이벤트는 대부분 후자의 경우에 속한다. 전자의 경우는 소규모의 스포츠 이벤트로서 개최(행사)의 목적에 따라 순수한 진행이 가능하다. 하지만, 후자의 경우는 대규모의 스포츠 이벤트로서 지원단체인 스폰서가 필요하게 된다.

스폰서에는 기부형식으로 이루어지는 경우와 기업이 지원하는 경우로 나눌 수 있다. 기업이 경비를 지원하는 경우에는 규모에 따라 단독스폰서와 협찬스폰서로 나누어진다. 만일 기업이 스포츠 이벤트를 지원할 경우, 기업명이나 상품명을 대회 타이틀이나 트로피에 새기게 된다. 어떤 기업이 경비의 대부분을 부담하는 경우에는 타이틀 스폰서를 비롯하여 간판광고와 경기장에 판매권을 확보하게 된다.

## 1. 스포츠 이벤트의 개념

이벤트(event)는 행사, 시합, 경기, 사건 등 다양한 의미를 지닌다. 일본의 통상성은 이벤트를 무엇인가의 목적을 달성하기 위한 수단으로 실시하는 행사 또는 기획된 모임이라고 규정한다. 그러므로 이벤트는 어떤 단순한 행사가 아닌 특정의 목적을 가진 특별한 행사인 것이다.

특별한 행사가 되기 위해서는 분명한 개최의 이유, 특정의 욕구, 욕구충족을 위한 세부계획 등이 있어야 한다. 즉 이벤트는 특정한 목적을 가지고 특정한 장소에서 특정한 대상의 사람들에게 스포츠를 통한 각종 행사와 축제 등을 개최하는 것을 말한다.

이러한 스포츠 이벤트는 행사의 규모에 따라 소규모의 등산대회나 운동회로부터 대규모의 올림픽이나 월드컵 등 다양하게 개최되고 있다. 그리고 기간도 1일에서 수 주간에 걸쳐 또는 매년 정기적으로 진행되는 경우도 있는데, 1회로 끝나는 이벤트를 스페셜 이벤트(special event)라 한다.

스포츠 이벤트는 참여하는 형태에 따라 직접참여와 간접참여로 구분할 수 있다. 직접참여에는 스포츠 이벤트 자체에 직접 참여하는 형태이고, 간접참여는 각종 미디어를 통하여 이벤트 장면을 시청하거나 이벤트 장을 직접 방문하여 관람하는 형태이다.

## 2. 스포츠 이벤트의 등장

스포츠 이벤트(sports event)의 개념은 명확하지는 않지만, 스포츠 활동을 통해서 특정의 기간 · 장소에서 특정한 목적을 가지고 모든 사람들을 직접 · 간접으로 자극하고 감동을 체험하게 하는 스포츠 활동이라 할 수 있다. 다시 말하면, 스포츠 이벤트는 기업, 지방자치단체, 스포츠 조직 등이 수익, 공공성, 새로운 스포츠의 보급 및 스포츠 인구의 확대 등을 위해 특정기간에 특정 장소에서 특정을 목적을 가지고 행하는 스포츠 활동인 것이다.

이러한 스포츠 이벤트는 스포츠 경기를 세계 최초로 TV 중계를 한 1960년 로마 올림픽을 계기로 활성화되기 시작하였다. 1980년대 초반까지는 올림픽과 같은 주요 스포츠 이벤트의 유치가 어려웠으나, 1984년 미국 LA올림픽이 214백만 달러의 수익을 올리면서 스포츠 이벤트의 인식을 변화시켰다.

스포츠 이벤트의 재정적 성공은 주요 스포츠 이벤트를 유치함으로서 얻을 수 있는 경제적 효과에 관심을 가지게 되었다. 그 이후 세계의 각 도시들은 올림픽이나 월드컵 등과 같은 스포츠 이벤트의 유치를 위해 경쟁을 하기 시작하였다. 최근 우리나라의 강원도 평창에서 동계올림픽 유치를 위해 세계의 여러 도시들과 경쟁을 하기도 하였다.

## 3. 스포츠 이벤트의 유형

스포츠 이벤트는 스포츠 경기의 성격에 따라 국제스포츠 이벤트와 국내스포츠 이벤트로 나눌 수 있다. 국제스포츠 이벤트는 올림픽, 월드컵, 유니버시아드 경기 등을 말하고, 국내 스포츠 이벤트는 전국체전, 도민체전, 지방자치단체의 스포츠 이벤트 등을 말한다.

한편 스포츠 이벤트는 관람스포츠 이벤트와 참여스포츠 이벤트로 구분하기도 한다. 관람스포츠(see sports) 이벤트는 다시 경기장에서 관람하는 스포츠 이벤트와 스포츠 경기TV 중계를 시청하는 스포츠 이벤트로 다시 세분화되기도 한다. 이런 관람스포츠 이벤트는 기업이나 스포츠 구단이 이미지의 제고와 매출증대를 위해 방송매체를 이용하여 스포츠 경기의 장면이나 상황을 소비자들에게 제공하는 스포츠 활동을 말한다.

그리고 참여스포츠(do sports) 이벤트는 스포츠 단체(협회), 기업, 구단 등이 스포츠에 대한 이해와 기업의 인지도 향상을 위해 참가자로 하여금 특정한 장소에서 스포츠를 직접 참가하여 체험하도록 하는 스포츠 활동을 말한다. 최근에는 참여스포츠 이벤트가 참가자들에게 다양한 즐거움을 제공하고 있다.

## 4. 스포츠 이벤트의 기획

스포츠 이벤트를 통하여 소기의 효과를 얻기 위해서는 이벤트의 기획이 중요하다. 스포츠 이벤트의 기획을 위한 핵심적 포인트로서 5W 1H의 6하 원칙을 들 수 있다. 다음과 같은 체계적인 기획력은 경비를 최대한 줄이면서 효과의 대화를 가져다준다.

- 무엇을 할 것인가(What) : 방법 및 내용(형식, 구성, 연출 등)
- 어디서 할 것인가(When) : 장소(도시, 지방, 옥내, 옥외 등)
- 어떤 방식으로(How) : 주제(전통적인 것, 새로운 것, 자극적인 것, 일상적인 것 등)
- 목적은 무엇인가(Why) : 목적(판촉, 홍보, 단합 등)
- 누구를 대상으로(Who) : 사람(계층별, 성별, 연령별, 직업별, 소득별 등)

## 5. 스포츠 이벤트의 효과

### (1) 일반적 효과

성공적인 스포츠 이벤트가 되기 위해서는 이벤트 자체가 직접 · 간접으로 참여하는 사람들

모두에게 흥미와 관심의 대상이 되어야 한다. 예를 들어, 동해시의 오징어 축제는 맨손으로 오징어 잡기와 배따기, 회 썰기, 음식 만들기, 오징어 연날리기 등 오징어와 관련된 다양한 이벤트가 관광객과, 관광객의 직접 참여와 국제 비치발리볼 대회 등을 개최하여 관람객들에게 즐거움을 선사하고 있다. 강원도에서 펼쳐지는 하계 레저스포츠 이벤트의 내용은 〈표 14-4〉와 같다.

**<표 14-4> 강원도의 하계 레저스포츠 이벤트**

| 지 역 | 기 간 | 행 사 명 | 행 사 장 | 이 벤 트 |
|---|---|---|---|---|
| 속초 | 7.27~28 | 전국 용카누대회 | 청초호, 속초해수욕장 | 바다 래프팅, 카약 |
| | 7.27~31 | 장사항 축제 | 속초시 장사항 | 오징어 맨손잡기,<br>배낚시 체험 |
| 동해 | 8.1~3 | 오징어 축제 | 망상 해수욕장 | 오징어 썰기대회 |
| | 8.3 | 국제비치발리볼축제 | 망상 해수욕장 | 비치 발리볼대회 |
| 삼척 | 7.16~8.7 | 청정해변축제 | 삼척 맹방해수욕장 | 맨손 송어잡기대회 |
| | 8.4 | 전국 비치마라톤축제 | 삼척 새천년 해안유원지 | 단축마라톤 |

이를 위해서는 스포츠라는 생동감이 넘치는 동적인 장면들이 현장에서 연출되어야 한다. 생동감이 넘치는 다양한 장면들이 연출될 때 스포츠 이벤트는 자사의 홍보는 물론 경제적 효과도 얻을 수 있다. 일반적으로 스포츠 이벤트를 통한 효과는 다음과 같다.

- 입장 수입을 비롯하여 이벤트 장에서 직접적으로 얻는 효과(직접적 효과)
- 이벤트의 개최 시 투자를 통하여 간접적으로 나타나는 산업 및 경제적 효과와 이벤트의 신선한 발산 등에 의한 새로운 기술과 문화의 보급을 촉진시키는 효과(간접적 효과)
- 대중 매체를 통한 홍보효과와 이벤트 장면과 후원업체를 홍보함으로써 관람객들에게 발생하는 효과(광고효과)
- 관련 사업체의 초대 등으로 인한 관계개선 및 관계촉진의 효과(인센티브 효과)

### (2) 경제적 효과

스포츠 이벤트의 재정적 성공을 계기로 많은 국가에서 스포츠 이벤트를 개최하고 있지만, 그것의 경제적 효과에 대해서는 논란이 있는 실정이다. 하지만 경제적 효과와 관련된 스포츠 이벤트의 긍정적 효과는 다음과 같다.

첫째, 해당 국가는 물론 지방자치단체의 이미지를 향상시킨다. 글로벌 시대에서 이미지는 국가 경쟁력의 중요한 원천이다. 스포츠 이벤트는 정치, 산업, 문화, 관광 등과 함께 국가이미지의 영향요인이 된다.

둘째, 지방자치단체의 국제 교류를 증진시킨다. 국경의 개념이 사라진 시대에서 국제적 스포츠 이벤트의 개최는 정부와 도시(지방자치단체)로 하여금 국제교류의 중심이 되어 국제화를 가속화시킨다.

셋째, 개최한 지역의 관광산업을 발전시킨다. 관광산업은 경제성장, 고용증대, 지역발전 등을 가져오는 중요한 산업으로 국제적 스포츠의 이벤트는 관광산업의 발전을 가져오는 중요한 요인이 된다.

넷째, 스포츠 산업의 발전을 가속화시킨다. 스포츠 산업은 종합산업으로서 그 파급효과가 매우 크다. 스포츠 용품산업을 비롯하여 건설, 관광, IT, 미디어산업, 보험 등의 발전에 많 기여를 한다.

다섯째, 스포츠 이벤트에 대한 노하우를 축적할 수 있다. 국제적 스포츠 이벤트를 수용한 도시나 지방자치단체는 이에 대한 노하우의 축적으로 국제행사나 촉진의 중요한 자산이 된다. 특히 국제적 스포츠 이벤트의 개최에 따른 기획력과 기술력의 축적을 가져다준다.

여섯째, 국가의 소프트 인프라(soft-infra)의 확산을 가져온다. 국가의 소프트웨어 부문은 국민의식을 변화시키는 것으로, 스포츠 이벤트는 이런 사회의 소프트웨어 부문을 획기적으로 향상시킬 수 있는 계기가 된다.

## 6. 스포츠 이벤트의 사례

### (1) 국내의 스포츠 이벤트

성공적인 사례로 인정받고 있는 대표적인 스포츠 이벤트로서 경북 청도의 소싸움 축제를 들 수 있다. 1990년 영남 민속투우대회로 시작된 소싸움 축제는 많은 사람들의 관심을 불러

일으켜, 1999년에는 문화관광부 지정 한국의 10대 지역문화관광축제로 선정되었다. 이른바 한국을 대표하는 축제로 인정받고 있는 것이다. 2002년에는 전통 소싸움경기에 관한 법률이 국회에서 통과되어, 청도지역의 관광산업과 축산업의 발전에 많은 도움을 주고 있다.

청도의 소싸움 축제는 2002년 행사기간 9일 동안 관광객 60만 명의 관람과 해외 20개 언론사의 취재 경쟁 등 상당한 파급효과가 있었다. 그리고 삼척시의 삼척세계동굴 엑스포도 동년 7월 10일에서 8월 10일까지 100만 명 이상의 관광객이 관람하였다. 이처럼 스포츠 이벤트는 지역경제에 많은 영향을 미치고 있다.

### (2) 외국의 스포츠 이벤트

우리나라와는 달리 세계의 유명한 스포츠 프로팀은 지역경제에 엄청난 파급효과를 안겨주고 있다. 잉글랜드의 프로축구팀 맨체스터 유나이티드는 2001년 한해에 2,879억 원의 매출과 631억 원의 순수익을 올렸다. 구단의 수입원은 입장권 판매, 박물관 입장료, 스타들의 이용품, 각종 유니폼과 축구공의 판매 등 다양하다. 또한 나이키와의 스폰서십 계약에 따라 한 해에 5,975억 원의 수입을 얻는다.

### (3) 지자체의 스포츠 이벤트

우리나라의 지방자치 단체들도 외국의 경우처럼 직접 · 간접의 경제적 효과를 얻기 위해서는 관광객들의 관람료, 숙박료, 이벤트 관련 기념품 판매, 향토음식의 판매 등 다양한 아이디어 상품들이 개발되어야 할 것이다. 특히 지역에서 스포츠 이벤트를 기획할 때는 지역의 특성이나 인적자원을 최대한 활용할 수 있도록 하여야 하고, 또한 그 운영의 장점을 살려 매년 정기적으로 개최할 수 있어야 할 것이다.

# 15

# 스포츠의 서비스 질

## 제 1 절 서비스 질의 본질

### 1. 품질에 대한 다양한 견해

품질(quality)의 정의에 대하여 학자들은 저마다 다른 견해를 보인다. 품질에 대한 이해가 어려운 만큼 그것의 측정 또한 어렵다. 품질이라는 용어는 상당히 추상적이어서, 조직이 저마다 그것에 대하여 정의를 내리기 전에는 의견의 일치를 보이기 어렵다.

품질에 대한 다양한 견해는 경영자 집단에서 발전적 합의를 이끌어 낼 수 있다는 점에서 볼 때, 조직에서 실행할 수 있는 하나의 기준을 만드는 것은 매우 중요하다. 모든 사람의 합의하에 실행할 수 있는 하나의 기준이 그 조직에서 질이 된다. 품질 중심의 조직경영에서는 조직 나름대로의 품질의 개념을 확립하여야 한다.

품질과 유사한 개념으로 고객만족과 가치가 있다. 고객만족과 가치는 품질과는 다른 개념이면서 동일한 개념으로 혼동하다. 그것은 대부분의 경영자들의 마음속에는 품질과 고객만족이 밀접히 혼합되어있다. 품질에 대한 견해들을 요약하면 다음과 같다.

#### (1) 선험적 견해

선험적 견해는 품질을 경험에 의해서만 인식할 수 있는 것으로 파악한다. 우리들은 경험을 통하여 어떤 상표(상품)의 품질이 우수한지를 인식하게 된다. 이때 상표는 우수한 품질과 동일한 의미로 인식되는 것이다. 만일 우리가 품질의 우수성을 믿는다면, 우리는 고객만족을 위한 수단으로서 우수성을 믿게 된다. 품질을 우수성과 동의어로 보는 것이다. 품질은 저급한 것이 아닌 우수한 품질을 의미한다. 높은 수준의 품질이 질인 것이다. 품질이란 높은 수준을 달성하고자 노력하거나 그것에 도달하는 것이다.

#### (2) 상품 중심적 견해

상품 중심적 견해는 선험적 견해와는 달리 품질을 정확하고 측정 가능한 변수로 파악한다.

상품의 어떤 속성이나 요소를 증가함으로서 고품질과 고객만족이 달성된다는 것이다. 즉 품질의 차이는 상품의 몇 가지 요구되는 성분이나 속성의 양적 차이에 의해 발생하게 된다.

### (3) 사용자 중심적 견해

사용자 중심적 견해에 의하면, 품질과 고객만족은 사용자인 고객의 관점에 달려있다는 전제에 기초한다. 품질이 무엇인지는 고객만이 올바르게 판단할 수 있다는 것이다. 주관적이고 수요 지향적인 이 견해는 고객은 저마다 다른 욕구를 가지고 있음을 말한다. 고객의 욕구를 얼마나 충족시키느냐에 따라 품질은 결정된다. 사용적합성(fitness for use)이 사용자 중심적 견해에 의한 품질의 개념이다. 품질은 고객의 요구를 만족시킬 수 있는 능력 또는 사용하기 적합한 것을 의미한다.

### (4) 생산 중심적 견해

생산 중심적 견해는 고객의 요구사항에 대한 생산 상의 적합성이라는 개념이다. 이 견해에 의하면, 상품이 명세서나 요구사항에 대하여 얼마나 일치하느냐에 따라 품질이 결정된다. 즉 품질은 요구사항이나 명세서와의 일치성이라고 정의를 내릴 수 있다. 서비스업에서 일치성은 정확성이나 정시성과 일맥상통한다. 검사의 정확성이나 항공기의 정시운항이 그 예이다.

### (5) 가치 중심적 견해

가치 중심적 견해에 의하면, 품질은 가격과 가치로 정의한다. 품질은 적당한 가격과 가치를 포함하는 요구에의 적합성을 의미한다. 경쟁사보다 낮은 가격으로 고객의 요구를 만족시킬 때, 보다 많은 가치가 느껴지고 품질 또한 우수한 것이 된다. 품질은 우수성과 가치라는 측면을 지니고 있다. 품질이 가격에 비하여 논의됨을 볼 때, 고객들은 가격의 범위에서 품질을 찾는다고 할 수 있다. 즉 품질은 가격에 따라 측정되며, 고객은 가격이 적당하면서 우수한 상품을 선택한다고 할 수 있다. 이러한 의미에서 이 견해가 많은 지지를 받고 있다.

## 2. 품질의 유사개념

품질의 유사개념으로 고객만족과 가치가 있다. 이들은 서로 다른 개념이면서도 많은 사람들이 혼동을 할 정도로 유사한 개념이기도 하다. 이들 개념은 저마다 다르므로, 측정과 관리를 위해서도 이들에 대한 정확한 이해가 필요하다.

### (1) 고객만족

만족은 라틴어 Satis(충분)와 facere(하게 하다 또는 만들다)의 합성어로, "충분하게 하다 또는 충분하게 만들다" 의 의미를 가진다. 만족이란 고객의 경험이 고객의 기대 이상인 경우를 말한다. 즉 고객이 기대한 이상으로 상품(서비스)을 경험할 때 고객은 만족하게 되고 충분하게 된다.

품질을 판단하는 기준은 상품이므로, 판단의 기초는 구체적이다. 만족을 판단하는 기준은 질적 차원의 것일 수도 있고 아닐 수도 있다. 즉 만족은 서비스 제공자의 통제 불능의 요소에 의해서도 좌우될 수 있다.

그리고 품질은 고객의 직접적 경험이 없이도 인식할 수 있지만, 만족은 고객의 직접적 경험이 없이는 인식할 수 없다. 품질의 인지에는 직접적 경험이 필요하지 않지만, 만족은 직접적 경험을 반드시 필요로 한다는 점이 다르다.

### (2) 가치

품질은 가격과 가치의 2 차원에서 정의를 하듯이, 가치는 가격과 품질을 비교하여 형성된다. 일반적으로 가격이 높으면 품질이 우수하고, 가격이 낮으면 품질이 열악한 것으로 인식하는 경향이 있다. 하지만 우리는 가격이 낮으면서도 품질이 우수할 때, 그 상품이 더 가치가 있는 것으로 판단한다.

가격과 품질이 상반관계를 보일 때 가치를 판단하게 된다. 즉 가격과 품질이 가치를 형성한다. 가격과 품질이 가치를 어떻게 형성하는지는 정확히 알 수 없지만, 가치도 품질과 마찬가지로 고객과의 대면 시에 형성되는 것이다. 품질이 고객을 확보하는 방법이듯이, 가치도 고객을 확보하는 방법으로 최근에 강조되고 있다.

## 3. 서비스 질의 특성

서비스는 물체이기보다는 과정이나 행위로서 수행되기 때문에, 그것을 사용하기 전에는 서비스 질을 평가하기 어렵다. 서비스를 구매하여 이용하는 과정이나 이용 후 과정에서도 서비스 질의 평가는 가능하다.

첫째, 서비스 질은 서비스를 받기 전의 기대와 서비스에 대한 실제 경험과의 비교를 통하여 인식된다. 즉 서비스를 이용함으로서 무엇(편익)을 얻으리라는 기대와 그것을 이용함으로서 얻을 실제의 성과를 비교하여 서비스 질의 평가가 이루어진다. 실제로 제공된 결과인 서비스의 성과(수준)가 그것에 대한 고객의 사전기대(수준)를 어느 정도 충족하느냐에 따라 만족여부가 결정된다. 스포츠에 대한 고객의 기대수준이 크면 클수록 불만족 경험의 가능성이 커지게 된다.

둘째, 서비스 질의 평가는 서비스가 제공되는 과정과 제공된 결과를 통하여 이루어진다. 서비스가 전달되는 과정뿐만 아니라 전달된 결과를 통하여도 서비스 질이 평가되는 것이다. 서비스가 소비자에게 전달되는 과정의 질(process quality)과 서비스가 전달된 뒤 소비자가 인식하는 결과의 질(outcome quality)의 평가를 통하여 전반적인 서비스 질이 평가된다. 과정의 질은 서비스를 이용하는 동안 고객이 판단하는 것이고, 결과의 질은 서비스를 이용한 후에 고객에 의해서 판단되는 것이다.

셋째, 서비스 질은 주관적이고 상대적이고 인간적으로 인식된 전반적인 서비스의 평가이다. 서비스 질은 서비스를 인식하는 소비자에 따라 평가가 달라질 수 있는 주관적이고 상대적이고 인간적인 평가이다. 동일한 서비스에 대하여 고객은 저마다 다르게 인식하므로, 객관적이고 기계적인 평가와는 다르다. 특히 서비스는 서비스를 제공하는 상황과 직원과 고객의 상호작용의 결과에 따라 달라질 수 있으므로, 여러 경우의 서비스를 종합하는 전반적인 평가이다.

## 4. 서비스 질의 분류

서비스 질은 아래와 같이 여러 가지로 설명된다. 질에 대한 학자들의 분류를 통하여 스포츠가 어떠한 서비스 질인지 알아보도록 한다.

### (1) 기계적 질-인간적 질

기계적 질(mechanic quality)은 문제와 대상의 객관적 특성을 내포하는 질로서, 객관적 질에 해당한다. 이는 스포츠 조직이나 선수들이 추구하는 질(과학적-기술적 질)로서, 객관적으로 평가하고 측정할 수 있는 질을 의미한다.

인간적 질(humanic quality)은 대상에 대한 인간의 주관적 반응을 내포하는 질로서, 주관적 질에 해당한다. 이는 스포츠 소비자들이 추구하는 질로서, 소비자의 주관에 따라 그들이 평가하는 서비스 질은 저마다 다르다.

### (2) 탐색성 질-경험성 질-진실성 질

탐색성 질(search quality)은 소비자가 서비스를 이용하기 전에 그것의 평가를 할 수 있는 질을 말한다. 대부분의 재화는 탐색성 질에 의하여 구매 전에 평가가 가능하다. 색상, 디자인, 스타일, 가격, 냄새 등이 탐색성 질에 해당한다. 하지만 스포츠라는 서비스는 그것을 이용하기 전의 평가는 물리적 환경, 위치, 자격증 등에 의하여 한정적으로 이루어질 뿐이다.

경험성 질(experience quality)은 서비스를 구매하여 이용하는 과정이나 이용한 이후에 그것을 평가할 수 있는 질을 말한다. 대부분의 서비스가 경험성 질에 의하여 평가된다. 스포츠 조직의 직원(종사자)의 태도, 서비스의 전달과정, 요구사항의 처리과정 등은 서비스를 경험하기 전에는 평가할 수 없는 속성들이다. 소비자가 스포츠라는 서비스를 이용함으로서 객관적으로 느끼는 질이 이에 해당된다.

진실성 질(credence quality)은 서비스를 구매하여 이용하는 과정이나 이용한 이후에도 그것의 평가가 어려운 질을 말한다. 스포츠라는 서비스는 진실성 질이 강한 서비스에 속한다. 서비스 생산시스템의 비가시적 부분인 기술적 핵이 이에 해당된다. 즉 스포츠의 기술적 핵인 오락이나 스트레스 해소 등은 서비스를 이용한 이후에도 서비스 질을 평가하기 어려운 속성이다.

### (3) 기술적 질-기능적 질

기술적 질(technical quality)은 고객이 실제로 제공받은 서비스 질을 말한다. 스포츠 조직의 장비, 노하우, 문제해결 능력 등이 이에 해당된다. 서비스의 생산시스템을 구성하는 가시적 부분과 비가시적 부분이 기술적 질을 구성한다. 스포츠 조직의 물리적 환경과 직원의 기술적 능력에 의하여 기술적 질이 결정된다.

기능적 질(functional quality)은 서비스가 전달되는 과정의 질을 말한다. 직원(종사자)과 고객의 상호작용에 의하여 기능적 질이 결정된다. 직원의 태도 · 행동 · 열의 · 외모 등이 이에 해당된다.

## 5. 서비스 질의 인식

서비스 질은 고객이 서비스를 인지하는 것으로서, 고객인 인지하는 그 자체인 것이다. 서비스에 대한 고객의 인지는 주관적이기 때문에 사람에 따라 달라질 수 있는 상대론적인 것이다. 동일한 서비스에 대하여 고객은 저마다 다르게 평가할 수 있는 것이다.

서비스는 무형성이기 때문에 고객이 눈으로 확인할 수 있는 유형의 실체가 없다. 무형의 서비스에 대하여 스포츠 조직들은 어떠한 서비스를 제공하겠다는 약속을 소비자에게 하게 되며, 소비자들은 그것에 대한 기대를 가지고 서비스를 이용하는 것이다.

서비스에 대한 고객의 기대와 그것을 실제로 이용해 본 경험을 비교함으로서 서비스 질이 인식된다. 소비자가 스포츠의 이용에서 얻으리라고 기대하는 것과 실제로 얻은 것과의 비교를 통하여 소비자는 서비스 질을 인식하게 된다.

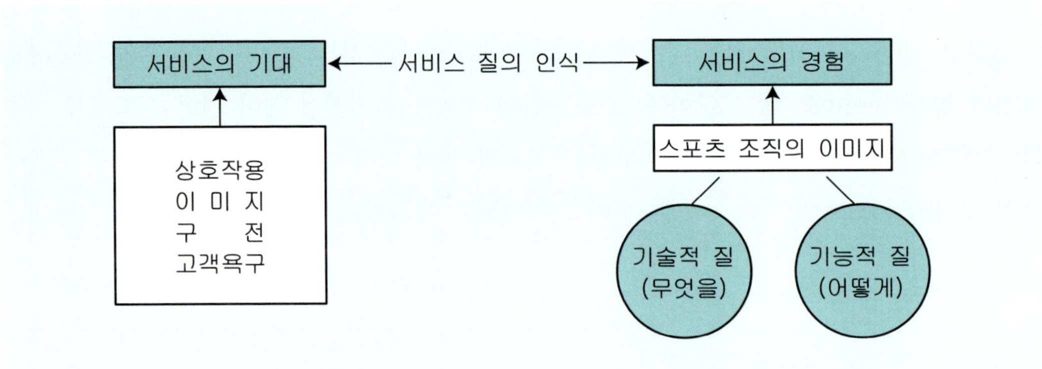


<그림 15-1> 전반적인 서비스 질의 인식

〈그림 15-1〉에서 보면, 서비스 질은 서비스에 대한 기대와 서비스의 실제 이용경험과의 비교를 통하여 인식된다. 서비스에 대한 고객의 기대는 고객욕구, 이미지, 과거 이용경험, 다른 사람의 구전, 상호작용 등의 요인에 의하여 결정된다. 고객이 실제로 경험한 스포츠 서비스는 기술적 질과 기능적 질로 구성되며, 이들에 의해 결정된다.

**<표 15-1>** 기술적 질과 기능적 질

| | 내 용 |
|---|---|
| 기술적 질 | 고객이 실제로 제공받은 서비스 질 |
| | 컴퓨터화된 시스템, 설비(장비), 노하우, 기술적 해결 |
| 기능적 질 | 서비스가 전달되는 과정의 질 |
| | 직원(종사자)의 태도·행동·서비스 열의 외모, 고객접촉, 접근가능성, 내부관계 |

기술적 질(technical quality)은 고객이 실제로 제공받은 서비스 질을 의미하는 것으로, 이는 컴퓨터화 된 시스템, 설비(장비), 노하우, 기술적 해결 등에 의하여 결정된다. 기능적 질(functional quality)은 서비스가 전달되는 과정의 질을 의미하는 것으로, 이는 스포츠 조직 직원의 태도 · 행동 · 열의 · 외모 등에 의하여 결정된다. 기술적 질과 기능적 질의 내용은 〈표 15-1〉과 같다.

고객이 실제로 경험하는 서비스는 기술적 질뿐만 아니라, 기술적 질에 의해서도 결정된다. 소비자에게 실제로 전달되는 서비스 질은 기술적 질이지만, 이보다는 기능적 질에 의하여 서비스 질이 더 많은 영향을 받는다. 예를 들어, 스포츠라는 서비스는 현대적인 시설이나 장비도 중요하지만, 고객의 마음을 이해하여 그들의 원하는 것을 충족시켜 주겠다는 열의와 태도 등이 보다 중요하다. 우수한 서비스 질은 기술적 질보다는 기능적 질에서 나옴을 보여준다.

## 6. 서비스 질의 영향요인

소비자가 인식하는 서비스 질에는 〈그림 15-2〉에서처럼, 많은 요인들이 영향을 미친다. 서비스에 대한 기대와 경험에 영향을 미치는 요인으로 나누어 설명할 수 있다. 먼저 서비스에 대한 소비자 기대에는 고객욕구, 이미지, 과거 이용경험, 구전, 상호작용 등외에도 마케

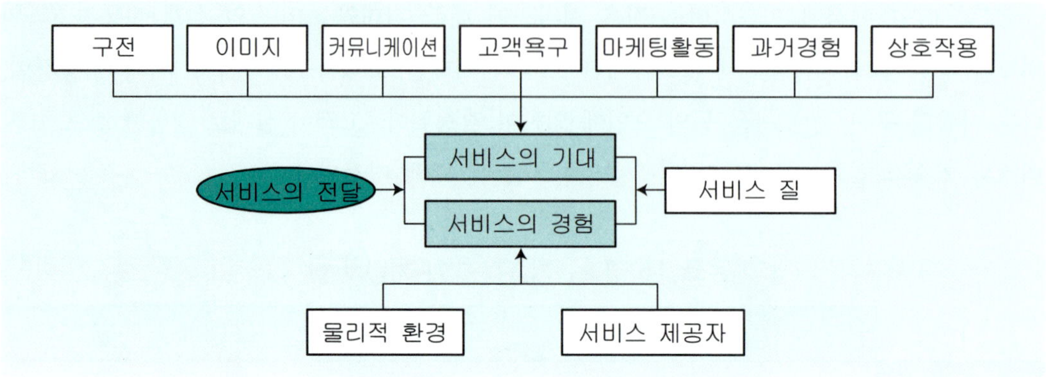


<그림 15-2> 서비스 질의 영향요인

팅 활동과 커뮤니케이션도 영향을 미친다.

스포츠 조직에서 스포츠 마케팅의 도입이 활발해지면, 마케팅활동과 커뮤니케이션은 소비자의 서비스 기대에 특히 영향을 주는 중요한 요인이 될 수 있다. 그러므로 소비자의 서비스 경험에는 물리적 환경과 직원이 영향을 미친다. 스포츠 서비스는 소비자가 경험을 하여야 서비스 질이 인식된다.

그 결과 스포츠를 생산하는 물리적 환경과 직원을 고객이 접촉함으로써 서비스 질을 평가하게 된다. 즉 소비자는 물리적 환경과 직원의 상호작용 속에서 스포츠를 전달받음으로서 서비스 질을 평가하게 된다.

따라서 스포츠의 경험에는 물리적 환경과 직원이 영향을 미친다. 우리는 이것을 기술적 질과 기능적 질이 서비스의 경험에 영향을 미친다고 한다. 결국 소비자가 인식하는 서비스 질은 소비자의 주관적 요소에 의해 결정된다.

서비스 질은 스포츠를 인식하는 소비자에 따라 평가가 달라질 수 있는 주관적이고 상대적이고 인간적인 평가인 것이다. 서비스 질은 스포츠를 제공하는 물리적 환경과 직원이 고객과의 상호작용, 그리고 서비스를 전달받는 고객의 상황에 따라 달라질 수 있다.

## 제 2 절 서비스 질의 측정과 관리

### 1. 서비스 질의 측정

서비스 질을 평가하고 측정하는 모형은 3가지 - PSQ, SERVQUAL, SERVPERF - 가 있다. PSQ는 서비스의 이용 전, 이용, 그리고 이용 후의 각 단계를 동시에 고려하여 서비스 질을 평가하는 방법이다. SERVQUAL은 서비스를 이용하기 전의 서비스 기대에서 실제의 서비스 성과(경험)를 마이너스(-)하여 서비스 질을 평가하는 방법이다. 그리고 SERVPERF는 실제로 제공된 서비스의 성과만으로 서비스 질을 평가하는 방법이다.

#### (1) PSQ

서비스 질의 평가는 3단계 - 이용 전 단계, 이용 단계, 그리고 이용 후 단계 - 로 이루어진다. 서비스를 이용하기 전의 평가에서는 가능한 대안들의 선정이 이루어지고, 이용하는 과정의 평가에서는 대안선정과 관련된 경험을 기대와 비교하는 과정이다. 즉 이용하는 과정의 평가는 전화접촉, 서비스 준비, 그리고 서비스 제공 시까지의 대기시간 등과 같은 경험에 부분적으로 기초한다.

그리고 이용 후의 평가에서는 이용 전의 단계와 이용하는 단계 동안에 형성된 기대와 서비스 결과와의 비교로 이루어진다. 이러한 서비스 질에 대한 소비자의 최종평가는 서비스 결과는 물론, 서비스 전달의 과정을 통하여 이루어진다.

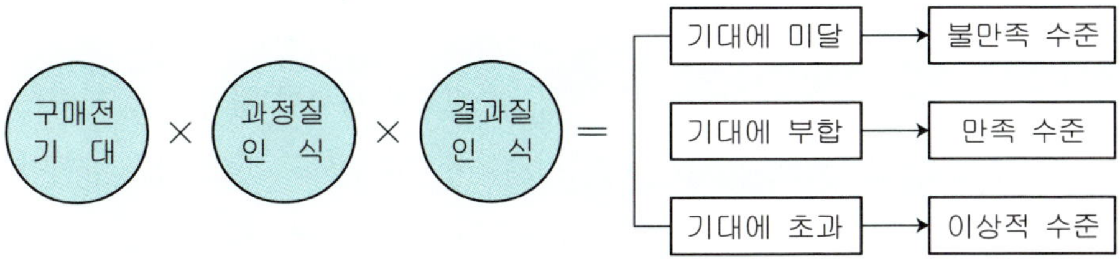


<그림 15-3> 인식된 서비스 질의 연속체

따라서 서비스 질의 인식은 〈그림 15-3〉에서처럼, 서비스를 이용하기 전의 그것에 대한 기대와 이용하는 단계와 이용 후의 단계에서 지각한 서비스 질의 곱으로 표현할 수 있다. 이를 등식으로 표현하면 아래와 같다 :

서비스 질의 인식 = 이용 전의 기대수준 × 이용과정에서 서비스 질의 인식수준
× 이용 후의 과정에서 서비스 질의 인식수준

PSQ = PPE × PPQ × POQ

여기에서, 서비스 질은 서비스 질의 인식(PSQ)과 서비스에 대한 기대수준(PPE)의 비교결과에 따라 결정된다. 서비스 질의 인식수준이 이용 전의 기대수준보다 크면 서비스 질은 이상적인 수준(IO)이 된다. 만일 서비스 질의 인식수준과 기대수준이 동일하면 서비스 질은 만족스런 수준(SQ)이 된다. 그리고 반대로 서비스 질의 인식수준이 기대 수준보다 적으면 불만족스런 수준(UQ)이 된다.

PSQ 〉 PPE : IO
PSQ = PPE : SQ
PSQ 〈 PPE : UQ

### (2) SERVQUAL

소비자는 서비스를 받기 전의 기대와 서비스에 대한 실제 경험과의 비교에서 서비스 질을 인식한다. 소비자가 서비스의 생산과정에 참여하기 때문에 그 서비스의 미래성과에 대하여 어떠한 기대를 갖게 되며, 그 기대는 서비스의 생산과정에 참여하여 서비스를 이용하면서 얻은 성과(경험)와 비교하여 서비스 질을 인식하게 된다.

소비자가 인식하는 전반적인 서비스 질은 소비자가 얻으리라고 기대하는 "서비스의 기대"와 실제로 얻는 것을 느끼는 "서비스의 경험"의 비교를 통하여 평가된다. 서비스의 기대는 〈그림 15-1〉에서처럼, 구전, 이미지, 커뮤니케이션, 고객욕구, 상호작용, 마케팅활동 등의 영향을 받는다. 즉 소비자의 기대는 이들 영향요인들의 함수관계로 나타낼 수 있다. 그리고 소비자는 서비스의 기술적 질과 기능적 질에 의하여 서비스 경험을 하게 된다. 이처럼,

스포츠는 서비스를 받기 전의 서비스에 대한 기대(기대서비스)와 서비스에 대한 실제 경험(인식된 서비스)의 비교를 통하여 평가되는 것이다.

SERVQUAL = (성과 - 기대)

SERVQUAL = 중요도 × (성과 - 기대)

PZB는 서비스 질을 측정하기 위한 새로운 모형인 SERVQUAL을 개발했다. SERVQUAL은 서비스에 대한 소비자의 기대와 서비스가 실제로 전달된 성과간의 차이를 말한다. 즉 SERVQUAL은 성과에서 기대를 뺀 것으로 표현할 수 있다. 그들은 3년 후(1988)에 SERVQUAL의 성능향상을 위하여 기존의 모형에다 중요도의 가중치를 곱하였다. SERVQUAL의 설문지는 〈표 15-2〉와 같다.

<표 15-2> SERVQUAL의 설문지

| 1---------2---------3---------4---------5---------6---------7 | | |
|---|---|---|
| 절대동의하지 않는다 | 보통이다 | 절대동의한다 |

| | |
|---|---|
| E01. | 스포츠 시설은 현대식 외관의 장비를 갖추고 있다. |
| E02. | 스포츠 시설의 물리적 시설들이 보기에 훌륭하다. |
| E03. | 스포츠 시설의 직원들은 외모가 깔끔하다. |
| E04. | 스포츠 시설의 자재들은 보기에 훌륭하다. |
| E05. | 스포츠 시설이 언제까지 하기로 한 약속에 대해 그들은 약속을 지킬 것이다. |
| E06. | 스포츠 시설은 당신이 직면한 문제의 해결을 위한 관심을 가질 것이다. |
| E07. | 스포츠 시설은 최초로 서비스 권리를 실행한다. |
| E08. | 스포츠 시설이 하기로 약속한 시간에 그것을 실행한다. |
| E09. | 스포츠 시설은 기록에 대해 오류가 없다고 주장한다. |
| E10. | 스포츠 시설은 직원들은 당신에게 즉각적인 서비스를 행한다. |
| E11. | 스포츠 시설의 직원들은 항상 당신을 기꺼이 돕고자 한다. |
| E12. | 스포츠 시설의 직원들은 당신의 요구에 신속하게 대응한다. |
| E13. | 스포츠 시설의 직원들의 행위는 고객에게 신뢰를 심어준다. |
| E14. | 당신은 스포츠 시설과의 거래에 안심한다. |
| E15. | 스포츠 시설의 직원들은 당신에게 언제나 예의바르다. |
| E16. | 스포츠 시설의 직원들은 당신이 하는 질문에 대한 식견을 가지고 있다. |
| E17. | 스포츠 시설의 직원들은 당신에게 개인적인 배려를 제공한다. |
| E18. | 스포츠 시설은 모든 고객에 대하여 편리한 운영시간을 제공한다. |
| E19. | 스포츠 시설은 당신의 최대관심사를 마음 속 깊이 간직한다. |
| E20. | 스포츠 시설의 직원들은 당신 특유의 요구를 이해한다. |

### (3) SERVPERF

서비스 질과 고객만족이 거의 동시에 이루어지지만, 사실은 서비스 질이 고객만족에 선행한다는 SERVQUAL의 가정에 대하여, SERVPERF는 고객만족이 서비스 질에 선행함을 가정으로 하고 있다. 이른바 서비스 질은 특정거래에 대한 전반적인 평가인 고객태도와 유사한 것으로, 성과중심으로 서비스 질을 측정하여야 한다는 것이다. 성과 인식만을 사용하여 서비스 질을 측정할 때 그것의 효율성이 높다는 것이다.

이처럼, 고객만족이 고객자신이 제공받은 특정 서비스에 대한 평가이기 때문에, 서비스 질에 대한 고객의 태도는 그것에 대한 평가를 기초로 그것을 제공한 스포츠 조직에 대한 전반적인 평가인 것이다.

여러 연구를 토대로 크로닌과 테일러(Cronin and Taylor, 1992)는 성과중심의 모형을 SERVQUAL의 대체안으로 주장하였다. 즉 서비스 질은 성과만으로 이루어진다고 보고, 아래와 같은 등식을 SERVPERF라고 하였다. 그들은 SERVPERF의 성능을 향상시키기 위하여 역시 중요도의 가중치를 곱하였다.

SERVPERF = (성과)

SERVPERF = 중요도 × (성과)

## 2. 스포츠 서비스 질 평가

Milne and McDonald(2001)는 SERVQUAL 척도를 이용하여 시즌티켓 구매자들의 서비스 질에 대한 인식을 측정하였다. 다시 말하면, 스포츠 조직(프랜차이즈)에 대하여 높은 생애가치를 가지는 고객들이 서비스를 더 우수한 것으로 인식하고 있는지를 알아보고자 하였다.

신뢰도 측정을 통하여 스포츠의 서비스 질을 구성하는 요인은 유형성, 신뢰성, 반응성, 확신성, 공감성 등 이었다. 연구자들은 응답자들의 프랜차이즈에 대한 평생가치(LTV)를 기준으로 고객을 10등급으로 분류하였다. 스포츠 팀에 대하여 높은 경제적 가치를 가지는 고객들은 1등급으로, 경제적 가치가 가장 적은 고객은 1등급으로 분류하였다.

이들 등급에 따른 5요인으로 구성되는 서비스 질의 차이(기대-인지)를 분석하였다. 그 결과는 〈표 15-3〉과 같다. LTV에 의한 서비스 질의 요인들은 공감성($F = 1.53$, $p = 0.14$)을 제외하고는 0.05 수준에서 통계적으로 유의함을 보여준다.

조사의 결과에서 보는 것처럼, 고객의 등급이 높을수록 서비스 질의 차이가 크다. 이는 스포츠 팀에 대한 LTV가 높은 고객일수록 서비스 질의 차이를 크게 인식하여, LTV가 낮은 고객일수록 서비스 질의 차이를 적게 인식하고 있음을 보여준다.

<표 15-3> LTV에 의한 서비스 질의 차이(기대-인지)

| 등급 | 유형성 | 신뢰성 | 반응성 | 확신성 | 공감성 |
|---|---|---|---|---|---|
| 1 | 0.03 | 0.88 | 1.12 | 0.89 | 1.12 |
| 2 | 0.10 | 0.60 | 0.79 | 0.62 | 0.95 |
| 3 | -0.29 | 0.62 | 0.71 | 0.37 | 0.69 |
| 4 | -0.22 | 0.53 | 0.55 | 0.38 | 0.80 |
| 5 | -0.27 | 0.29 | 0.41 | 0.22 | 0.62 |
| 6 | -0.12 | 0.55 | 0.64 | 0.30 | 0.66 |
| 7 | -0.06 | 0.57 | 0.79 | 0.57 | 1.09 |
| 8 | -0.03 | 0.55 | 0.41 | 0.15 | 0.69 |
| 9 | 0.09 | 0.53 | 0.55 | 0.34 | 0.78 |
| 10 | -0.46 | 0.07 | 0.23 | 0.00 | 0.40 |
| Total | -0.11 | 0.54 | 0.63 | 0.39 | 0.78 |
| F-value | 2.08 | 2.14 | 2.63 | 3.82 | 1.53 |
| F.Prob | 0.03 | 0.03 | 0.01 | 0.00 | 0.14 |

자료 : Milne and McDonald(2001).

이러한 결과는 프랜차이즈에 대한 높은 경제적 투자를 하는 고객들은 그만한 가치의 서비스를 받지 못하고 있음을 말해준다. 그것은 프랜차이즈에 대하여 높은 LTV를 가진 고객은 그렇지 않은 고객들보다 높은 기대치를 가지기 때문이다.

이처럼 스포츠 팀에 투자한 만큼의 서비스를 받지 못했다고 느끼는 고객들(불만족 소비자)은 스포츠 조직과의 관계를 연장하거나 지속하지 않을 것이다. 불만족 고객들로 하여금 스포츠 조직과의 관계를 연장하도록 하기 위해서는 그들에 대한 서비스를 향상시켜야 한다.

스포츠 고객들에 대한 서비스 향상은 프랜차이즈와의 접촉 · 고객만족과 밀접한 관련이 있다. 특히 오락요인들에 대한 소비의 경쟁이 치열해질 경우, 스포츠 조직의 서비스 향상에 대한 필요성은 더욱 강조되고 있다. 이에 스포츠 조직도 서비스 질에 대하여 관심을 가지고, 그것을 향상시키지 않으면 안 된다.

## 3. 서비스 질의 관리

서비스는 재화와는 달리 질의 관리가 어렵다. 즉 서비스는 누가 어떻게 전달하느냐에 따라 소비자가 인식하는 질은 달라진다. 스포츠라는 서비스의 전달과정과 직원에 따라, 스포츠 소비자가 인식하는 서비스 질에는 차이가 발생하게 된다.

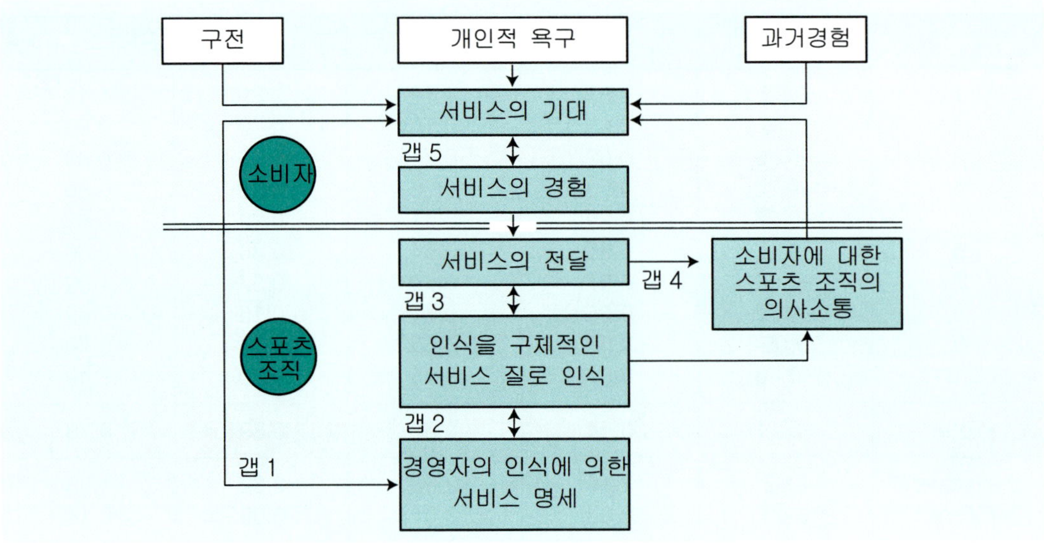


<그림 15-5> 서비스 질 관리를 위한 갭 분석의 모형

소비자가 인식하는 서비스 질의 차이(갭 5)는 〈그림 15-5〉에서 보는 것처럼, 4개의 갭에 의해 결정된다. 여러 갭들의 성격과 원인을 설명하면 다음과 같다.

갭 1은 서비스에 대한 소비자 기대와 소비자 기대에 대한 경영자 인식의 차이이다. 이는 서비스 질에 대한 소비자의 기대를 경영자가 정확하게 인식하지 못하는 경우에 발생한다. 즉 서비스에 대하여 소비자가 무엇을 요구하며 기대하는 수준이 어느 정도인지를 알지 못하는 경우에 발생한다.

갭 2는 서비스에 대한 소비자 기대의 경영자 인식과 경영자 인식에 의한 서비스의 구체화에서 오는 차이이다. 소비자의 스포츠 기대에 대한 경영자 인식을 서비스로 구체화하는 과정에서 발생한다. 즉 스포츠에 대한 소비자의 기대를 알고 있어도, 그것을 어떻게 충족시켜야 할지를 경영자가 모르는 경우에 발생한다.

갭 3은 경영자 인식에 의한 서비스의 구체화와 고객에게 전달되는 서비스의 차이이다. 즉 구체화된 서비스와 고객에게 실제로 전달된 서비스의 차이이다. 이는 서비스에 대한 경영자의 지침을 서비스를 전달하는 직원이 제대로 따르지 않는 경우에 발생한다. 스포츠 조직의 경영자가 기대하는 서비스의 수준을 직원들이 제대로 전달하지 못하는 경우에 발생한다.

갭 4는 서비스의 전달과 스포츠 조직의 소비자에 대한 커뮤니케이션의 차이이다. 이는 스포츠 조직이 제공한 서비스와 스포츠 조직의 소비자에 대한 커뮤니케이션간의 차이에서 발생한다. 즉, 스포츠 조직이 소비자들에게 실제로 제공하는 것보다 더 많은 것을 약속(과잉약속)하거나 또는 커뮤니케이션 담당자(광고부서)와 직원 간의 의사소통이 제대로 되지 않아 소비자의 기대를 충족시키지 못하는 경우에 발생한다.

갭 5는 서비스에 대한 소비자 기대와 소비자 경험의 차이이다. 서비스에 대한 소비자의 기대와 그것에 대한 소비자의 실제 경험을 비교함으로서, 소비자는 서비스 질을 인식하게 된다. 갭 5는 서비스의 전달과 관련된 4개 갭의 크기와 방향에 따라 결정된다. 즉, 갭의 방향이 양(+)의 방향인지 음(−)의 방향인가에 따라 만족 · 불만족 요인이 결정된다.

이상의 갭들을 줄일 수 있을 때, 스포츠 조직은 서비스 질의 향상을 기할 수 있다. 스포츠 조직의 경영자 또는 마케팅관리자가 다음의 대안들을 이용함으로써, 갭들을 줄이면서 서비스 질을 향상시킬 수 있다.

첫째, 고객의 기대를 제대로 파악하기 위하여, 마케팅 조사를 지속적으로 실시하여 고객정보를 수집하는 한편, 직원들과 원활한 의사소통 체계를 구축하여야 한다.

둘째, 고객의 기대를 충족시켜주기 위한 구체적 지침을 마련하여야 한다. 이를 위하여, 고객이 원하는 내용을 전달할 수 있도록, 표준화된 행동지침 내지 업무 매뉴얼을 작성하여야 한다.

셋째, 직원들이 정해진 지침에 따른 서비스를 고객들에게 전달하기 위한 지속적인 교육을 실시한다. 최고경영자의 지지와 지원 하에, 조직문화가 질 향상의 문화로 정착될 때, 고객들에게 우수한 서비스가 전달된다.

넷째, 스포츠 조직은 고객들에게 실제로 전달되는 서비스의 내용을 과장됨이 없이 알려야 한다. 스포츠 조직이 서비스에 대한 과잉약속을 하지 않고, 서비스 내용을 정확히 알림으로써 고객들이 서비스에 대한 높은 기대를 하지 않도록 할 수 있다.

# 제 3 절 스포츠 서비스 질의 혁신

## 1. 스포츠 청사진

스포츠를 고객에게 전달하는 과정의 관리는 서비스 질의 향상에 매우 중요하다. 스포츠라는 상품을 전달하는 과정에는 수많은 고객접점이 있으며, 그 접점에서 일어날 수 있는 실수를 방지함으로서 서비스 질의 개선이 이루어진다. 이것을 가능하게 해주는 것이 청사진 기법이다.

스포츠 청사진은 스포츠 상품의 전달과정을 시각화한 것으로, 스포츠 상품이 전달되는 모든 단계와 대안들을 제시해 놓은 것이다. 〈그림 15-6〉을 보면, 고객이 스포츠 용품점에 들어와서 나가기까지의 활동들이 제시되어 있다. 이처럼 청사진에는 스포츠 상품의 창출과 제공에 필요한 모든 활동과 활동 간의 연계까지 구체화시킬 수도 있다.

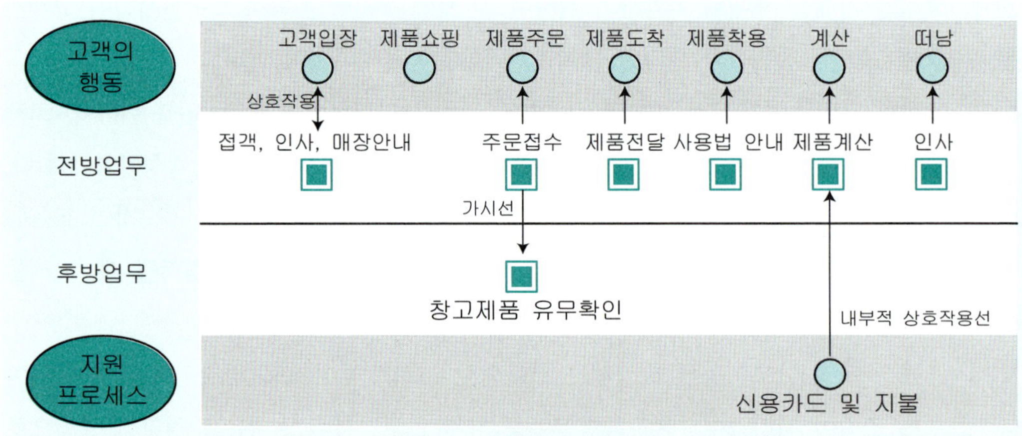


<그림 15-6> 스포츠 용품점의 청사진

청사진에서 일부의 활동은 정보처리, 고객과의 상호작용, 그리고 의사결정점을 나타내고, 의사결정점에는 실수를 방지하는 조항을 삽입할 수 있다. 청사진을 자세히 분석하면, 과정개선의 기회를 발견할 수 있으며, 어떤 과정은 보다 상세하고 정확한 정의를 내릴 수도 있게 된다.

그림에서 볼 수 있는 가시선은 고객이 스포츠 상품의 증거를 얻는 전방업무와 보이지 않는 후방업무를 분리한다. 전방업무와 후방업무는 물리적으로는 분리되지만, 커뮤니케이션으로는 연결되어 있다. 이러한 분리가 서비스 제공자로 하여금 스포츠의 전달과정에 관심을 가지게 만든다. 물리적 시설, 분위기, 직원의 대인기술, 상품 소개책자 등은 서비스 제공자가 관심을 가지는 중요한 부분들이다.

그리고 가시선의 아래에 있는 눈에 보이지 않는 후방업무의 효율화도 물론 중요하다. 후방업무에서 지연되고 실수가 발생하면, 이는 전방업무의 차질을 초래한다. 그래서 고객의 눈에 보이지 않는 후방업무의 효율화도 전방업무만큼이나 중요한 것이다.

스포츠 조직은 청사진을 도식화함으로써 문제가 발생하고 실수가 일어날 수 있는 접점을 찾아 스포츠 상품의 인지도를 높일 수 있으며 창의적인 아이디어도 개발할 수 있다. 또한 청사진은 수급의 병목현상을 해결하여 균형을 맞추게 하며, 어떤 유형의 직원이 서비스 제공에 필요한지도 알려준다.

스포츠 청사진은 스포츠 조직으로 하여금 스포츠 상품의 창출과 제공에 고유한 모든 문제를 검토하게 한다. 그 세부적인 작성단계는 다음과 같다. 청사진은 문제가 발생하면 그 부분을 집중 조명하고 문제해결을 위한 정확한 의사결정을 내리게 해준다.

- 상품의 전달과정 확인
- 실패 가능 점의 발견
- 표준시간의 설정
- 수익성의 분석

## 2. 품질기능배치

품질기능배치(Quality Function Deployment)는 고객의 요구에 기초하여 스포츠 상품을 설계하고, 스포츠 조직의 모든 구성원들을 포함시키기 위한 시스템이다. 다시 말하면, 조사와 개발부터 생산, 마케팅, 판매에 이르기까지 상품개발이 각 단계에서 고객의 요구를 스포츠 조직의 요구로 변환시키는 시스템이 품질기능배치이다.

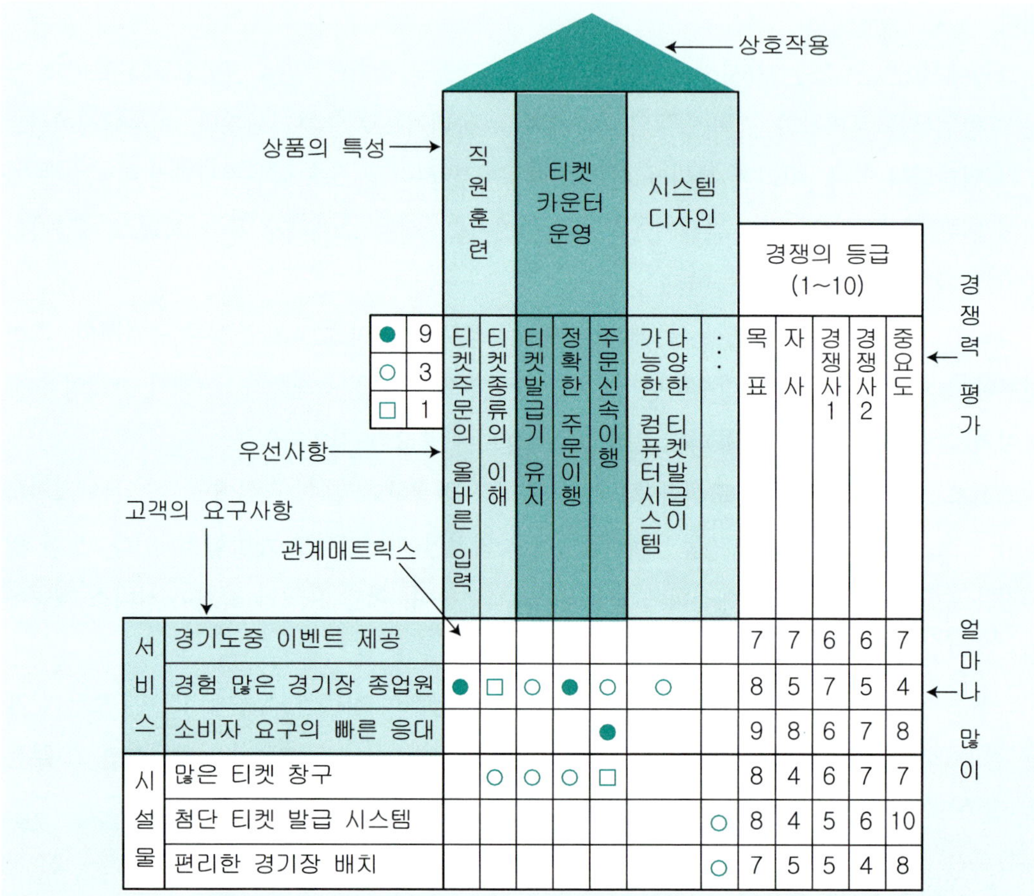


| | | 티켓주문의 올바른 입력 | 티켓종류의 이해 | 티켓발급기 유지 | 정확한 주문이행 | 주문신속이행 | 다양한 티켓발급이 가능한 컴퓨터시스템 | ⋮ | 목표 | 자사 | 경쟁사 1 | 경쟁사 2 | 중요도 |
|---|---|---|---|---|---|---|---|---|---|---|---|---|---|
| 서비스 | 경기도중 이벤트 제공 | | | | | | | | 7 | 7 | 6 | 6 | 7 |
| | 경험 많은 경기장 종업원 | ● | □ | ○ | ● | ○ | ○ | | 8 | 5 | 7 | 5 | 4 |
| | 소비자 요구의 빠른 응대 | | | | | ● | | | 9 | 8 | 6 | 7 | 8 |
| 시설물 | 많은 티켓 창구 | | ○ | ○ | ○ | □ | | | 8 | 4 | 6 | 7 | 7 |
| | 첨단 티켓 발급 시스템 | | | | | | | ○ | 8 | 4 | 5 | 6 | 10 |
| | 편리한 경기장 배치 | | | | | | | ○ | 7 | 5 | 5 | 4 | 8 |

**<그림 15-7>** 경기장의 품질의 집

이러한 품질기능배치는 품질의 집(house of quality)이라고도 불리 운다. 그것은 〈그림 15-7〉과 같이, 주요한 기술이 집의 청사진을 닮은 시각적인 계획모형을 사용하기 때문이다. 품질기능배치는 품질의 집을 이용하여 고객의 요구를 체계적으로 반영한다. 이는 고객의 요구사항에 대응하는 스포츠 상품의 특성을 매트릭스 형태로 배치한다. 고객 요구사항의 중요도와 그것의 충족을 위해, 스포츠 상품의 어떤 면을 개선하여 그것에 대응하는 스포츠 상품의 특성이 무엇인지를 일목요연하게 파악할 수 있도록 해준다. 품질기능배치의 단계를 설명하면 다음과 같다.

### (1) 고객의 요구사항(무엇을)

QFD의 실행은 상품에 대한 고객의 기대치로부터 시작한다. 기대치는 스포츠 조직이 달성하여야 하는 "무엇"으로 정의될 수 있다. 고객의 요구사항을 토대로 구매자의 기대치가 파악되면, 그것을 목록으로 작성하여야 한다. 경기장 부대시설의 경우, 고객이 원하는 요구사항은 서비스 와 시설물임을 알 수 있다.

서비스의 요구사항은 경기도중의 이벤트 제공, 경험 많은 직원의 배치, 고객요구에 신속한 대응 등이다. 그리고 시설물의 요구사항은 티켓 창구의 증설, 티켓 발급시스템의 첨단화, 경기장의 편리한 배치 등임을 알 수 있다.

### (2) 상품의 특성(어떻게)

QFD의 2단계는 각각의 요구사항들을 하나 또는 그 이상의 상품특성으로 전환시키는 것이다. 이를 통하여 고객의 기대치가 보다 명확하게 표현된다. 고객의 기대치에 부합하기 위한 경기장의 특성으로 종업원의 훈련, 티켓 카운터의 운영, 시스템의 디자인 등임을 알 수 있다.

### (3) 관계 매트릭스

QFD의 3 단계는 상품에 대한 고객의 기대치를 상품특성과 상호 관련시키는 것이다. 즉 "무엇"과 "어떻게"의 관계를 확인함으로서, 상품의 특성 하나하나의 상대적 중요성을 파악할 수 있다. 여기에서 QFD의 진가가 발휘된다. 고객의 요구와 상품 특성간의 관계의 정도를 표현하는데 특별한 상징이 사용된다. ●은 강한 관계를, ○는 중간관계를, □은 약한 관계를 나타낸다. 소비자들은 경험이 많은 직원의 배치에 특히 높은 관계를 보임을 알 수 있다.

### (4) 설계목표(얼마나 많이)

QFD의 4단계는 제안된 상품의 특성에 대한 명확한 측정방법을 개발하는 것이다. 이 방법은 상품의 특성이 고객의 요구사항을 충족하였는지 여부를 결정할 수 있는 객관적 수단이 된다. 따라서 각각의 상품특성에 측정한 가치를 부여하여 목표를 측정할 수 있어야 한다. 예를 들어, 경기장의 부대시설의 특성들은 다음과 같은 가치로 측정될 수 있다.

- 직원의 훈련 - 티켓 종류의 이해, 티켓 주문의 올바른 입력

- 티켓 카운터의 운영 - 티켓 발급기의 유지, 정확한 주문의 이행, 주문의 신속한 이행
- 시스템 디자인 - 다양한 티켓 발급이 가능한 컴퓨터 시스템

### (5) 지붕 매트릭스

QFD의 5 단계는 상품특성들 간의 상호작용을 알아보는 것이다. 이것의 목표는 상품의 설계에서 제안된 특성들의 상호 대립적 효과가 있는지 살펴보고, 필요한 경우 절충을 하기 위한 것이다. 지붕 매트릭스에도 "어떻게" 요소들 사이의 상호관계의 성격을 파악하기 위해 특별한 상징들을 사용한다.

### (6) 우선사항(상품의 핵심적 요구조건 등)

QFD의 6 단계는 상품에 대하 고객의 요구사항들의 우선순위를 설정하는 것이다. 우선순위는 요구사항들을 등급으로 나누고 가중치를 부여함으로서 설정한다. 일반적으로 5점 척도를 사용하여 고객의 요구사항들을 등급화 한다.

### (7) 경쟁력 평가

QFD의 최종단계는 스포츠 조직이 고객의 기대치를 만족시킬 수 있는 능력을 경쟁조직과 비교하여 평가하는 것이다. 고객의 요구사항과 상품특성에서 해당 경기장의 상품과 경쟁관계 경기장의 상품과 비교하여 평가한다. 이러한 경쟁력의 평가는 경쟁상품에 대한 해당 조직의 상품인지도 평가, 경쟁조직에 대한 해당조직의 기술적 과정을 함께 비교하여 평가한다. 그림에서 경쟁력의 등급이 그것이다.

# 참고문헌


강기두, 스포츠 마케팅, 삼영사, 2005.

김용만 · 박세혁 · 전호문, 스포츠 마케팅, 학현사, 2000.

공진성 · 김동수 역, 일본의 스포츠 마케팅, 엘지에드, 1995.

박주희, 의료마케팅(3판), 대학서림, 2006.

박주희 외 2인, 의료기관 CRM, 대학서림, 2005.

양성국 · 김수잔, 스포츠 마케팅, 도서출판 대명, 1996.

히로세 이치로, Sports Marketing, Deutsu Inc., Tokyo, 1994.

Milne, George R. and Mark A. McDonald, Sport Marketing : Managing the Exchange Process, Jones and Bartlett Publishers, Inc., 2001.

Mullin, Bennard J., Stephen Hardy and William A. Sutton, Sport Marketing, Human Kinetics, 1995.

Sloan, L.R., The Motives of Sports Funs, In J.H.Goldstein(ed.,), Sports Games, and Play : Social and Psychological Viewpoints, 2nd ed., Hillsdale, N.J.; Lawrence Erlbaum Associates, 1985.

Pitts,B.G., and Stotlar, D.K., Fundamental of Sport Marketing, Morgantown, WV; Fitness Information Technology, 1996.

Aaker, D.A., Managing Brand Equity, New York; The Free Press, 1991.

Keller, K.L., Conceptualizing, Measuring, and Managing Customer-based Brand Equity, Journal of Marketing, 57(January) : 1-22.

Shani, D., and Suzana Calasani, Exploiting niches using relationship marketing, The Journal Of Consumer Marketing, 9(3) ; 33-43, 1992.

# 찾아보기

## ㄱ INDEX

ㄴ
INDEX



ㄷ
INDEX



ㄹ
INDEX



ㅁ
INDEX

## ㅂ
INDEX



## ㅅ
INDEX

## O INDEX

## ㅈ INDEX



## ㅊ INDEX



## ㅋ INDEX



## ㅌ INDEX

## ㅍ INDEX



## ㅎ INDEX

## 저자소개

저자는 1994년 동아대학교에서 의료마케팅으로 경영학 박사학위를 수여한 이후, 줄 곳 10여 년간 서비스 분야, 특히 의료분야를 연구해오고 있다. 인제대학교, 대전대학교 보건스포츠 대학원, 고신대학교 보건대학원, 부산가톨릭대학교와 대학원 등에서 강의를 하였다. 그러던 차에 오래 전에 생각을 하였던 스포츠 마케팅에 대한 욕구가 표출하여 실행에 옮기게 되었다. 그동안의 생각을 정리해온 것들과 자료들을 정리하여 출간을 하게 되었다. 저자는 지금까지 의료분야의 저서를 출간하였다. 고객서비스, 의료경영론, 의료마케팅, 의료기관 CRM 등을 출간하였다. 이러한 저서들을 출간하면서 얻은 경험이 스포츠 마케팅으로 태어나게 되었다. 저자가 관심을 두고 있는 연구 분야는 고객서비스와 편 경영의 중심이 되는 관심과 배려로서, 이들과 관련된 이론과 실제를 연구하고 있다. 지금 현재는 병원질경영 연구소를 운영하면서, 경영컨설팅을 수행하고 있다.



# 스포츠마케팅

| | |
|---|---|
| 발 행 | 2007년 6월 28일 초판 발행 |
| 저 자 | 박 주 희 |
| 발행인 | 윤 진 영 |
| 발행소 | 도서출판 대학서림 |
| 주 소 | 110 - 530 |
| | 서울특별시 종로구 혜화동 78 - 2 |
| 전 화 | (02) 763 - 1220, 745 - 1220 |
| FAX | (02) 744 - 1210 |
| 등 록 | 1965. 1. 20 |
| 번 호 | 1 - 88 |



값 20,000원

ISBN 978-89-8016-654-1 93510

www.daihaks.com